مبادئ
القانون التجاري

مبادئ
القانون التجاري

القاضي أحمد يحيى جرادة
ماجستير في القانون التجاري

القاضي حازم ربحي عواد
ماجستير في القانون التجاري

نظمي زكي شحادة
رئيس قسم العلوم المالية والإدارية
كلية الزقاء الحكومية

المحامي أحمد سليمان زايد
ماجستير في القانون التجاري
جامعة البلقاء التطبيقية

الطبعة الثانية
٢٠٠٦

دار يافا

دار يافا العلمية للنشر والتوزيع

٣٤٦,٠٦٧

عواد، حازم ربحي وآخرون

مبادئ القانون التجاري / حازم ربحي عواد وآخرون

_ عمان : دار يافا العلمية ، ٢٠٠٠ .

( ) ص.

ر.إ : (٢٧٠٩/٩/٢٠٠٠)

الواصفات : / القانون // القانون التجاري /

* تم إعداد بيانات الفهرسة والتصنيف الأولية من قبل دائرة المكتبة الوطنية

الطبعة الثانية، ٢٠٠٦

دار يافا العلمية للنشر والتوزيع

الاردن – عمان – الأشرفية

تلفاكس ٤٧٧٨٧٧٠ ٦ ٠٠٩٦٢

ص.ب ٥٢٠٦٥١ عمان ١١١٥٢ الأردن

E-mail: dar_yafa@yahoo.com

المقدمة

إن مادة القانون التجاري من المواد التي تخدم فئات المجتمع كافة، فيستفيد منها كل مواطن مهما كانت طبيعة عمله، سواءً أكان بائعاً أم مشترياً، تاجراً أم طالبا، موظفا أم عاملا.

ونظرا لأهميتها وارتباطها بحياة كل فرد من أفراد المجتمع، فقد ارتأت جامعة البلقاء التطبيقية، ممثلة بكلية التخطيط والإدارة فيها أن تكون هذه المادة من ضمن المواد التي يدرسها الطالب في الجامعة وكليات المجتمع، وهي من مواد متطلب الكلية، في برنامج العلوم المالية والإدارية وذلك لأهميتها لتخصصات هذا البرنامج.

وقد حاولنا في هذا الكتاب جهدنا، أن نقدم هذه المادة التعليمية بصورة سهلة ومتسلسلة وكاملة، ليكون في خدمة طلاب الجامعات وكليات المجتمع والدارسين لهذه المادة، متوخين خدمة هذه الفئات العزيزة علينا، راجين ممن يرى أننا أخطأنا تصويبنا شاكرين حسن اهتمامهم.

وقد راعينا بهذا المؤلف البعد عن المناقشات الفقهية التي تربك الطلبة، كما راعينا الوقت المخصص لتدريس هذا المساق سواء في الجامعات أو الكليات، فحاولنا أن يتسم أسلوب الكتابة بالبساطة والوضوح قدر الإمكان، وجهدنا في إبراز الطابع العملي لمواضيع هذا المؤلف.

يقع هذا الكتاب في ثلاثة أبواب، وقد جزأنا الباب الأول :المدخل إلى القانون التجاري إلى خمسة فصول، يبحث الفصل الأول في مفهوم ومصادر القانون التجاري من حيث تعريفه ونطاقه ومصادره، والفصل الثاني :الأعمال التجارية، وبحثنا فيه معايير التفرقة بين العمل التجاري والعمل المدني والنظام القانون للأعمال التجارية وأنواع الأعمال التجارية، أما الفصل الثالث فيتعلق بالتاجر من حيث شروط اكتساب الشخص لصفة التاجر وآثار اكتسابه لصفة التاجر، والفصل

الرابع يتعلق بالمتجر من حيث تعريفه وعناصره وبيعه و صوراً لحمايته من المنافسة غير المشروعة، أما الفصل الخامس فبحثنا فيه العق و د التجارية التي أشـار إليها قانون التجارة الأردني من حيث الترعيف لكل منهم والأحكام القانونية المنظمة له، وطرق انقضاء كل عقد.

أما الباب الثاني فقد تناولنا فيه الشـركات التجارية، حيث تم تجزئته إلى سـبعة فصـول بحثنا في الفصل الأول منها في الشركات عموماً من حيث تعريفها وأركانها وآثار اكتسابها للشخصية الإعتبارية وأنواع الشـركات .أما في الفصـول العتالية فبحثنا فيها بالشـركات التجارية) التضـامن، التوصـية البسـيطة، والمحاصة، وذلات المسـؤولية المحددة، والتوصية بالأسـهم، والمسـاهمة العامة(، وبينا المقصود بكل شركة وخصائصها وكيفية تأسيسها وإدراتها ومركز الشركاء في كل منها وطرق انقضاء وتصفية هذه الشركات.

والباب الثالث، فقد تناولنا فيه الأولراق التجارية ولاعمليات المصـرفية بعد أن جزأناه إلى فصـلين، الفصـل الأول: الأوراق التجارية ويبحث في تعريف الأوراق التجارية وخصائصها وأهمية وظائفها وأنواعها الرئيسية) سند السحب، سند لأمر، والشيك ((والأحكام القانونية المنظمة لها، أما في الفل الاثني فبحثنا فيه العلميات المصرفية المختلفة وبدأنا بالحساب الجاري من حيث مفهومه ونطاقه والشـروط لالواجب توافرها فيه وآثاره وانقضائه، وكذلك فعلنا مع الودائع المصرفية والاعتمادات المستندية وخطابات الضمان والاعتمادات المالية.

هذه ثمرة جهودنا نقدمها لكم، عسى أن نكون قد وفقنا في إنجازها، راجين المولى عز وجل أن يكون هذا المؤلف ذا فائدة للجميع، و الله من وراء القصد.

المؤلفون

١

مدخل إلى
القانون التجاري

٦

الفصل الأول
مفهوم ومصادر القانون التجاري

تمهيـد:

إن الإلمام بأي علم يقتضي التمهيد لـه بمقدمـه تيسـر التعـرف عـلى موضـوعه ونطاقه وأهميته قبل الولوج في أعماقه، ومـن المفيد لكـل فـرد خاصـة من تقتضي طبيعـة حياتـه العملية التعامل مع ما يتضمنه القانون التجاري من قواعد أن يكون ملما ولو بمبادئ هـذا القانون بوصفه طرفا أساسيا في التعامل.

ولهذا وقبل الحديث عن مفهوم ومصادر القانون التجاري لا بد من معرفة ما هو المقصود بلفظ القانون بشكل شامل (بمعناه العام) وما هو المقصود بلفظ القانون بمعناه الضيق (المعنى الخاص) وأقسام هذا القانون وفروعه، والأشخاص الذين يخضعون لأحكام القانون.

معنى لفظ القانون:

فكلمة قانون قد يقصد بها لفظ يفيد النظام، أو القواعد التي تحكم بعض الظواهر الطبيعية كالقوانين الفيزيائية مثل قانون الجاذبية الأرضية، أو قانون الغليان الذي يخضع له الماء[1]، والنظام هو أن تسير الأمور على وجه ثابت ومستقر ومستمر. وفي الاصطلاح القانوني يستخدم لفظ القانون في معنى شامل (عـام)، وفي معنى ضيق (خـاص) فالقانون بـالمعنى الشامل (العام) هو: ((مجموعة من القواعد الملزمة التي تحكم سلوك الأفراد وعلاقـاتهم في المجتمع))[2]، ويمكن تعريفه أيضا بأنه: ((مجموعة القواعد

---

[1] د. عباس الصراف، د. جورج حزبون، المدخل إلى علم القانون، ط٢، ١٩٩١، مكتبة دار الثقافة للنشر والتوزيع، ص٨

[2] د. عبد المنعم فرج الصده، مبادئ القانون، ١٩٨٠، دار النهضة العربية، بيروت، ص١٢.

العامة المنظمة لسلوك الأفراد في المجتمع والتي تحملهم السلطة العامة على احترامها مع إمكانية استعمالها للقوة عند الضرورة))[1].

أما القانون بمعناه الضيق (الخاص) فهو: ((مجموعة القواعد القانونية التي تضعها السلطة المختصة بالتشريع في الدولة لتنظيم أمر معين))[2]، مثل قانون التجارة، قانون المالكين والمستأجرين، قانون الشركات، قانون العمل...الخ.

وقد يراد أيضا بهذا المعنى الدلالة على قانون بلد معين مثل قولنا القانون اللبناني، القانون الأردني، القانون العراقي...الخ.

ويهدف القانون إلى تحقيق غرضين أساسيين هما:

1- صون حريات الأفراد وتحقيق مصالحهم.

2- حفظ كيان المجتمع وكفالة تقدمه.

والوسيلة في تحقيق هذين الغرضين هو التوفيق بين حريات ومصالح الأفراد المتعارضة على شكل يكفل لهم المحافظة على كيان المجتمع وتقدمه، وذلك عن طريق التوفيق بين حريات ومصالح الأفراد وعلى أساس من الحرية والمساواة مع مراعاة المصالح العليا في المجتمع[3].

أقسام القانون وفروعه:

هنالك تقسيمات عديدة للقانون يذهب إليها الفقهاء ولكن التقسيم التقليدي والذي ما زال ساريا ومسلما به في الفقه الحديث وهو ما يهمنا دون غيره من التقسيمات هو تقسيم القانون إلى قانون عام وقانون خاص.

---

[1] د. عباس الصراف، ود. جورج حزبون، مرجع سابق، ص8.

[2] عبد الباقي البكري، علي محمد بدير، زهير البشر، المدخل لدراسة القانون، وزارة التعليم العالي، الجمهورية العراقية، 1982، ص17. د. عبد المنعم فرج الصدة، مرجع سابق، ص12.

[3] د. عبد المنعم فرج الصده، مرجع سابق، ص12،13.

والمعيار التقليدي للتفريق بين القانون العام والقانون الخاص هـو عـلى أساس وجود الدولة بوصفها صاحبة سلطة وسيادة في العلاقة القانونية التي ينظمها القانون فيسمى القانون عندئذ بالقانون العام، وإذا كانت الدولة طرفا في العلاقة القانونية التي ينظمها القانون ولكن ليس بوصفها صاحبة سلطة وسيادة وإنما بوصفها كأحد الأشخاص العاديين في خلال ممارستها لنشاطاتها فيسمى القانون عندئذ بالقانون الخاص، وعلى ذلك يمكن تعريف القانون العام بأنه: ((مجموعة القواعد القانونية التي تنظم السلطات العامة في الدولة والتي تنظم العلاقات التي تكون الدولة طرفا فيها بوصفها صاحبة سلطة وسيادة))، أما القانون الخاص فيمكن تعريفه بأنه: ((مجموعة القواعد القانونية التي تنظم السلطات العامة في الدولة فيها والتي تنظم العلاقات التي تكون الدولة فيها طرفا ليس بوصفها صاحبة سلطة وسيادة، وإنما بوصفها شخصا عاديا كباقي الأشخاص، وهذه العلاقات إما أن تقوم بين الدولة باعتبارها شخصا عاديا وأحد أشخاص القانون الخاص، أو بين أشخاص القانون الخاص سواء أكانوا أشخاصا اعتباريين أم أشخاصا طبيعيين))[1].

فروع القانون العام والخاص عديدة، فمن فروع القانون العام: (قانون العقوبات، القانون الدستوري، القانون الدولي العام، القانون الإداري، القانون المالي، قانون أصول المحاكمات الجزائية)، ومن فروع القانون الخاص: (القانون المدني، القانون التجاري، القانون البحري، القانون الجوي، قانون العمل، قانون أصول المحاكمات المدنية، القانون الدولي الخاص ...الخ).

---

[1] د. عبد المنعم فرج الصده، مرجع سابق، ص ٣٥-٣٧. د. عباس وجورج، مرجع سابق، ص٢١-٢٣ ومن الأمثلة على قيام الدولة بالتصرف بوصفها صاحبة سلطة وسيادة فرض الضرائب عن الأشخاص، نزع ملكية الأراضي للمنفعة العامة،...الخ، ومن الأمثلة على قيامها بالتصرف بوصفها شخصا عاديا قيامها بإستئجار مباني لممارسة أعمالها أو قيامها بتأجير مباني للأشخاص بهدف استثمارها، واستثماراتها التجارية في بعض المشاريع...الخ.

الأشخاص الطبيعيون والمعنويون:

تشمل كلمة الأشخاص مصطلح الشخص الطبيعـي (الإنسان)، والشخص المعنـوي (الحكمي) أو (الاعتباري).

الشخص الطبيعي: هو الإنسان الذي يصلح لأن يكون له حقوق وعليه واجبات، وقد كان هذا الإنسان في العصور القديمة إذا كان عبدا ليس له شخصية قانونية. فقد كان يباع ويشترى كالجماد تماما، أما في عصرنا الحاضر فإن لكل إنسان شخصية قانونية تؤهله لأن يكون له حقوق وعليه التزامات[1].

أما الشخص الحكمي أو (المعنوي) أو (الاعتباري):

لقد أظهرت حقائق الحياة الاجتماعية ضرورة وجود شخصية أخرى غير الشخصية الإنسانية معترف لها بالشخصية القانونية ألا وهي الشخصية المعنوية (الحكمية) (الاعتبارية) وهي: ((التي تنشأ بين مجموعة من الأشخاص الطبيعيين أو من تخصيص مجموعة معينة من الأموال لتحقيق غرض معين، ويكون لها شخصية مستقلة عن شخصية الأشخاص المكونين لها، وعن شخصية من قام برصد وتخصيص الأموال لتحقيق الغرض الـذي أنشئت من أجله))[2] مثل الشركات، الجمعيات والمؤسسات، المستشفيات، المعاهد العلمية، الدولة ...الخ[3]. ويكون لهذه الشخصية المعنوية

---

[1] د. عباس الصراف، ود. جورج حزبون، مرجع سابق، ص١٥٠.

[2] عبد الباقي البكري وآخرون، مرجع سابق، ص ٣٢٣. د. عباس الصراف، د. جورج حزبون، مرجع سابق، ص١٧٤.

[3] نصت المادة ٥٠ من القانون المدني الأردني على أن الأشخاص الحكمية هي (الدولة، والبلديات، بالشروط التي يحددها القانون، والمؤسسات العامة وغيرها من المنشآت التي يمنحها القانون شخصية حكمية، والهيئات والطوائف الدينية التي تعترف لها الدولة بشخصية حكمية، الوقف، الشركات التجارية والمدنية والجمعيات والمؤسسات المنشأة وفقا لأحكام القانون، وكل مجموعة من الأشخاص أو الأموال تثبت لها الشخصية الحكمية بمقتضى نص في القانون.

(الاعتبارية) جميع الحقوق التي يتمتع بها الشخص الطبيعي إلّا ما كان منها ملازما لصفة الإنسان الطبيعية، وذلك في الحدود التي يقررها القانون، فيكون لها[4]:

١- ذمة مالية مستقلة.

٢- أهلية في الحدود التي يعينها سند إنشائها أو التي يقررها القانون.

٣- حق التقاضي.

٤- موطن مستقل (مكان مركز الإدارة).

٥- يكون له من يمثله في التعبير عن إرادته.

٦- اسم.

٧- جنسية.

وتنتهي هذه الشخصية بانتهاء الغرض الذي أنشئت من أجله، أو استحالته أو انتهاء المدة المحددة لها في سند إنشائها، أو حلها بالتراضي أو بالتقاضي عن طريق تصفيتها إجباريا، أو بموت جميع أفرادها أو بعضهم إذا نص سند إنشائها على انتهائها عند موت بعضهم وعدم استمرارها، وقد تكون هذه الشخصية المعنوية أشخاصا عامة مثل الدولة والجهات التابعة لها مثل البلديات، المحافظات، المرافق العامة (الجامعات، المؤسسات التعليمية)، وقد تكون الأشخاص المعنوية أشخاصا خاصة مثل مجموعة من الأموال مثل: (المستشفيات، الوقف، معاهد علمية، ...الخ).

أهمية الشخصية المعنوية (الاعتبارية)[1]:

تظهر أهمية الأشخاص المعنويين في أمور عدة منها:

١- إنجاز مهمات وأعمال يعجز الشخص العادي عن تحقيقها لمحدودية إمكاناته.

---

[4] المادة ٥١ فقرة (١، ٢، ٣) من القانون المدني الأردني.
[1] راجع عبد الباقي البكري وآخرون، مرجع سابق، ص٣٢٣.

٢- إن بعض المشروعات الاقتصادية الكبيرة ونظرا لضخامة رؤوس الأموال التي تحتاجها لا يستطيع الشخص العادي بمفرده القيام بها، إضافة إلى أن بعض المشاريع تحتاج مدة زمنية طويلة لإنجازها قد تطول مقارنة مع عمر الإنسان الذي قد يعجز عنها بسبب مرضه أو موته، أو عجزه عن العمل فالاعتراف بالشخصية المعنوية لبعض المجموعات يتيح لها القيام بهذه الأعمال لأنها مستقلة عن الأفراد المكونين لها ولا تتأثر كقاعدة عامة بموتهم ولا بوفاتهم ولا بعجزهم.

٣- سهولة التعامل مع الشخص المعنوي من قبل أطراف العلاقة القانونية والآخرين، حيث يسهل عليهم التعامل مع هذا الشخص المعنوي أفضل من التعامل مع جميع الأشخاص الذين يؤلفون هذه الشخصية المعنوية، مما يجعل الشخصية المعنوية قادرة على التعامل مع الأشخاص الآخرين باعتبارها وحدة قائمة بذاتها.

المبحث الأول: تعريف القانون التجاري

إن القانون التجاري هو وليد البيئة التجارية، وقد نشأ وتطور نتيجة تطور الحياة الاقتصادية وأصبحت الحاجة ملحة لإخضاع معاملات معينة وهي المعاملات التجارية، وفئة معينة من الأشخاص وهم التجار لتنظيم قانوني خاص يتفق مع مقتضيات البيئة التجارية وتطور الحياة الاقتصادية. فالقانون التجاري حسب ما ورد في المادة ٢/١ من قانون التجارة الأردني رقم (١٢) لسنة ١٩٦٦: ((يتضمن القواعد المختصة بالأعمال التجارية التي يقوم بها أي شخص مهما كانت صفته القانونية، ويتضمن من جهة أخرى الأحكام التي تطبق على الأشخاص الذين اتخذوا التجارة مهنة)).

فالقانون التجاري هو: ((فرع من فروع القانون الخاص يشمل مجموعة من القواعد القانونية التي تطبق على الأعمال التجارية والتجار))[1].

---

[1] د. مصطفى كمال طه، مبادئ القانون التجاري، مؤسسة الثقافة الجامعية، ١٩٧٩، ص٣.

فالقانون التجاري ينظم العلاقات الخاصة بين أشخاص القانون الخاص ولكنها علاقات معينة (تجارية)، وأشخاص معينين (تجار)، وقد انفصل القانون التجاري عن القانون المدني (الشريعة العامة لفروع القانون الخاص) بسبب وجود مبررات عملية أدت إلى ضرورة انفصاله عنه ومن أهمها السرعة ودعم الائتمان بالرغم من أن القانون المدني هو الشريعة العامة للقوانين الخاصة حيث أنه: ((ينظم جميع العلاقات الخاصة بين الأفراد في المجتمع إلّا ما تكفل بتنظيمه فرع آخر من فروع القانون الخاص))[2] فهو الشريعة العامة لفروع القانون الخاص، يرجع إليها في حالة عدم وجود نص في القوانين الأخرى (تجاري، بحري، إجارة، عمل، ...الخ)، أما عن المبررات التي أدت إلى انفصال القانون التجاري عن القانون المدني كما ذكرنا فهي:

١- السرعة.

٢- الائتمان.

المطلب الأول: مبررات انفصال القانون التجاري عن القانون المدني

١- **السرعة:** إن أهم ما يميز المعاملات التجارية أنها تتصف بالسرعة في إجرائها وفي تنفيذها، فقد يتم التعاقد تلفونيا أو بالفاكس، أو بالبرق، وحاليا بما يدعى بالانترنيت، وكلما أسرعت دورة التجارة كلما ازداد الربح، فالبائع يرغب في البيع السريع لتحقيق الربح خوفا من تقلب الأسعار وخوفا من تلف البضائع في حال طول مدة بقاءها لديه إذا كانت سريعة التلف، أما المعاملات المدنية والتي يكون الهدف منها عادة الاستهلاك فهي تحتاج لفترات متباعدة، ويحتاج الطرف المتعاقد عليها فترة من التأني والتفكير قبل شرائها واقتنائها مثل شراء الأدوات الكهربائية، الأثاث للاستعمال المنزلي، العقارات لغايات السكن، ...الخ لما لهذه التصرفات

_____

[2] د. عباس الصراف ود. جورج حزبون، مرجع سابق، ص٢٨.

من أثر في حياتهم، وحماية لمصالحهم[1]، ولهذا ظهرت بعض القواعد الخاصة المتعلقة بعملية السرعة والتبسيط في الإجراءات ومن أهمها حرية الإثبات في المواد التجارية ، إذ يجوز وفقا لهذه القاعدة للتصرفات القانونية إذا كانت تجارية الإثبات بكافة الوسائل مثل القرائن، الشهادة، اليمين، الكتابة، الدفاتر التجارية، الفواتير، حتى ولو زادت قيمة المبلغ المتنازع عليه على عشرة دنانير، بينما في المعاملات المدنية لا يجوز وفقا لقانون البينات الأردني أن يتم الإثبات فيما زاد على عشرة دنانير إلا بواسطة الكتابة، ولهذا فإن حرية الإثبات تفسح المجال أمام التجار لإجراء معاملاتهم بسرعة إذ يمكن إبرام عقودهم مشافهة، أو بالتليفون أو بالفاكس، أو بالانترنيت ...الخ، لأنهم يستطيعون عند المنازعات إثبات هذه العقود بكافة وسائل الإثبات بعكس المعاملات المدنية التي تشترط الكتابة فيما زاد على عشرة دنانير أردنية.

٢- الائتمان: وهو التسهيل في إجراءات الوفاء عن طريق منح الأجل لسداد الديون أو تقديم القروض والتسهيلات المادية الأخرى للقيام بالنشاطات التجارية أو توفير السيولة النقدية في صورة حسابات جارية أو بخصم الأوراق التجارية الآجلة الوفاء ...الخ، ذلك أن إنجاز المعاملات التجارية بصورة عاجلة قد تستلزم مبالغ مالية (رؤوس أموال) قد لا تتوافر لدى التاجر فتضيع عليه الصفقة ويذهب ربحها أدراج الرياح، لهذا فالائتمان في المعاملات التجارية من المبررات التي تقتضيها طبيعة التعامل التجاري لإبرام الصفقات وإجراء العقود بهدف تحقيق الأرباح الذي هو أساس العمل التجاري، ولهذا فطبيعة العمل التجاري يوجد فيه علاقات متشابكة فكل واحد من أطراف المعاملة التجارية قد يكون دائنا ومدينا بنفس الوقت فتاجر الجملة مدينا للمصنع أو المنتج، وتاجر التجزئة مدينا لتاجر الجملة،

---

[1] د. محمد حسين إسماعيل، القانون التجاري الأردني، ط٢، ١٩٩٢، ص٦. ود. مصطفى كمال طه، مرجع سابق، ص ٣-٤. ود. عزيز العكيلي، شرح القانون التجاري، ج١، مكتبة دار الثقافة ١٩٩٨، ص ١٩-٢٠.

والمستهلك مدينا لتاجر التجزئة، وهكذا فكل من أطراف المعاملة الواحدة قد يكون دائنا ومدينا بنفس الوقت، الأمر الذي يترتب عليه انه عند عـدم قيـام أحـدهم بالوفـاء فـي التزاماته في مواعيدها للطرف الآخر عجز الطرف الآخر عن الوفاء بالتزاماته المستحقة في مواعيدها[1].

وقد ظهرت بعض القواعد التي تؤدي إلى دعم الائتمان وزيادة ضمانات الـدائنين تجـاه المدينين حماية لحقوقهم ولتشجيعهم على مـنح الائتمان للمدينين في التعاملات التجاريـة، ومن أهم هذه الضمانات والقواعد هو قاعدة تضامن المدينين بدين تجاري نشأ عـن علاقة قانونية واحدة، بحيث يلتزم أي من المدينين بدفع جميع الدين وليس نصيبه فقط في حالة مطالبة الدائن له بكامل قيمـة الـدين، وخاصة المـدينين الملتزمين والمـوقعين عـلى الأوراق التجارية فالتضامن بينهم مفترض، أما في المعاملات المدنية فالتضامن لا بد له من اتفاق بـين المدينين أو نص في القانون، وأيضا من قواعد دعم الائتمان شهر إفلاس التاجر الـذي يتوقف عن دفع ديونه التجارية المستحقة في مواعيدها وذلك لإبعاده عن العمل التجاري وإفساح المجال للآخرين الملتزمين بالوفاء بالتزاماتهم في مواعيدها[1].

المطلب الثاني: علاقة القانون التجاري بفروع القانون الأخرى

إن انفصال القانون التجاري عن القانون المدني لا يعني بأنه ليس له علاقة به أو بفروع القوانين الأخرى، فالقانون المدني كما ذكرنا هو الشريعة العامة لفروع القانون الخاص يرجع إليه عند عدم وجود نصوص في القوانين التي تحيل إليه عند انعدام النص فيها عـلى واقعـة معينة، وكذلك قانون العقوبات يجرم العديد من الأفعال المتصلة

---

[1] د. عزيز العكيلي، مرجع سابق، ص١٧-١٨. ود. محمد حسين إسماعيل، مرجع سابق، ص٧، ٨. ود. مصطفى كمال طـه، مرجع سابق، ص ٤-٥.

[1] وسوف نعرض لهذه القواعد بشيء من التفصيل عند الحديث عن الأعمال التجارية والتمييز بينها وبين الأعمال المدنية والنتائج المترتبة على التمييز بينهما.

بالنشاط التجاري مثل جـرائم إعطـاء شيكات بـدون رصيد، والإفلاس الإحتيـالي والتقصيري، تزوير العلامات التجارية، الغش في المعاملات، والمضاربة غير المشروعة ...الخ، وقانون العمل يبين العلاقة بين العامل والتاجر (رب العمل) وينظم الأمـور بينهم وحقوق كل منهما تجاه الآخر.

والقانون المالي، يبين الإيرادات التي تجد مكانها (وعائها) في معظمها مـن التجـارة مـن حيث الرسوم المفروضة على الإنتاج المحلي، الرسوم الجمركيـة، ضرائب المبيعـات، الضرائب المفروضـة علـى التجـار ...الخ، والقانون الإداري يبين شروط الأمـاكن التـي يجب توافرها لممارسة العمل التجاري فيها وشروط ممارسة العمل التجاري وتحديد الأسعار لبعض المنتوجات، وإصدار رخص الاستيراد والتصدير للتجار ...الخ، والقانون الدستوري لـه علاقة بالقانون التجاري من حيث الحرية الشخصية مصونة بموجب الدستور وبالتالي فهي تشمل في ضمنها الحرية في ممارسة العمل التجاري والحرية التجارية.

المبحث الثاني: نطاق القانون التجاري

تتبنى معظم التشريعات التجارية في تحديد مدى انطباقها وبيان الحدود الفاصلة بـين القانون التجاري والقانون المدني إحدى نظريتين هما:

١- النظرية الشخصية (الذاتية).

٢- النظرية الموضوعية (المادية).

المطلب الأول: النظرية الشخصية (الذاتية)

تجعل هذه النظرية من شخص التاجر أساسا لتطبيق القانون التجاري خلال ممارستهم لمهنتهم، فإذا كان الشخص تاجرا ينطبق عليه القانون التجاري أما غير التجـار فـلا يخضعون لأحكام القانون التجاري حتى لو قاموا بمعاملات تجارية وإنما يخضعون

لأحكام القانون المدني، فالقانون التجاري وفقا لذلك هو: (قانون التجار)[1] وقد ظهرت هذه النظرية في كل من إيطاليا وفرنسا قبل الثورة حيث أن فئة التجار كانت ذات وزن اجتماعي وسياسي كبير ويعود لها معظم الفضل في إيجاد القانون التجاري ولهذا كان منطقيا حسب وجهة نظرهم أن لا ينطبق القانون التجاري سوى عليهم[2].

نقد النظرية[3]:

1- انه معيار غير دقيق لأنه يتطلب وضع ضابط للتفرقة بين التاجر وغير التاجر وذلك عن طريق تحديد المهن والحرف التي تكسب الشخص المزاول لها لصفة التاجر، وبالتالي يصعب على المشرع أن يتنبأ بجميع الحرف والمهن التي قد تنشأ مستقبلا وتكسب مزاولها صفة التاجر، وبالتالي يصعب حصرها والتنبؤ بها مسبقا.

2- إعطاء الصفة التجارية لجميع الأعمال التي يقوم بها التاجر حتى لو كانت مدنية، لأنها تعتمد على صفة القائم بالعمل فمتى ما كان القائم بالعمل تاجرا يخضع للقانون التجاري سواء أكان العمل الذي قام به مدنيا أم تجاريا.

3- صعوبة تحديد معنى الحرفة التي تكسب الشخص صفة التاجر، حتى نستطيع التمييز بين التاجر وغير التاجر وهذا أمر لا يخلو من الصعوبة.

[1] د. عزيز العكيلي، مرجع سابق، ص٨. ود. محمد حسين اسماعيل، مرجع سابق، ص ١٤. ود. مصطفى كمال طه، مرجع سابق، ص٣٥.

[2] د. محمد حسين اسماعيل، مرجع سابق، ص ١٤.

[3] د. عزيز العكيلي، مرجع سابق، ص ٨-٩.

المطلب الثاني: النظرية الموضوعية (المادية)

تجعل هذه النظرية العمل التجاري هو الأساس الذي يدور حوله القانون التجاري وذلك بصرف النظر عن شخص القائم بهذا العمل سواء أكان تاجرا أم لا، فالقانون التجاري ينطبق حسب هذه النظرية إذا كانت المعاملة تجارية بصرف النظر عن صفة القائم بها أكان تاجرا أم لا، وينطبق القانون المدني على المعاملة إذا كانت غير تجارية حتى لو كان القائم بها تاجرا، فحسب هذه النظرية يسمى القانون التجاري ((قانون الأعمال التجارية))[1]، وقد جاءت هذه النظرية الموضوعية كرد فعل على النظرية الشخصية أحدثته الثورة الفرنسية وذلك لتحقيق المساواة وإلغاء نظام الطوائف وإزالة الطبقية بين الأفراد، وأخذ بهذه النظرية القانون الفرنسي، بلجيكيا، والتشريع العثماني عام ١٢٦٦ هجرية، إضافة إلي التشريع المصري.

نقد النظرية[2]:

١- إنها تؤدي إلى تجاهل أهمية ممارسة النشاط التجاري كحرفة علما إن القانون التجاري يواجه الحرفة أكثر من مواجهته للعمل التجاري المفرد، ولو كان الأمر هكذا لما كان هنالك ضرورة لوجود قانون تجاري مستقل عن القانون المدني الذي يمكن تطبيقه على الأعمال المفردة والمبعثرة وغير المستندة إلى ممارستها بشكل حرفي أو مهني مستمر، إضافة أن المشروعات التجارية هي التي أدت إلى ظهور الشركات التجارية والتي لا يتصور ظهورها لممارسة عمل تجاري مفرد.

٢- وجود صعوبة عملية تتمثل في عدم إمكانية حصر جميع الأعمال التجارية مسبقا والتي تعتبر ممارسة أي منها مبررا لانطباق القانون التجاري عليها، وذلك نظرا للتطورات السريعة والكبيرة في نوعية هذه الأعمال التي لا يمكن حصرها ابتداء

---

[1] د. مصطفى كمال طه، مرجع سابق، ص٣٩. ود. عزيز العكيلي، مرجع سابق، ص١٠.

[2] د. محمد حسين إسماعيل، مرجع سابق، ص١٦. ود. عزيز العكيلي، مرجع سابق، ص١٠-١١.

عند وضع التشريع المتعلق بها، كما أنه لا يوجد معيار يحدد بشكل دقيق متى يكون العمل تجاريا ومتى يكون مدنيا إذ يصعب الأخذ بأي من المعايير بشكل منفرد للتمييز بين العمل التجاري والعمل المدني حتى الآن.

المطلب الثالث: موقف القانون الأردني من هذه النظريات

إن المصدر التاريخي للقانون التجاري الأردني هو القانون السوري المأخوذ عن القانون اللبناني والمأخوذ عن القانون التجاري الفرنسي، وقد أخذ القانون التجاري الأردني بالنظريتين الشخصية والموضوعية معا[١]، فبعض مواده تأخذ بالنظرية الموضوعية مثل المادة ٩ من قانون التجارة التي تعرّف التاجر بأنه من يحترف القيام بالأعمال التجارية، والمادة ٥١ التي تقرر حرية الإثبات بالنسبة للعمل التجاري، والمادة ٥٣/١ التي تفترض التضامن بين المدينين بعمل تجاري، وبعض مواده الأخرى تأخذ بالنظرية الشخصية فالمادة ٦ من قانون التجارة الأردني عددت الأعمال التجارية (الحرف التجارية) التي تعتبر ممارستها مكسبة لصفة التاجر، والمادة ٨ التي تعتبر جميع الأعمال التي يقوم بها التاجر ولغايات تجارته تعتبر تجارية (نظرية الأعمال التجارية بالتبعية).

المبحث الثالث: مصادر القانون التجاري

المصدر بالمعنى العام هو المنبع الذي تنبثق منه حقيقة معينة، ومصادر القانون هي الينابيع التي تخرج منها القواعد القانونية[٢]. وقد يقصد بمصطلح المصادر أيضا عدة معان منها **المصادر المادية**، وهي عبارة عن مجموعة العوامل الاجتماعية والاقتصادية والسياسية التي تستمد منها القاعدة القانونية مضمونها[٣]. وقد يقصد بها **المصادر**

---

[١] د. محمد حسين إسماعيل، مرجع سابق، ص١٧.
[٢] د. عزيز العكيلي، المرجع السابق، ص ٤٥.
[٣] د. محمد حسين إسماعيل، المرجع السابق، ص ١٩.

التاريخية وهي الأصل التاريخي الـذي استمدت منـه القاعـدة القانونيـة، فالمصدر القانوني لقانون التجاري الأردني مثلا هو القانون السوري[٤]. ومصادر القانون التجاري التـي سنتناولها بالبحث هي **المصادر الرسمية والمصادر الاسترشادية.**

فالمصادر الرسمية: هي الوسيلة التي تخرج بها القاعدة القانونية مصوغة محكمة متضمنة لعنصر الإلزام والعلم بها مفترض واحترامها واجب، ويترتب على القاضي تطبيق قواعدها على النزاع المعروض أمامه[١].

أما **المصادر الاسترشادية:** فالمعنى الذي نريده في هذا المجال هو ما يسترشد بـه القاضي في الحكم في قضية معروضة أمامه عند عدم وجود حكم (نـص) في المصادر الرسمية لتطبيقه على النزاع المعرض أمامه[٢].

المطلب الأول: المصادر الرسمية

والمصادر الرسمية للقانون التجاري هي:

أولا: التشريع:

١- **قانون التجارة الأردني والقوانين المكملة له:** تعتبر نصوص قانون التجارة الأردني رقم (١٢) لسنة ١٩٦٦ هي المصدر الرسمي الأول الـذي يلتـزم القاضي بـالرجوع إليه ولقواعده وأحكامه خلال تطبيقه على النزاع المعروض أمامه والـذي يخضع لأحكامه، وفي حالة عدم وجود نص في قانون التجارة الأردني، فإن المصدر الذي يلتزم بالرجوع إليه القاضي هو القوانين (التشريعات) التجارية المكملة لقانون التجارة والتي تعتبر مكملـة لقانون التجارة الأردني ومنها مثلا قانون الشركات

---

[٤] د. أحمد زيادات ود. إبراهيم العموش، مرجع سابق، ص ٨.
[١] د. محمد حسين إسماعيل، مرجع سابق، ص ١٩-٢٠.
[٢] هنالك معنى آخر للمصادر الاسترشادية وهو ما يسترشد به القاضي في تفسير وتطبيق الأحكام التي تتضمنها المصادر الرسمية المادة ٢/٤ من القانون المدني الأردني.

الأردني رقم (٢٢) لسنة ١٩٩٧ وتعديلاته، قانون التجارة البحرية، قانون العلامات التجارية ، قانون تسجيل الأسماء التجارية، قانون البنك المركزي، قانون امتيازات الاختراعات والرسوم، قانون علامات البضائع، قانون أعمال الصرافة، نظام السجل التجاري، نظام العلامات التجارية ...الخ.

٢- **القانون المدني:** نصت المادة ٢ من قانون التجارة الأردني على أنه عند انتفاء النص في هذا القانون فتطبق على المواد التجارية أحكام القانون المدني، على أن يكون تطبيق هذه الأحكام بنسبة اتفاقها مع المبادئ المختصة بالقانون التجاري، فالقانون المدني هو الشريعة العامة لفروع القانون الخاص وهو موطن القواعد العامة في تنظيم العلاقات الخاصة فيما لم يرد به نص في قانون آخر ولهذا نطبق القانون المدني على المنازعات التجارية التي لا يوجد بها نصوص تحكمها في قانون التجارة الأردني والقوانين التجارية الأخرى المكملة له، ولكن يشترط أن تكون قواعد القانون المدني المراد تطبيقها على المعاملات والمنازعات التجارية متفقة مع المبادئ المختصة بالقانون التجاري مثل حرية الإثبات، والتضامن المفترض بين المدينين وكافة القواعد المتعلقة بدعم السرعة ودعم الائتمان في الأعمال التجارية، وطبقا لذلك فيرجع مثلا إلى أركان وقواعد المسؤولية التقصيرية في دعوى المنافسة غير المشروعة وإلى نظرية الالتزامات والعقود لتطبيقها على العقود التجارية وما ترتبه من آثار وإلى أحكام عقد الكفالة لحكم أركان وشروط الاتفاقات المتعلقة بخطابات الضمان المصرفية، وإلى قواعد إجارة الأشياء فيما يتعلق بالودائع في الصناديق الحديدية لدى المصارف وإلى قواعد وأحكام البيع فيما يتعلق ببيع المتجر أو المؤسسة التجارية، ...الخ.

ثانيا: العرف التجاري

العرف التجاري هو: ((ما درج عليه التجار من قواعد غير مكتوبة فترة طويلة مـن الـزمن خلال تعاملاتهم التجارية معتقدين بإلزامها وضرورة احترامها تماما مثل القواعد المكتوبة)).

وللعرف أهمية كبيرة في نطاق القانون التجاري حيث أن معظم قواعد القانون التجاري قد نشأت عرفية وذلك لصمت المشرع في كثير من الأحيان عـن معالجـة العديـد مـن المسائل التجارية الهامة، ولتزايد سرعة وتطور العملية التجارية التي لا يمكن وضعها مسبقا في نصوص مكتوبة، إضافة إلى أن العرف أكثر مرونة من التشريع الذي يتطلب إجراءات معينـة لصـدوره، والعرف أكثر قدرة على مسايرة التطورات في العمل التجاري[1].

أنواع العرف:

قد يكون العرف عاما في جميع أنحاء الدولـة، وقد يكون العرف محليا في مدينـة أو منطقة معينة وقد يكون العرف خاصا يتعلق بمهنة معينة، وفي حالة التعارض بينهما يـرجح العرف الخاص والعرف المحلي على العرف العام[1].

أركان العرف:

يتكون العرف من ركنين:

1- **الركن المادي:** وهـو اعتيـاد النـاس (التجار) على سلوك معين فترة مـن الـزمن خلال تعاملاتهم.

---

[1] ومن الأمثلة على العرف التجاري عملية القيد العكسي ـ في البنوك، وقواعـد الاعتمادات المستندية وبـوالص التحصيل وإرسال المصارف بيانات لعملائها واعتبارها حجة عليهم في حال مرور مدة معينة عليها ولم يعترضوا على مضمونها ...الخ.

[1] المادة ٤/٢ من قانون التجارة الأردني.

٢- الركن المعنوي : الاعتقاد بإلزامية هذا السلوك تماما مثل القواعد المكتوبة (عنصر الإلزام) وهذا هو الركن الذي يؤدي للتفرقة بين العرف وبين العادة التي تتكون من ركن واحد فقط وهو الاعتياد على سلوك معين.

الفرق بين العرف والعادة [٢]:

١- يتكون العرف كم ذكرنا من ركنين أحدهما مادي (الاعتياد على سلوك معين)، والآخر معنوي وهو (الاعتقاد بإلزام هذا السلوك)، أما العادة فهي تتكون من ركن واحد وهو الركن المادي، وتفتقد إلى عنصر الإلزام لأطرافها.

٢- العلم بالعرف مفترض تماما مثل القواعد القانونية المكتوبة، أما العادة فالعلم بها غير مفترض ويجب إقامة الدليل على وجودها.

٣- يلتزم القاضي بالبحث عن العرف وتطبيقه على النزاع المعروض أمامه، ولا يلتزم الخصوم (أطراف النزاع) بإقامة الدليل على وجوده، أما العادة فلا يلتزم القاضي بالبحث عنها وتطبيقها على النزاع المعروض أمامه، ويلتزم الخصوم بإقامة الدليل على وجودها إما بشهادة أهل الخبرة أو عن شهادات صادرة من الجهات المختصة مثل الغرف التجارية والصناعية.

٤- يخضع القاضي في تطبيق العرف إلى رقابة المحكمة (محكمة التمييز) لأنه يطبق قانونا، لأن العرف كما ذكرنا له إلزامية مثل القواعد القانونية المكتوبة وبالتالي فمن اختصاصات محكمة التمييز هي الرقابة على قرارات المحكمة فيما إذا كانت متفقة مع القانون أو مخالفة له، أما العادة فلا يخضع قرار القاضي في تقدير العادة والأخذ

---

[٢] ومن الأمثلة على العادات التجارية (إنقاص الثمن بدلا من فسخ البيع عند إخلال البائع في تنفيذ التزامه وأيضا العادة في حزم البضائع أو العد أو الكيل حيث جرت العادة على طرقة معينة وأيضا في حالة كون البضائع المشتراة فيها عيب، فيعطي البائع من قبل المشتري وقبل أن إرجاع البضائع إليه مهلة لتصويب أوضاعه وتلافي هذا العيب، وإلآ فإنه يحق للمشتري عندئذ إرجاع البضائع وأحيانا المطالبة بالتعويض عن الأضرار التي لحقت به ...الخ).

بها أم لا إلى رقابة محكمة التمييز، لأن للقاضي سلطة واسعة في تقدير هذه العادة لأنها ليست مسألة قانون (تفتقد لعنصر الالتزام) وإنما هي مسألة واقع لها حرية لها بالأخذ بها أم لا.

ويجب ملاحظة أن العرف السائد يمكن أن يتم اتفاق الأطراف على استبعاده وعدم تطبيقه على النزاع القائم بينهما، ويلتزم عندئذ القاضي بعدم تطبيقه على النزاع المعروض أمامه، إضافة إلى إمكانية استبعاد تطبيق العرف التجاري السائد إذا كان متعارضا مع النصوص القانونية الملزمة[1].

المطلب الثاني: المصادر الاسترشادية

أولا: السوابق القضائية.

ثانيا: اجتهادات الفقهاء.

ثالثا: مقتضيات الإنصاف والعدل.

أولا: السوابق القضائية

ويقصد بالسوابق القضائية الأحكام الصادرة عن المحاكم على اختلاف أنواعها داخل المملكة الأردنية الهاشمية وخاصة الصادرة عن أعلى محكمة وهي محكمة التمييز الأردنية فيما يختص بالمعاملات التجارية.

فالقاضي يسترشد بالأحكام الصادرة عن المحاكم الأردنية وخاصة الصادرة عن محكمة التمييز الأردنية فيما يتعلق بالنزاعات المطروحة أمامه والمشابهة للقضايا التي صدرت بها تلك الأحكام وذلك عند انعدام النصوص القانونية المكتوبة وانعدام العرف التجاري لتطبيقها على هذا النزاع، ولكن القاضي غير ملزم باتباع و/أو الأخذ

---

[1] المادة ١/٤ من قانون التجارة الأردني.

بهذه الأحكام الصادرة عـن تلك المحاكم، فهو يستطيع مخالفتها وإصدار أحكام مختلفة عنها لأنه غير ملزم باتباعها فهو كما ذكرنا مصدرا استرشاديا[1] يحق للقاضي الأخـذ به أو تركه، وهذا هو الحال في معظم الـدول التـي تأخـذ بالنظام القـانوني اللاتينـي ومنهـا الأردن، أما الدول التي تأخذ بالأنظمة القانونية الإنجلوسكسونية، فأحكام القضاء (السوابق القضائية) لها أهمية كبيرة لديهم، فالقاضي لا يستطيع أن يصدر حكما يخالف فيه حكما صادرا من محكمة أعلى درجة منه في نزاع معروض أمامه يشبهه و/أو يماثل النزاع الصادر به حكما (قرارا) مـن محكمـة أعـلى منـه وهكـذا، مما يـؤدي لـديهم إلى اسـتقرار القواعـد القانونية والتزام القاضي للأخذ بها دون مخالفتها، حتى ولو طالت المدة الزمنية على إصدار هذه الأحكام القضائية [2].

ثانيا: اجتهادات الفقهاء

وهـي مجموعـة الآراء القانونيـة التـي تصدر عـن فقهاء القانون أو شُرّاح القـانون في مسائل قانونية معينة، يتصدون لشرحها وتفسيرها أو التعليق عليها ونشر المؤلفات القانونية الخاصة بهذه القوانين لتفصيلها وشرح أحكامها، مما يؤدي إلى إثراء المكتبة القانونية وإيجاد المراجع القانونيـة المهمة والمختصة والتي تساعد المختصين سواء مـن رجـال القـانون أم مـن المهتمين بهذه المراجع القانونية في فهم الأحكام والنصوص القانونية المتعلقة بالمسائل المختلفـة، ويسـتطيع القـاضي أن يرجـع إلى هـذه المؤلفات والشـروحات في معرفة الأسـس والتفسيرات المختلفة للنصوص القانونية لتطبيقها على النزاعات المعروضة أمامه، وهـو غـير ملزم بإتباعها باعتبارها مصدرا استرشاديا غير ملزم للأخـذ بـه عنـد عـدم وجـود النصوص القانونية المكتوبة، وعند عدم وجود عرف تجاري سائد لتطبيقه على النزاع المعروض أمامه.

---

[1] المادة ٣ من قانون التجارة الأردني.
[2] د. فوزي محمد سامي، مبادئ القانون التجاري، ط١، ١٩٩٩، مكتبة دار الثقافة، ص ١٣-١٤.

ثالثا: مقتضيات الإنصاف والعدل

وهي فكرة غير واضحة وغير محددة، ويقصد بها أن يستلهم القاضي ضميره للحكم وفق ما هو عادل بعد أن يأخذ في تقديره المبادئ القانونية والأعراف والتقاليد السائدة[1]، أي أن يجتهد القاضي في وضع حل للنزاع المعروض أمامه بما يعتقد أنه يتفق مع مقتضيات العدل والإنصاف وذلك عند عدم وجود النصوص القانونية المكتوبة لتطبيقها على النزاع وعدم وجود الأعراف والتقاليد التجارية السائدة والمتفق عليها، وعدم وجود قرارات قضائية صادرة بمنازعات مشابهة للنزاع المعروض أمامه، ونقص في الشروحات القانونية والفقهية التي تعينه على فهم الأحكام القانونية المختلفة، فإن القاضي عليه عندئذ أن يجتهد وفق ما يمليه عليه ضميره في وضع حل للنزاع المعروض أمامه لإعطاء كل ذي حق حقه وهي تختلف من شخص لآخر، فما يراه قاض عادلا قد لا يراه قاض آخر كذلك لاختلاف الأفكار ولاختلاف النفوس البشرية، وهذا المصدر غير ملزم للقاضي ويستطيع القاضي أن يأخذ بالقوانين المقارنة لمحاولة استنباط الأحكام للفصل في النزاع المعروض أمامه.

---

[1] د. عزيز العكيلي، مرجع سابق، ص ٥٧. ود. فوزي سامي، مرجع سابق، ص ١٥.

الفصل الثاني
الأعمال التجارية

لم يضع قانون التجارة الأردني تعريفا للعمل التجاري وذلك كغيره من القوانين التجارية الأخرى، وإنما ترك هذه المهمة للفقه، وقد أورد في المادة ٦ من قانون التجارة الأردني تعدادا لبعض الأعمال التجارية على سبيل المثال لا الحصر، وذلك بدلالة الفقرة الثانية من المادة ٦ من قانون التجارة الأردني التي ذكرت أنه: ((تعتبر أعمالا تجارية بحكم ماهيتها الذاتية الأعمال التي يمكن اعتبارها مماثلة للأعمال المتقدمة لتشابه صفاتها وغاياتها)). ذلك لأن المشرّع لا يستطيع حصر الأعمال التجارية جميعها ابتداء نظرا لما تستحدثه تطورات الحياة الاقتصادية والتجارية من أعمال تشابه المنصوص عليها في صفاتها وغاياتها لما ورد في المادة ٦ من قانون التجارة الأردني، وللتمييز بين العمل التجاري وبين العمل المدني فقد ظهرت عدة نظريات (معايير) للتفرقة بينهما[1] وذلك لخضوع العمل التجاري عندئذ إلى نظام قانوني يختلف عن النظام القانوني الذي يخضع له العمل المدني، وما يترتب على ذلك من نتائج للتفرقة بينهما.

المبحث الأول: معايير (نظريات) التفرقة بين العمل التجاري والعمل المدني

ظهرت عدة نظريات للتمييز بين العمل التجاري وبين العمل المدني وهي:

١- نظرية المضاربة.

٢- نظرية التداول.

٣- نظرية المشروع.

---

[1] د. عزيز العكيلي، مرجع السابق، ص٧٠-٨٠. د. محمد حسين إسماعيل، مرجع السابق، ص ٣٨-٤٠. د. فوزي محمد سامي، مرجع السابق، ص ١٧-١٩. د. مصطفى كمال طه، مرجع السابق، ص٣٨-٤٠.

المطلب الأول: نظرية المضاربة

وطبقا لهذه النظرية يعتبر العمل تجاريا إذا كان بقصد المضاربة وهي قصد تحقيق الربح، فإذا كان القصد من العمل تحقيق الربح فهو عملا تجاريا، وإذا لم يكن الهدف منه تحقيق الربح فهو عمل مدني[1]، وبالتالي فلا تعتبر الأعمال التبرعية كأعمال البر والإحسان، وأعمال الجمعيات التعاونية، وإصدار المجلات والكتب العلمية عملا تجاريا لانتفاء قصد تحقيق الربح فيها.

نقد النظرية[2]:

1- هناك العديد من الأعمال التي تهدف إلى تحقيق الربح بالرغم من أنها مدنية مثل أعمال المهندسين، المحامين، الأطباء، ...الخ.

2- هناك أعمالا لا تستهدف تحقيق الربح بالرغم من أن الرأي مستقر بأنها تجارية مثل التصرفات الخاصة بالأوراق التجارية.

المطلب الثاني: نظرية التداول

ومفهوم هذه النظرية أنها تعتبر العمل تجاريا إذا كان يتعلق بالوساطة في تداول الثروات من وقت خروجها من يد المنتج إلى وقت وصولها إلى يد المستهلك[3] فكل عمل يهدف إلى تحريك الثروات ويساعد على تنشيط حركتها يكون عملا تجاريا أو من طبيعة تجارية، أما الأعمال التي لا يوجد فيها تداول للثروات أو التوسط في تداولها فتعتبر عملا مدنيا. ويخرج من نطاق هذه النظرية الأعمال الاستهلاكية لأنه لا يوجد فيها تداول في الثروات أي انتقال البضائع من يد إلى يد بقصد تحقيق الربح، ويخرج منها أيضا الأعمال الزراعية.

---

[1] د. محمد حسين إسماعيل، مرجع سابق، ص٣٨. د. عزيز العكيلي، مرجع سابق، ص٧٢.

[2] د. فوزي محمد سامي، مرجع سابق، ص ١٧. د. عزيز العكيلي، مرجع سابق، ص٧٣.

[3] د. مصطفى كمال طه، مرجع سابق، ص ٣٩.

نقد النظرية[1]:

1- هنالك أعمالا استقر الرأي على أنها مدنية بالرغم من أن فيها تداول للثروات والسلع مثل عمل الجمعيات التعاونية التي وفقا لهذه النظرية تعتبر عملا تجاريا بالرغم من أن الرأي استقر على اعتبارها أعمالا مدنية.

2- هنالك أعمال استقر الرأي على أنها تجارية بالرغم من أنه لا يوجد تداول للثروات فيها ولا توسط في تداولها، وهي أعمال المناجم (الصناعات الإستخراجية) وأعمال مكاتب الأعمال (وكالات الأشغال)، نقل الأشخاص.

المطلب الثالث: نظرية المشروع

تعتبر هذه النظرية محاولة من الفقه للرجوع إلى النظرية الشخصية المتعلقة بتحديد نطاق تطبيق القانون التجاري والتي تعتمد أساسا على صفة القائم بالعمل (التاجر) الذي يقوم بممارسة عمله على أساس الاحتراف (الحرفة)، وليس على أساس العمل التجاري، إذ أن هذه النظرية تستلزم تكرار القيام بالعمل لتمييزه عن العمل المدني، وبالتالي فقد تم تعريف المشروع بأنه: ((التكرار المهني للأعمال التجارية استنادا إلى تنظيم سابق))[2]، ويتميز عادة المشروع بمظاهر خارجية للدلالة عليه مثل فتح وتجهيز مكان العمل (المكاتب)، من شراء للأدوات واستخدام العمال والموظفين، ...الخ. وتستلزم أيضا هذه النظرية القيام بالعمل التجاري بشكل مستمر ومنظم واتخاذ هذا العمل مهنة له (حرفة له) وبالتالي فإن مفهوم الحرفة التجارية يبرز في شكل المشروع باعتباره المظهر الاقتصادي لهذه الحرفة التجارية، ولهذا فتعتبر جميع الأعمال المرتبطة بالمشروع أعمالا تجارية متى تعلقت بحرفة تجارية[3]. فمعيار التمييز بين العمل التجاري

---

[1] د. عزيز العكيلي، مرجع سابق، ص٧٤. د. محمد حسين إسماعيل، مرجع سابق، ص٤٠.
[2] د. عزيز العكيلي، مرجع سابق، ص٧٧.
[3] د. عزيز العكيلي، مرجع سابق، ص٧٧.

والعمل المدني طبقا لهذه النظرية هو في كيفية ممارسة العمل، فمن يمارس عملا على وجه التكرار وفقا لتنظيم خاص يعتبر عملا تجاريا ولو لم يرد ذكره في تعداد الأعمال التجارية في القانون [1].

نقد النظرية [2]:

١- تعطي الصفة التجارية لأعمال متفق على أنها مدنية، بالرغم من ممارستها بشكل مستمر ومنتظم وتسند إلى تنظيم مهني خاص بها مثل عمل المحامي، الطبيب، ...الخ.

٢- تخرج من نطاقها أعمال متفق على أنها تجارية حتى ولو وقعت بصورة فردية أو لمرة واحدة فقط، مثل الشراء لأجل البيع بقصد تحقيق الربح، وجميع الأعمال التي ورد تعدادها في المادة ٦ من قانون التجارة الأردني والتي اعتبرها أعمالا تجارية حتى ولو تمت لمرة واحدة فقط بدون تكرار.

المطلب الرابع: تعريف العمل التجاري

مما تقدم يتضح بأنه لا يمكن الأخذ بإحدى النظريات السابقة لوضع تعريف استنادا إليها بشكل منفرد للعمل التجاري وتمييزه عن العمل المدني، إذ أن كل نظرية لوحدها تعتبر قاصرة عن وضع معيار محدد للتمييز بين العمل التجاري والعمل المدني في سبيل إيجاد تعريف واضح للعمل التجاري، ولهذا فإن الجمع بين مفهوم هذه النظريات هو ما توصل إليه الفقه من حيث وضع تعريف للعمل التجاري الذي عرّفه بأنه: ((كل عمل يستهدف تحقيق الربح

---

[1] د. أحمد زيادات د. إبراهيم العموش، الوجيز في التشريعات التجارية الأردنية، إعادة للطبعة الأولى، ١٩٩٦، دار وائل للنشر، ص١٧.

[2] د. أحمد زيادات، د. إبراهيم العموش، مرجع سابق، ص١٧.

من خلال تداول الثروات شريطة أن يتم ذلك العمل في إطار مشروع كلما استلزم القانون هذا الشرط))[3]. ويتضح من هذا التعريف أن هنالك عنصرين أساسيين يجب توافرهما في العمل حتى يعتبر تجاريا وهما:

١- قصد تحقيق الربح (المضاربة).

٢- التداول (تداول الثروات):

أما المشروع فإذا تطلب القانون ممارسة العمل بشكل مشروع ومتكرر فيعتبر شرطا وإلاّ فإنه لا يعتبر شرطا مثل النقل، فقد أشترط القانون التجاري ممارسته بشكل مشروع، والتأمين بأنواعه، وعمل المصارف ...الخ.

المطلب الخامس: المعيار الذي أخذ به قانون التجارة الأردني

أخذ قانون التجارة الأردني بجميع المعايير (النظريات) السابقة ذكرها للتمييز بين العمل التجاري والعمل المدني، فالأعمال التي ورد النص عليها في المادة ٦ والمادة ٧ من قانون التجارة الأردني تعتبر تطبيقا لنظرية المضاربة (قصد تحقيق الربح)، ولنظرية التداول والوساطة في تداول الثروات، ولنظرية المشروع (التكرار المهني للأعمال)، فبند (أ، ب، ج) من المادة ٦ تطبيق لنظرية المضاربة، باقي بنود المادة ٦ والمادة ٧ تعتبر تطبيقا لنظرية التداول ولنظرية المشروع[1].

---

[3] د. محمد حسين إسماعيل، مرجع سابق، ص٤١.

[1] د. عزيز العكيلي، مرجع سابق، ص٨٠.

المبحث الثاني: النظام القانوني للأعمال التجارية
(النتائج التي تترتب على التمييز بين الأعمال التجارية والأعمال المدنية)

إن التمييز بين العمل التجاري والعمل المدني (كما تم ذكره عند الحديث عن النظريات المختلفة) ليس جدلا فقهيا فقط، وإنما لأنه يترتب على اعتبار العمل تجاريا خضوعه لنظام قانوني مختلف عن النظام القانوني الذي يخضع له العمل المدني، وما يترتب على ذلك عندئذ من نتائج لها أهمية كبيرة باعتبار العمل تجاريا أم مدنيا ولهذا فسوف نتعرض لأهم النتائج المترتبة على التمييز بين العمل التجاري والعمل المدني حيث يخضع كل منهما عندئذ لنظام قانوني مختلف باعتبار نوع العمل هل هو تجاري أو مدني.

وقد قسّم بعض الفقه [1] بعض هذه النتائج وصنفها في نوعين أحدهما يدعم الائتمان التجاري، والآخر يدعم السرعة المطلوبة للعمل التجاري، وهذان العنصران وهما الائتمان والسرعة هما أساس انفصال القانون التجاري عن القانون المدني، كما تم ذكره سابقا عند الحديث عن مبررات انفصال القانون التجاري عن القانون المدني، وسوف نحذو حذو هذا الجانب من الفقه في حديثنا عن القواعد المختلفة المترتبة على التمييز بين العمل التجاري والعمل المدني، مصنفين هذه القواعد إلى نوع يدعم الائتمان ونوع يدعم السرعة.

المطلب الأول: قواعد دعم الائتمان

1- التضامن:

وهو: ((عدم انقسام الدين بين المدينين عند تعددهم في علاقة قانونية واحدة، بحيث لا يسأل كل مدين منهم بمقدار نصيبه في الدين فحسب، وإنما يلتزم بالوفاء بكامل قيمة

---

[1] د. محمد حسين إسماعيل، مرجع سابق، ص45.

الدين الذي في ذمته وذمة باقي المدينين معه في ذات العلاقة))[٢]، فالمدين لا يستطيع حسب مفهوم التضامن أن يدفع نصيبه فقط من قيمة الدين المطالب به من قبل الدائن، إذا كان معه مدينين آخرين في ذات العلاقة القانونية، وإذا قام أحد المدينين بالوفاء (دفع الدين للدائن) برأت ذمة باقي المدينين الآخرين في مواجهة هذا الدائن، وتبقى بقية المدينين مشغولة تجاه المدين الذي دفع عنهم قيمة الدين، وذلك كل حسب نصيبه وحصته في هذا الدين.

والتضامن في المواد التجارية مفترض[٣]، أي يكون بدون نص أو اتفاق، أما في المواد المدنية فهو غير مفترض، ولا بد من وجود اتفاق أو نص قانوني يجعل المدينين في علاقة قانونية واحدة متضامنين مع بعضهم البعض[٤]، والحكمة في تقرير هذه القاعدة ((التضامن)) في المواد التجارية هو زيادة في ضمانات الدائنين ودعما للائتمان، حيث يصبح أمام الدائن بدلا من مدين واحد، عدد من المدينين يستطيع استيفاء دينه كله من أي من واحد منهم أو منهم جميعهم دون تحديد وهذا يزيد في رغبته وضماناته في منحه للائتمان إلى المدينين في تعامله التجاري معهم، ويزيد من اطمئنانه لاستيفاء حقه (دينه) في حالة تقصير أي منهم عن دفع الدين في موعده المحدد، ومن الأمثلة على التضامن بين المدينين هو تضامن الموقعين على الأوراق التجارية، وتضامن الشركاء في شركة التضامن، وتضامن الشركاء المتضامنين في شركة التوصية البسيطة ...الخ.

---

[٢] د. محمد حسين إسماعيل، مرجع سابق، ص٤٥.
[٣] المادة ٥٣ من قانون التجارة الأردني التي نصت على أنه: ((إن المدينين معا في إلتزام تجاري يعدّون متضامنين فيه، وتطبق هذه القرينة على كفلاء الدين التجاري)).
[٤] المادة ٤٣٦ القانون المدني الأردني ((لا يكون التضامن بين المدينين إلاّ باتفاق أو بنص في القانون)).

٢- الفائدة:

تجيز معظم التشريعات في الدول المختلفة تقاضي فوائد على الديون سواء أكانت ديونا مدنية أم ديونا تجارية مع الاختلاف في سعر هذه الفائدة فيما إذا كان الدين مدنيا أو تجاريا، إلّا أن القانون الأردني لا يجيز تقاضي الفوائد على الديون المدنية، وإذا تم الاشتراط على عقد القرض، يعتبر العقد صحيحا وشرط الفائدة باطلا[1]، هذا في المعاملات والديون المدنية، أما في المعاملات التجارية فإن شرط الفائدة تقاضي الفوائد على الديون معمول به في التشريع الأردني، لأن التأخر في الوفاء بالدين في التعامل التجاري يؤدي إلى إلحاق الضرر بالدائن، فالفائدة هي إحدى الوسائل الفاعلة في التحكم بالكميات الاقتصادية، وإذا كان الأمر مقبولا لانعدام الفائدة في التعامل المدني لأن روح المضاربة معدومة لدى الشخص المقرض الذي غالبا ما يسدي خدمة للمقترض لتسهيل أموره، فهي تعتبر هدفا في كثير من الأحيان للتاجر في معاملاته التجارية عندما يقوم بإقراض غيره، أو للبنوك التي تقوم على إقراض الغير لمبالغ مالية، لتسهيل أمور تجارتهم، وتكون هذه الفوائد إما اتفاقية أو قانونية[2].

وتستحق الفائدة عن التأخير في الدين التجاري من تاريخ القبض ما لم ينص القانون أو الاتفاق على غير ذلك، بنما تستحق الفائدة عن التأخير في الدين المدني (في التشريعات التي تجيز تقاضي فوائد عليها) من تاريخ الاتفاق أو المطالبة القضائية، وفي جميع الأحوال لا يجوز أن تتجاوز مجموع الفوائد على قيمة الدين الأصلي إلّا في حالة الفوائد المركبة في المعاملات التجارية فإن المشرع أجاز أن تتجاوز قيمة الفائدة قيمة الدين الأصلي في الحساب الجاري بين التجار، ويرى جانب من الفقه[1] بأن ذلك يشمل جميع المعاملات المصرفية وليس قاصرا فقط على فوائد الحساب الجاري

---

[1] المادة ٦٤٠ من القانون المدني الأردني. د. عزيز العكيلي، مرجع سابق، ص ٦٤-٦٥.

[2] د. محمد حسين إسماعيل، مرجع سابق، ص ٤٧. د. عزيز العكيلي، مرجع سابق، ص٦٥.

[1] د. محمد حسين إسماعيل، مرجع سابق، ص ٤٨. د. عزيز العكيلي، مرجع سابق، ص٦٥.

حيث جرى العرف المصرفي على ذلك، حيث أن العرف مصدر من مصادر القانون يرجع إليه في حالة عدم وجود نص ويلتزم به القاضي ويترتب عليه تطبيقه.

٣- الإفلاس:

والإفلاس باعتباره نظاما قانونيا تجاريا يطبق على التجار عند توقفهم عن أداء (دفع) ديونهم التجارية والمستحقة عليهم في مواعيد استحقاقها[٢]، يعتبر من أهم قواعد دعم الائتمان في العمل التجاري، حيث يبعد التاجر المقصر ـ عن ميدان الأعمال التجارية لأنه يضعف الثقة والائتمان به تجاه الدائنين، بينما في العمل المدني فإذا توقف المدين عن دفع ديونه المدنية، أو توقف التاجر عن دفع ديونه المدنية وليست التجارية، لا يصار إلى شهر إفلاسه، وإنما يطبق عليه نظاما آخر في القانون المدني (الإعسار) والذي يقترب أحيانا في شدته من الإفلاس مع الفارق بينهما[٣]، وذلك لضعف الائتمان في العمل المدني، وبالتالي فلا تترتب على إعسار المدين نفس آثار الإفلاس.

ونظام الإفلاس نظرا لشدته وقسوته، (حيث ترفع يد المدين عن جميع أمواله ويديرها وكيل تفليسة تعينه المحكمة لذلك، ويفقد حقوقه السياسية ولا يستطيع ممارستها كأثر من آثار شهر الإفلاس) ضد المدين الذي يتوقف عن دفع ديونه التجارية المستحقة عليه في مواعيدها، فإنه يعتبر من أهم قواعد دعم الائتمان حيث يطمئن الدائن بأنه يستطيع استيفاء حقه من المدين في موعده، وبعكس ذلك سوف يتم شهر إفلاس هذا التاجر وإبعاده عن العمل التجاري.

---

[٢] سواء أكان هذا الدين تجاريا بطبيعته أم تجاريا بالتبعية.
[٣] سوف نشرح الفرق بين الإفلاس والإعسار عند الحديث عن الآثار المترتبة على اكتساب الشخص لصفة التاجر في الفصول اللاحقة، مع شرح الإفلاس باعتباره نظاما قانونيا يطبق على التجار فقط.

٤. انتفاء صفة التبرع:

لقد ذكرنا عند التعرض للنظريات المختلفة للتمييز بين العمل التجاري والعمل المدني، أن العمل يعتبر تجاريا إذا كان الهدف منه قصد تحقيق الربح (نظرية المضاربة)، ويعتبر العمل مدنيا إذا لم يكن يهدف إلى تحقيق الربح، وبالتالي فلا يمكن تصور عمل تجاري مجاني كقاعدة عامة[1]، إذ أن الهدف من الأعمال التجارية دائما هو تحقيق الربح، بينما الأعمال المدنية فيمكن أن تكون مجانا، والعقود التبرعية أفرد لها القانون المدني قسما خاصا كالهبة والإعارة والوكالة في بعض صورها[2].

٥. صفة التاجر:

صفة التاجر يكتسبها من يقوم بممارسة الأعمال التجارية وتوافرت بهم بعض الشروط الأخرى[3]، وقد ذكرت المادة ٩ من قانون التجارة الأردني بأن: ((التجار هم الأشخاص الذين تكون مهنتهم القيام بأعمال تجارية))، والمادة ٢/٩ ((والشركات التي يكون موضوعها تجاريا)). إذن فمن يمارس العمل التجاري ويتخذه مهنه (حرفة) له ويزاوله باستمرار يعتبر تاجرا ويخضع إلى أحكام القانون التجاري وما يترتب عليه من آثار مثل خضوعه لنظام الإفلاس ومسكه للدفاتر التجارية وتسجيله في السجل التجاري واتخاذه

---

[1] نصت المادة ٥٥ من قانون التجارة الأردني على أنه: ((كل التزام تجاري يقصد به القيام بعمل أو بخدمة لا يعد معقودا على وجه مجاني، وإذا لم يعين الفريقين أجرة أو عمولة أو سمسرة فيستحق الدائن الأجر المعروف في المهنة)).

[2] المادة ٨٥٧ من القانون المدني الأردني.

[3] سوف نتحدث عن شروط اكتساب الشخص لصفة التاجر عند الحديث عن التاجر في الفصل القادم.

لعنوان تجاري، أما من يمارس عملا مدنيا فلا يكتسب صفة التاجر ولا تترتب عليه الآثار والالتزامات المفروضة على التجار.

المطلب الثاني : قواعد دعم السرعة

١- حرية الإثبات:

إن القاعدة العامة في المعاملات المدنية فيما يتعلق بقاعدة الإثبات، أنه لا يجوز الإثبات في الالتزامات التعاقدية في غير المواد التجارية إذا كانت قيمته تزيد على عشرة دنانير أو كان غير محدد القيمة إلا بالكتابة [١]، إلّا إذا وجد نص أو اتفاق يقضي ـ بغير ذلك [٢]، أما في الالتزامات في المعاملات التجارية فقاعدة حرية الإثبات هي التي تخضع لها التصرفات القانونية حتى لو زادت قيمة الالتزام على عشرة دنانير، وقد تأكد ذلك أيضا في المادة ٥١ من قانون التجارة الأردني التي ذكرت: ((لا يخضع إثبات العقود التجارية مبدئيا للقواعد الحصرية الموضوعة للعقود المدنية، فيجوز إثبات العقود المشار إليها بجميع طرق الإثبات مع الاحتفاظ بالإستثناءات الواردة في الأحكام القانونية الخاصة)). ولذلك يجوز إثبات التصرف القانوني في المواد التجارية بالبينة والقرائن وشهادة الشهود والدفاتر التجارية والفواتير والمراسلات التجارية ...الخ، مهما بلغت قيمته، والحكمة من ذلك أن الأعمال التجارية أساسها السرعة والإئتمان، وبالتالي فالهدف هو تبسيط الإجراءات لإتمام وتنفيذ العمليات التجارية لأن التاجر لا يقوم

---

[1] وقد ورد استثناء على هذه القاعدة في المادة ٣٠ من قانون البينات الأردني التي أوردت أنه يجوز الإثبات بشهادة الشهود حتى لو زادت قيمة التصرف على عشرة دنانير في حالة: ١- عدم وجود مبدأ ثبوت بالكتابة. ٢- إذا وجد مانع أدبي أو مادي يحول دون الحصول على دليل كتابي. ٣- أو كان العرف والعادة لا يقضيان بربطها بسند، ومن الموانع الأدبية وجود القرابة بين الزوجين أو ما بين الأصول والفروع أو ما بين الحواشي إلى الدرجة الثالثة أو ما بين أحد الزوجين وأبوي الزوج الآخر. ٤- وإذا فقد السند المكتوب بسبب لا يد له فيه. ٥- وإذا طعن في العقد بأنه ممنوع بالقانون أو مخالف للنظام العام أو الآداب.

[2] المادة ٢٨ من قانون البينات الأردني

٣٧

أحيانا بعمل تجاري واحد في اليوم، وإنما قد يبرم عشرات الصفقات مما يستلزم سهولة في إجراءات عقد هذه الصفقات التجارية، وبالتالي السهولة في إثباتها عند النزاع وذلك بإتاحة الفرصة أمامه لكافة وسائل الإثبات وعدم حصرها في الكتابة فقط، إلّا أنه يوجد بعض الإستثناءات على مبدأ حرية الإثبات في المواد التجارية أي أنه لا يجوز الإثبات فيها إلّا بالكتابة مثل عقد تأسيس الشركة أيّا كان نوعها باستثناء شركة المحاصة حيث لا تكتسب الشخصية الاعتبارية، ولا يتطلب القانون تسجيلها في سجل الشركات، وكذلك عقود بيع ورهن المتجر، وكذلك فإن بعض التصرفات لا يمكن إجراؤها إلّا بالكتابة مثل التصرفات الواقعة على الأوراق التجارية (سند السحب، سند الأمر، الشيك)[1]، إلا أن قاعدة حرية الإثبات في المواد التجارية يجوز الاتفاق على تقييدها، كأن يتفق أطراف العلاقة القانونية في العمل التجاري أن لا يتم الإثبات فيما بينهم إلّا بالكتابة وعندها لا يجوز الإثبات بغير ذلك، لأن قاعدة حرية الإثبات لا تتعلق بالنظام العام فيجوز الاتفاق على مخالفتها بين الأطراف[2].

٢- المهلة القضائية (مهلة الوفاء):

الأصل أن الديون مهما كانت طبيعتها واجبة الوفاء في ميعاد استحقاقها ما لم يوجد اتفاق أو نص يقضي بغير ذلك، إلّا أن المشرع أجاز للمحكمة في الديون المدنية وفي حالات استثنائية (إذا لم يمنعها نص في القانون) أن تمهل المدين إلى أجل معقول أو آجال ينفذ فيها التزامه إذا استدعت حالته ذلك ولم يلحق الدائن من هذا التأجيل ضرر جسيم[3].

---

[1] د. عزيز العكيلي، مرجع سابق، ص ٦٢.

[2] د . محمد حسين إسماعيل، مرجع سابق، ص ٥٤. د. عزيز العكيلي، مرجع سابق، ص ٦٢.

[3] المادة ٣٣٤ الفقرة ١، ٢ من القانون المدني الأردني.

فالدائن في الديون المدنية لا يلحقه عادة ضرر جسيم من خلال إمهال المدين، أو إعطائه مهلة لوفاء دينه لأن الدائن غالبا ما سينفق المبالغ التي سوف يأخذها من المدين على أمور استهلاكية، وبالتالي فلن يلحقه خسارة أو يفوته كسب، من خلال تأخر المدين في الوفاء بدينه إليه، أما إن كان يلحقه ضرر جسيم من خلال إعطاء المدين مهلة لوفاء دينه، فلا يجوز للمحكمة أن تمهل المدين، والضرر الجسيم مصطلح يعطى للقاضي صلاحية تقديرية في تقدير وجوده أو عدمه كأن يكون في إمهال المدين في الوفاء بدينه، يترتب عليه إعسار الدائن وعدم مقدرته على الوفاء بديونه في مواعيدها.

أما في الالتزامات (الديون) التجارية فإن عدم وفاء المدين للدين المستحق بذمته في ميعاده يؤدي إلى إلحاق الضرر بالدائن الذي يستحق أيضا فائدة على دينه لأن العمل التجاري أساسه تحقيق الربح، فلا يتصور أن يقوم الدائن (التاجر) بإمهال المدين، لأن ذلك سيترتب عليه ضرر وبالتالي فلا يجوز للمحكمة أن تمهل المدين في المواد التجارية أو تعطيه آجالا للوفاء بديونه المستحقة للدائن إلاّ في ظروف استثنائية، وقد أكدت المادة ٥٦/١ من قانون التجارة الأردني: ((لا يحق للمحكمة في المواد التجارية أن تمنح مهلا للوفاء إلاّ في ظروف استثنائية)).

٣- الاختصاص القضائي:

أخذت بعض التشريعات في الدول المختلفة بمبدأ الاختصاص القضائي، بحيث تنظر محاكم تجارية في النزاعات التجارية، ومحاكم مدنية في النزاعات المدنية، لأن المعاملات التجارية تختلف في طبيعتها عن المعاملات المدنية، وللسرعة المطلوبة في البت وإنهاء القضايا ذات الطابع التجاري، الأمر الذي يؤدي إلى إيصال الحقوق لأصحابها (التجار) في سرعة حيث يتوافق ذلك مع السرعة التي تتطلبها الأعمال التجارية، وما يترتب عليها من فرصة اكبر لتحقيق ربح أكثر من العمل التجاري، ولكن معظم التشريعات لم تأخذ بمبدأ الفصل بين المحاكم في النظر بالنزاعات سواء المدنية أم التجارية

ومنها المشرع الأردني، حيث جعل الاختصاص موحدا لجميع المحاكم المختصة في النظر بالقضايا المدنية والتجارية على حد سواء، فلا توجد لدينا محاكم تجارية، ومحاكم مدنية، فالمحاكم واحدة وتنظر حسب اختصاصاتها المحددة في القوانين بجميع القضايا سواء أكانت مدنية أم تجارية، إلّا أن الواقع العملي أوجد قضاة مختصين بالنظر في القضايا التجارية، وقضاة مختصين بالقضايا المدنية حسب أنواعها ولكن يتم ذلك بتنظيم إداري داخلي دون سند تشريعي له في القوانين[1].

٤- التقادم (مرور الزمن):

إن مدة التقادم في المعاملات المدنية تختلف عنها في المعاملات التجارية، وهي المدة التي لا يجوز بعد مرورها سماع الدعوى أو إقامة الدعوى للمطالبة بالحقوق التي كانت تحميها هذه الدعوى وذلك عند إنكار المطالب بها (المدين) لهذه الحقوق واحتجاجه بمرور مدة زمنية عليها تحول بينه وبين المطالبة بهذه الحقوق و/أو رفع الدعوى للمطالبة بهذه الحقوق، وعادة فإن مدة التقادم في المعاملات المدنية أطول منها في المواد التجارية، فمدة التقادم بشكل عام في المواد المدنية هي خمسة عشر عاما بدون عذر شرعي إذا أنكر المدين الدين[1]، أما في المواد التجارية فإن مدة التقادم بشكل عام هي عشر سنوات إن لم يعين أجل أقصر من ذلك[2]، والحكمة من تخفيض مدة التقادم في المواد التجارية عنها في المواد المدنية، أن التجار عادة ينشطون في المطالبة بديونهم وحقوقهم لأنهم دائما بحاجة للمال الذي سوف يستخدمونه في عمليات تجارية أخرى تدر عليهم ربحا آخر، ولأن المشرّع يريد أيضا أن يضع حدا للمنازعات المتعلقة بهذه الديون بالسرعة

---

[1] د. عزيز العكيلي، مرجع سابق، ص ٦٢-٦٣. د. محمد حسين إسماعيل، مرجع سابق، ص ٥٠-٥١.

[1] المادة ٤٤٩ من القانون المدني الأردني: ((لا ينقضي الحق بمرور الزمان، ولكن لا تسمع الدعوى بانقضاء خمسة عشرة سنة بدون عذر شرعي مع مراعاة ما وردت به أحكام خاصة)).

[2] المادة ٥٨ من قانون التجارة الأردني: ((في المواد التجارية يسقط بالتقادم حق الادعاء بمرور عشر سنوات إن لم يعين أجل اقصر)).

المطلوبة، حيث أن أساس العمل التجاري يقوم على السرعة في الإنجاز وتبسيط الإجراءات[٣]، إلّا أنه يمكن أن ينص المشرع في المواد المدنية، كاستثناء على مدة التقادم لمدة خمسة عشر سنة على مدة تقادم أقصر في بعض الأعمال المدنية، ومنها مدة تقادم سنتين وذلك فيما يتعلق بحقوق التجّار والصنّاع عن أشياء ورّدوها لأشخاص لا يتجرون بها، وحقوق أصحاب الفنادق والمطاعم عن أجر الإقامة وثمن الطعام وكل ما أنفقوه لحساب عملائهم[٤]. وفي المواد التجارية كاستثناء على مدة التقادم العادي (عشر ـ سنوات) نص القانون التجاري على مدة أقصر مثل دعوى الحامل تجاه المظهرين أو دعاوى المظهرين فيما بينهم، فتتقادم بمرور ستة شهور هذا فيما يتعلق (بالشيك)، وبمرور مدة خمس سنوات فيما يتعلق بدعوى حامل الشيك تجاه المسحوب عليه[٥].

المبحث الثالث: أنواع الأعمال التجارية

أورد قانون التجارة الأردني في نصوصه ثلاثة أنواع من الأعمال التجارية وهي:

١- الأعمال التجارية البرية بطبيعتها (بحكم ماهيتها الذاتية)، والأعمال المشابهة لها وقد ورد النص عليها في المادة ٦ من قانون التجارة الأردني.

٢- الأعمال التجارية بالتبعية، وهي أعمال أصلها مدني ولكن لقيام تاجر بها ولغايات تجارية أضفي عليها الصفة التجارية المادة ٨ من قانون التجارة الأردني.

٣- الأعمال التجارية البحرية، وقد نص عليها في المادة ٧ من قانون التجارة الأردني، وقد عالج أحكامها قانون التجارة البحرية الأردني.

٤- الأعمال المختلطة، وهي ليست نوعا رابعا من الأعمال التجارية وإنما هي خليط من عمل مدني وعمل تجاري بطبيعته أو تجاري بالتبعية، ولم يرد عليها نص في

---

[٣] د. عزيز العكيلي، مرجع سابق، ص ٧٠.
[٤] المادة ٤٥٢ من القانون المدني الأردني.
[٥] المادة ٢٧١ من قانون التجارة الأردني.

قانون التجارة الأردني إلّا أن الفقه قد عالج أحكامها ولهذا فسوف نبحثه ضمن أنواع الأعمال التجارية بشكل موجز لبيان أحكامها.

المطلب الأول: الأعمال التجارية البرية بطبيعتها (بحكم ماهيتها الذاتية)

لقد أورد قانون التجارة الأردني في فقرته الأولى من المادة السادسة على تعداد للأعمال التجارية بحكم ماهيتها الذاتية، أخضعها للقانون التجاري بصرف النظر عن صفة القائم بها سواء أكان تاجرا أم لا، وبصرف النظر عن عدد مرات ممارسة هذا العمل، فيعتبر العمل تجاريا وفقا لهذه المادة حتى ولو كان لمرة واحدة لأن نص المادة السادسة قد جاء مطلقا ولم يحدد عدد مرات ممارسة العمل لاعتباره تجاريا[1].

إلا أن هذه الأعمال لم ترد حصرا في هذه المادة وإنما على سبيل المثال حيث اعتبر القانون في الفقرة الثانية من ذات المادة السادسة أن الأعمال التي تشابهها في صفاتها وغاياتها تعتبر أعمالا تجارية أيضا وذلك لمسايرة التطور في طبيعة الأعمال التي لا يمكن التنبؤ بها مسبقا بشكل شامل.

أولا: شراء المنقولات بقصد بيعها أو تأجيرها، أو استئجارها بقصد تأجيرها لتحقيق الربح:

وردت هذه الأعمال ضمن البند (أ، ب، ج) من الفقرة الأولى للمادة السادسة من قانون التجارة الأردني وحتى تعتبر هذه الأعمال تجارية لابد من توافر عدة شروط وهي:

---

[1] د. عزيز العكيلي، مرجع سابق، ص ٨٢. بالرغم من أن بعض الفقه يرى بضرورة ممارسة بعض الأعمال لمرات عديدة على شكل مشروع حتى يعتبر تجاريا وليس فقط لمرة واحدة مثل أعمال البنوك، والنقل، والوكالة بالعمولة ووكالات الأشغال، ...الخ

١- أن يكون هناك شراء أو استئجار

٢- أن يقع الشراء أو الاستئجار على منقول.

٣- أن يكون الشراء بقصد البيع أو التأجير، والاستئجار بقصد التأجير لغايات تحقيق الربح.

الشرط الأول: أن يكون هناك شراء أو استئجار

والشراء هو: ((التملك بمقابل))، أو الحصول على الشيء بمقابل سواء أكان نقديا أم عينيا (مقايضة) وبالتالي يخرج من هذا التعريف ما تم دون مقابل كالإرث، والهبة، والوصية[1]، وعملية الشراء أو الاستئجار لغايات البيع أو التأجير هي من أكثر العمليات التجارية وقوعا، فالتجارة غالبا ما تكون صورتها هي الشراء أو الاستئجار لغايات البيع أو التأجير، وذلك بهدف تحقيق الربح وهو الهدف الأساسي والغاية المقصودة من العمل التجاري، وهو عنصر مهم (عنصر المضاربة) في الأعمال التجارية والتي يميزها عن الأعمال المدنية، فالتاجر عندما يشتري لا يهدف من عمله الاستهلاك الشخصي- عادة وإنما يهدف إعادة بيعه أو تأجيره بهدف تحقيق الربح من هذه العملية، وينطبق نفس الحكم على الاستئجار لغايات التأجير، سواء انصب هذا الاستئجار والتأجير على منفعة الشيء أو على عمل الأجير[2]، ولهذا تخرج عن نطاق الأعمال التجارية الأعمال الزراعية باعتبارها عملا مدنيا، وهي أساس الأعمال المدنية وأسبق المهن وأصحابها يشكلون طائفة مستقلة عن التجّار، إلّا أنه إذا استخدم في العمل الزراعي الأساليب التجارية للمشروعات التجارية الكبيرة اعتبرت عملا تجاريا لأنه يكون هناك مضاربة واستخدام للآلات، والعمال، العلامات التجارية، ...الخ ، وكذلك تخرج المهن الحرة عن نطاق الأعمال التجارية (الطبيب، المهندس، المحامي،

[1] د. عزيز العكيلي، مرجع سابق، ص ٨٥ .
[2] د. عزيز العكيلي، مرجع سابق، ص ٨٤.

الصيدلي ...الخ)، وكذلك تخرج أعمال الإنتـاج الـذهني (التأليف، والجرائد، والمجلات، والكتب العلمية ...الخ)[1].

الشرط الثاني: أن ينصب (يقع) الشراء أو الاستئجار على منقول

لاعتبار الشراء أو الاستئجار عملا تجاريا يجب أن يقع على منقول[2] سواء أكان منقولا ماديا (البضائع، السلع، الملابس، المأكولات، ...الخ) أم منقولا معنويا (براءات الاختراع، العلامات التجارية، حقوق الملكية الأدبية والفنية ...الخ)، فشراء هـذه المنقولات المادية و المعنوية بقصد بيعها أو تأجيرها يعتبر عملا تجاريا، وقد يكون المنقول منقولا بطبيعته أو بحسب المآل، مثل أنقاض منزل بعد هدمه أو الأشجار في الغابات بعد قطعها وبيعها خشبا[3].

الشرط الثالث: أن يكون الشراء بقصد البيع أو التأجير، والاستئجار بقصد التأجير وذلك لغايات تحقيق الربح

حتى يعتبر شراء المنقول أو استئجاره عملا تجاريا يجب أن يكون الهدف منه هو إعادة بيعه أو تأجيره في حالة الشراء، وان يكون الهدف منه إعادة تأجيره في حالة الاستئجار، وفي كلتا الحالتين يجب أن يكون الهدف مـن البيع أو التأجير هـو قصـد تحقيق الربـح، وهـو أساس العمل التجاري والمعيار المهم (المضاربة) في التمييز بين العمل

---

[1] د. محمد حسين إسماعيل، مرجع سابق، ص ٥٩-٦٢. د. عزيز العكيلي، مرجع سابق، ص ٨٦-٩٠. د. مصطفى كمال طه، مرجع سابق، ص ٤٣-٤٧.

[2] المنقول هو: ((كل شيء يمكن نقله من مكان لآخر دون تلف))، وقد أورد القانون المدني الأردني في المادة ٥٨ منه على أنه: ((العقار هو كل شيء مستقر بحيزه ثابت لا يمكن نقله منه دون تلف أو تغيير هيئته فهو عقار، وما عدا ذلك من شيء فهو منقول)).

[3] د. محمد حسين إسماعيل، مرجع سابق، ص ٦٢.

المدني والعمل التجاري، ولا يشترط تكرار هذا العمل فلو تم لمرة واحدة اعتبر عملا تجاريا متى ما كان القصد منه تحقيق الربح، فإذا توافرت نية البيع أو التأجير لدى شراء المنقول أو استئجاره لدى المشتري منذ البداية، فيعتبر عمله تجاريا حتى لو احتفظ بالمنقول لنفسه فيما بعد إذا أراد استهلاكه، وذلك كمن يشتري سيارة بقصد بيعها أو تأجيرها ثم يجد أنها مناسبة له فيقرر الاحتفاظ بها، أعتبر عمله تجاريا لأن النيّة كانت لديه ابتداء هو بيعها أو تأجيرها، ويعتبر عملا تجاريا حتى ولو هلكت لديه قبل بيعها أو تأجيرها[1].

ولكن يعتبر العمل مدنيا إذا كانت النيّة لدى المشتري الاحتفاظ بالمنقول لنفسه ابتداء لدى شراءه أو استئجاره، حتى ولو قام ببيعه أو تأجيره فيما بعد، فلو اشترى الشخص سيارة لاستعماله الشخصي، ثم قرر بعد ذلك بيعها لارتفاع أسعار السيارات وحقق من ذلك ربحا فإن عمله يعتبر مدنيا، ولان نيّة البيع أو التأجير لهذا المنقول لم تكن متوافرة لديه لدى الشراء أو الاستئجار ابتداء[2]، ويستدل عادة على نيّة المشتري للمنقول من ظروف كل عملية لوحدها فأحيانا الكمية المشتراة تدل على نيّة أن القصد منها هو بيعها أو تأجيرها وليس لاستعماله الشخصي، ويمكن إثبات تجارية العمل من قبل من يدعيه، فالأصل هو عدم تجارية الأشياء ومن يدعي خلاف ذلك عليه يقع عبء الإثبات، وقد يكون البيع سابقا على الشراء مثل بيع الأسهم والسندات في البورصة، وشراء أسهم جديدة، وحتى يكون العمل تجاريا لا بد من توافر قصد تحقيق الربح عند الشراء أو الاستئجار لغايات البيع أو التأجير، ولكن لا يشترط تحقيق الربح فعلا فلو خفضت أسعار البضائع وتم خسارة المشتري لجزء من ثمنها الأصلي فيعتبر عملا تجاريا، لأن النيّة ابتداء كانت بقصد تحقيق الربح، أما إذا لم تتوافر هذه النية لدى المشتري ابتداء ولكن عند ارتفاع سعر هذا المنقول قام ببيعه لتحقيق الربح فإن عمله

[1] د. عزيز العكيلي، مرجع سابق، ص ٩١.

[2] د. عزيز العكيلي، مرجع سابق، ص ٩٢.

يعتبر مدنيا لأنه لم تتوافر نيّة الربح لديه ابتداء عند الشراء أو الاستئجار لهذا المنقول.

فقصد تحقيق الربح (المضاربة) بين سعر الشراء وسعر البيع هو أساس تمييز العمل التجاري عن العمل المدني[3]، فإهداء البضائع من قبل التاجر لعملائه لا يعتبر عملا تجاريا بطبيعته لأنه لا يقصد منه الربح ولكن قد يعتبر عملا تجاريا بالتبعية لأنه صدر من تاجر ولغايات تجارته (جذب هؤلاء العملاء لمتجره)[1]. ويعتبر أيضا عملا تجاريا البيع أو التأجير الذي يلحق الشراء أو الاستئجار حسب المادة 6/1/ج من قانون التجارة الأردني ويتطلب ذلك ذات الشروط السابق ذكرها عن الشراء أو الاستئجار لغايات البيع أو التأجير، فبيع الشخص لسيارة حصل عليها بطريق الإرث أو الهبة لا يعتبر عملا تجاريا بينما الشخص الذي اشترى منه هذه السيارة إذا قام ببيعها أو تأجيرها فيعتبر عمله عملا تجاريا إذا كان القصد منه تحقيق الربح.

ثانيا: أعمال الصرافة والمبادلة المالية ومعاملات المصارف العامة والخاصة

الصرافة هي: ((استبدال نقود بنقود أخرى)) أي: ((استبدال عملة محلية بعملة أجنبية أو بشيك))، مثل استبدال الدينار الأردني بالدولار الأمريكي، الجنيه الإسترليني ...الخ، والصرف نوعان:

1- صرف يدوي.

2- صرف مسحوب.

فالصرف اليدوي هو الذي يتم بواسطته استبدال نقود من عملة معينة بنقود أخرى في نفس المكان، مثل الذهاب للبنك أو لشركة الصرافة وتسليمه مبلغ من المال لاستبداله بمبلغ آخر بعملة أخرى.

---

[3] ولهذا تعتبر أعمال الجمعيات التعاونية في بيع البضائع والسلع لأعضائها عملا مدنيا لأنها لا تهدف منه ابتداء تحقيق الربح وإنما خدمة المنتسبين إليها من الأعضاء.

[1] د. محمد حسين إسماعيل، مرجع سابق، ص 66.

والصرف المسحوب يكون عن طريق استبدال النقود بورقة تجارية (شيك) أي يتم تسليم عملة في بلد معين، مقابل استلام ورقة تجارية تتضمن أمرا إلى شخص آخر (وغالبا ما يكون بنك أو شركة صرافة) في بلد آخر للدفع لحامل هذه الورقة التجارية مبلغ من المال بعملة ذلك البلد[2]، ويشترط حسب قانون الصرافة في الأردن أن يحصل من يريد مزاولة هذا العمل على إذن أو تصريح من البنك المركزي الأردني. ويعتبر توسط البنك أو الصرّاف في عملية بيع وشراء العملات والتداول بها عملا تجاريا للمضاربة بين سعر الشراء وسعر البيع، إضافة إلى العمولة التي يتقاضاها البنك على مثل هذه الأعمال والتي تعتبر ربحا له وجميع أعمال البنوك تعتبر أعمالا تجارية بحكم طبيعتها أو بحكم ماهيتها الذاتية طبقا لنص المادة السادسة من قانون التجارة الأردني، مثل عمليات الإيداع، القروض، خطابات الضمان، الحسابات الجارية، إيجار الخزائن الحديدية، فتح الاعتمادات المستندية ...الخ، هذا من جهة البنك الذي يقوم بالعمل، أما بالنسبة للعميل فقد تكون تجارية بالتبعية إذا كانت لحاجات تجارته وكان تاجرا، وقد تكون أعمالا مدنية إذا كانت لحاجاته الشخصية.

ثالثا: توريد المواد

ويمكن تعريفها بأنها: ((التعهد من قبل شخص يسمى المورد بتقديم مواد معينة بصفة دورية أو مستمرة لمصلحة شخص آخر خلال فترة زمنية محددة لقاء مبلغ متفق عليه، يتعهد المورد له بدفعه للمورد))[1]، وهذا التوريد قد يكون على سبيل التمليك (البيع) مثل توريد المأكولات والأطعمة للفنادق والمستشفيات، وقد يكون على سبيل الاستخدام والاستعمال مثل توريد الألبسة والأثاث للفرق المسرحية، ويعتبر أيضا توريد العمال لجهة معينة عملا تجاريا مثل توريد العمال لحفر الطرق وشق القنوات وشحن السفن وتفريغها، فالمضاربة تكون على أجور هؤلاء الأشخاص وليس عليهم

---

[2] د. محمد حسين إسماعيل، مرجع سابق، ص 73-74. د. عزيز العكيلي، مرجع سابق، ص97.

[1] د. أحمد زيادات، د. إبراهيم العموش، مرجع سابق، ص 29.

بأشخاصهم[2]، وكذلك توريد العمال للقيام بأعمال خدمات النظافة في الفنادق والشركات والمستشفيات، ولا يشترط حسب الرأي الراجح أن يكون التوريد مسبوقا بالشراء، إذ لو أراد المشرّع ذلك لنص على ذلك صراحة في هذه المادة ولأوردها ضمن شراء المنقول لغايات بيعه أو تأجيره والذي سبق الحديث عنه والواردة في المادة ٦/١/أ من قانون التجارة الأردني[3].

وعادة ما يتم هذا العمل التجاري ((توريد المواد)) بشكل متكرر أي على شكل مشروع ولا يتم لمرة واحدة فقط، إلا أنه لو تمت لمرة واحدة فقط فتعتبر عملا تجاريا لصريح نص المادة ٦ من قانون التجارة الأردني التي لم تشترط أن يكون هذا العمل على شكل متكرر أو على شكل مشروع.

رابعا: أعمال الصناعة وان تكن مقترنة باستثمار زراعي إلاّ إذا كان تحويل المواد يتم بعمل يدوي بسيط

يقصد بالصناعة هو: ((تحويل المواد الأولية أو المصنوعة إلى سلع تكون صالحة لقضاء حاجات الأفراد)) كصناعة الأقمشة من الحرير أو القطن، والسكر من قصب السكر، والزبدة والجبنة من الألبان، وقد توسع الفقه في تعريفها بأنها: ((المضاربة على عمل الغير))، وبالتالي فهي تشمل كل ما من شأنه إحداث زيادة في قيمة الشيء أو منفعته مثل إصلاح السيارات والآلات، وتنظيف الملابس، لأنه يوجد مضاربه على العمل[1].

---

[2] د. مصطفى كمال طه، مرجع سابق، ص ٦٥.

[3] د. مصطفى كمال طه، مرجع سابق، ص ٦٥-٦٦. د. أحمد زيادات، د. إبراهيم العموش، مرجع سابق، ص٣٠.

[1] د. عزيز العكيلي، مرجع سابق، ص ٩٩ . د. محمد حسين إسماعيل، مرجع سابق، ص ٧٩-٨٠.

والصانع يعتبر تاجرا لأنه يسهم في تداول الثروات بقصد الربح فهو يضارب على الفرق بين سعر التكلفة وسعر البيع، فهو يضارب على عمل عمّاله وآلاته ويقوم بدور الوسيط بين منتجي المواد وجمهور المستهلكين، ولا يشترط لتجارية أعمال الصناعة أن تكون مسبوقة بشراء، فيعتبر عملا تجاريا تحويل المواد لحساب الغير، مثل أعمال المطاحن ومعاصر الزيتون، وإصلاح السيارات[2]، وتعتبر أعمال الصناعة تجارية حتى ولو اقترنت باستثمار زراعي، ما دامت هي النشاط الرئيسي والجوهري، والزراعة تابعة لها، مثل شركة السكر التي تزرع قصب السكر في أراضيها المملوكة لها وذلك لتموين مصانعها، وكذلك مصنع الألبان الذي يرعى المواشي لتصنيع منتجاتها، ويقوم بنفس الوقت بتصنيع منتجات الغير[3]. أما إذا كان العمل الزراعي هو الأساس وكان تحويل المنتجات ثانويا بالنسبة للعمل الزراعي فيكون العمل مدنيا، فالعنصر الأساسي لاعتبارها تجارية أم مدنية هو فيما إذا كانت الزراعة عنصرا ثانويا تابعا أم عنصرا رئيسيا متبوعا، فإذا كانت عنصرا ثانويا يكون العمل تجاريا، وإذا كانت عنصرا رئيسيا يكون العمل مدنيا[1].

ويميز القانون بين الصانع والحرفي أو بين الأعمال الصناعية والأعمال الحرفية، فالميكانيكي والكهربائي، والساعاتي، يعتمد كل منهم على مهاراته الضرورية والشخصية في عمله لذلك يعتبر عملهم مدنيا، لانتفاء صفة أو عنصر المضاربة فيه، أما إذا كانت المهارات الفردية ثانوية بالنسبة لاستخدام الآلات والعمّال فهو عمل تجاري، أي إذا كان الصانع يعتمد على مهاراته ومجهوده الشخصي فهو عمل مدني، وإذا كانت هذه المهارات ثانوية بالنسبة لاستخدامه للآلات والعمّال فهو عمل تجاري[2].

<hr>

[2] د. أحمد زيادات، د. إبراهيم العموش، مرجع سابق، ص ٣٠.
[3] د. مصطفى كمال طه، مرجع سابق، ص ٦٢.
[1] د. محمد حسين إسماعيل، مرجع سابق، ص ٨٠.
[2] د. محمد حسين إسماعيل، مرجع سابق، ص ٨٠.

خامسا: النقل برا أو جوا أو على سطح الماء:

ويشمل النقل، نقل الأشخاص ونقل الأشياء (البضائع) مهما كانت الوسيلة وسواء أكان من يمارسه القطاع العام (مؤسسة النقل العام، الخطوط الجوية الملكية) أم القطاع الخاص مثل شركات النقل، ولا يشترط أن يتم النقل على شكل مشروع، وإنما يعتبر عملا تجاريا ولو تم لمرة واحدة، لأن المشرّع لم يشترط ذلك في المادة ٦ من قانون التجارة الأردني، بالرغم من أن معظم التشريعات تشترط أن يتم النقل على شكل مشروع، إلا أنه حتى لدينا في الأردن ومن ناحية عملية لا يتم النقل عادة لمرة واحدة، وإنما يتكرر القيام بهذا العمل من قبل الناقل سواء أكان فردا أم شركة (شخص معنوي)، ويحكم النقل البر والنهري قانون التجارة البرية، ويحكم النقل البحري قانون التجارة البحرية، ويحكم النقل الجوي (الطائرات التجارية) القانون الجوي، وقانون الطيران المدني، واتفاقية وارسو، وسوف يتم بحث موضوع عقد النقل بشيء من التفصيل عند الحديث عن العقود التجارية ومنها (عقد النقل)، وتجدر الإشارة إلى أن مالك السيارة المستخدمة للنقل (سيارة الأجرة) يعتبر عمله تجاريا مقارنة مع جهده وعمله كسائق لأن سعر السيارة هو الأساسي ومهارته ثانوية بالنسبة إليها، فهو يضارب على استغلاله لهذه السيارة، بالرغم من وجود رأي يرى بأنها عملا مدنيا لأنه يعتمد على مهاراته وحرفته كسائق[1].

سادسا: العمالة والسمسرة

وتعرف العمالة بأنها: ((الوكالة بالعمولة))، وهي تُعرّف على أنها: ((عقد مبرم بين الوكيل والموكل يتم بموجبه قيام الوكيل بالعمل باسمه الخاص بإجراء التصرفات أو الأعمال التجارية لحساب من وكله مقابل عمولة)). وقد ورد في المادة ٢/٨٠ من قانون التجارة الأردني على أنه: ((عندما يجب على الوكيل أن يعمل باسمه الخاص أو تحت

---

[1] د. عزيز العكيلي، مرجع سابق، ص ١٠٢-١٠٣.

عنوان تجاري لحساب من وكّله)). ويكون عمل الوكيل بالعمولة تجاريا إذا انصب على عمل تجاري، ومدنيا إذا انصب على عمل مدني، أمّا السمسرة فهي: ((عقد يلتزم به فريق يدعى السمسار لان يرشد الفريق الآخر إلى فرصة لعقد اتفاق ما، أو أن يكون وسيطا له في مفاوضات التعاقد، وذلك لقاء أجر))[2].

ويكون عقد السمسرة تجاريا سواء تعلق بعمل مدني أم بعمل تجاري، والسمسار ليس وكيلا عن أحد وليس طرفا في التعاقد وإنما ينحصر دوره بالوساطة بين أطراف العقد وسوف يتم شرح عقد الوكالة بالعمولة وعقد السمسرة بشيء من التفصيل لاحقا عند الحديث عن العقود التجارية.

سابعا: التأمين بأنواعه

يعرّف التأمين بأنه: ((عقد يلتزم به المؤمن أن يؤدي إلى المؤمن له أو إلى المستفيد الذي اشترط التأمين لصالحه مبلغا من المال أو إيرادا مرتبا أو أي عوض مالي آخر في حالة وقوع الحادث المؤمن ضده أو تحقق الخطر المبين في العقد وذلك مقابل مبلغ محدد أو أقساط دورية يؤديها المؤمن له للمؤمن))[3].

ويلاحظ بأن المشرّع قد اعتبر جميع أنواع التامين المختلفة أعمالا تجارية عندما ذكر في المادة ٦/١/ط من قانون التجارة الأردني (التأمين بأنواعه)، وبالتالي فالتأمين البحري، الجوي البري، والتأمين على الأشياء أو على الأشخاص، وتأمين الحوادث والحريق، وتأمين الإدخار والتأمين على الحياة، والتأمين من أخطار النقل ...الخ، جميعها تعتبر أعمالا تجارية، ولكن حتى يعتبر التأمين تجاريا يجب أن يكون ذو أقساط محددة وان يتم على شكل مشروع حسب ما تطلبه قانون الشركات الأردني رقم (٢٢) لسنة ١٩٩٧وتعديلاته في المادة ٩٣/أ التي اشترطت أن تمارس أعمال التأمين شركة مساهمة عامة مسجلة وفق أحكام القانون، وبالتالي فإن التأمين التعاوني (التبادلي) لا

[2] المادة ٩٩/ ١ من قانون التجارة الأردني.
[3] المادة ٩٢٠ من القانون المدني الأردني.

يعتبر عملا تجاريا، لأنه لا يهدف إلى تحقيق الربح، حيث أن مفهوم هذا التأمين هو أن يتفق جماعة من الأشخاص معرضين لأخطار متشابهة على تعويض الضرر الذي يلحق بأحدهم عند تحقق الخطر من مجموع الاشتراكات المدفوعة من قبلهم والتي عادة توضع في صندوق مخصص لذلك.

ففكرة المضاربة وتحقيق الربح والوساطة بين المؤمن والمؤمن له غير موجودة في هذا النوع من التأمين لذلك يعتبر عملا مدنيا وليس تجاريا[1]، مثل اشتراك عمال الكهرباء في صندوق معين، يتم الدفع من هذا الصندوق لأي عامل يتعرض إلى أخطار خلال عمله ويتم جمع اشتراكات هذا الصندوق من قبل العمّال أنفسهم ويكون عقد التامين تجاريا بالنسبة لشركة التأمين (المؤمن)، أما بالنسبة للمؤمن له فقد يكون عملا مدنيا، أو عملا تجاريا بالتبعية إذا تم لتاجر ولمصلحة ولغايات تجارته، مثل التأمين على بضائعه أو على محله أو على معداته، ...الخ، وقد اشترطت المادة ٩٢٤ من القانون المدني كتابة عقد التأمين بين أطرافه حتى يتمكنوا من إثباته نظرا للتفصيلات الكثيرة الموجودة فيه وحماية للأطراف المتعاقدة وذلك على خلاف القاعدة العامة في المعاملات التجارية التي تقضي– بحرية الإثبات في المواد التجارية.

ثامنا: المشاهد والمعارض العامة

المشاهد والمعارض العامة هي: ((المحلات (الأماكن) المعدة لتسلية الجمهور وتسليته وتثقيفه مقابل اجر يدفعه))[1] مثل المسارح، دور السينما، ميادين سباق الخيل، الملاهي، ...الخ، وعمل هذه المحلات يعتبر تجاريا لأنه يهدف إلى تحقيق الربح من خلال التوسط بين أصحاب المواهب الفنية وبين الجمهور، فمستغل هذه الأماكن يضارب بين ما

[1] د. مصطفى كمال طه، مرجع سابق، ص ٦٩. د. محمد حسين إسماعيل، مرجع سابق، ص ٨٦.
[1] د. عزيز العكيلي، مرجع سابق، ص ١٠٦.

يحصل عليه من الجمهور وبين ما يدفعه لمقدم الخدمة (الفنان)، والفرق بينهما يعتبر ربحا، أما استغلال هذه الأماكن لغايات علمية أو ثقافية أو تعليمية دون أن يكون القصد منها تحقيق الربح فلا يعتبر عملا تجاريا وإنما عملا مدنيا، وينطبق ذلك على الدولة إذا كانت مالكة لمثل هذه الأماكن، وعلى الأفراد إذا كانوا هم مالكي هذه الأماكن أو مستثمريها، ولا يتصور أن يتم ذلك لمرة واحدة فقط، وإنما يتم بشكل عملي على صورة مشروع ويتكرر هذا العمل رغم عدم اشتراط المشرّع للتكرار في المادة ٦ من قانون التجارة الأردني، لاعتباره عملا تجاريا وإنما يكفي القيام به ولو لمرة واحدة فقط حتى يكتسب الصفة التجارية، ويكون العمل تجاريا بالنسبة لمستغل هذه المشاهد والمعارض العامة، أما الممثل أو الفنان أو مقدم الخدمة فيكون عمله مدنيا، وبالتالي فإن قيام طلاب الجامعات والمدارس بالتمثيل وعرض المسرحيات في بعض المناسبات وذلك بقصد الترفيه لا يعتبر عملا تجاريا وإنما عملا مدنيا لانتفاء عنصر المخاطرة (تحقيق الربح)[٢].

تاسعا: التزام الطبع

ويقصد بالتزام الطبع هو طبع المؤلفات العلمية والأدبية والفنية[٣]، وبالتالي يعتبر عملا تجاريا عمل المطابع التي تطبع الكتب لحساب الغير، والتي تتوسط بين المؤلف وبين القارئ (الجمهور) في تداول الإنتاج الثقافي أو الفني، ويتم نشره بوسائل مختلفة عن طريق المؤلفات (الكتب)، الصحف، التلفزيون، الإذاعة ...الخ[٤]، ولهذا فعملية النشر ليست قاصرة فقط على الطباعة (الكتب) وإنما تتضمن كافة الوسائل السمعية والبصرية التي يمكن فيها إيصال المعلومات إلى الجمهور[١]، وتعتبر عملية نشر المؤلفات

[٢] د. عزيز العكيلي، مرجع سابق، ص ١٠٦. د. محمد حسين إسماعيل، مرجع سابق، ص ٨٨.
[٣] د. أحمد زيادات، د. إبراهيم العموش، مرجع سابق، ص ٣٣.
[٤] د. فوزي محمد سامي، مرجع سابق، ص ٣٦.
[١] د. عزيز العكيلي، مرجع سابق، ص١٠٧.

الأدبية والفنية والعلمية عملا تجاريا لأنه يشبه شراء المنقول المادي لأجل بيعه، وقد نصت المادة ٢/٦ من قانون التجارة الأردني على اعتبار أعمال تجارية الأعمال التي تشابه في صفاتها وغاياتها الأعمال التجارية بطبيعتها[2].

والمؤلف إذا قام بنشر كتاب فلا يعتبر عملا تجاريا أما إذا عهد به إلى دار للنشر ـ لطبعه وتسويقه فإن هذا العمل يعتبر تجاريا[3].

عاشرا: التخزين العام

التخزين العام يعني إيداع الأموال المنقولة في المخازن العمومية لقاء أجر[4]، وتتبع أهمية الحاجة إلى المخازن العمومية من أنه عندما يتم استيراد كميات كبيرة من البضائع، فتوضع في هذه المخازن حتى يتم التخليص عليها جمركيا، وذلك لحفظها من التلف، ويكون ذلك عادة في ساحات الجمارك والموانئ والمطارات، وأحيانا توضع في المناطق الحرة تمهيدا لإعادة تصديرها لدولة أخرى دون دفع أية رسوم جمركية عليها للرغبة في عدم إدخالها للبلد، وقد تكون هذه المخازن مملوكة للدولة أو للأشخاص بترخيص من الدولة في إنشائها، وعند إيداع هذه البضائع في المخازن يعطى صاحبها صك أو إيصال أو وثيقة تمثل هذه البضاعة ويعطيه الحق في تداول هذا الصك أو الإيصال الذي يمثل البضاعة من حيث نوعها، واسم مالكها وكميتها ووزنها، وثمنها، وكافة المواصفات الخاصة بها، ويعتبر تسليم و/أو تداول هذا الصك بمثابة تسليم و/أو تداول لهذه البضاعة، ويمكن رهن هذه البضاعة عند الاقتراض بضمانها ويتم عندها التأشير على السند بأنها مرهونة، وتسليم هذا السند إلى الدائن (المرتهن)[5]، ويعتبر

――――――――――――

[2] د. أحمد زيادات، د. إبراهيم العموش، مرجع سابق، ص٣٣.
[3] د. فوزي محمد سامي، مرجع سابق، ص٣٧.
[4] د. فوزي محمد سامي، مرجع سابق، ص٣٧.
[5] د. عزيز العكيلي، مرجع سابق، ص١٠٩-١١٠. د. فوزي محمد سامي، مرجع سابق، ص٣٧.

التخزين بالنسبة لمستغل المخزن عملا تجاريا، وبالنسبة للمودع عملا مدنيا، أو عملا تجاريا بالتبعية إذا كان تاجرا وتعلق الأمر بتجارته وغاياتها، ويكون إيداع هذه البضائع في المخازن لقاء أجرة يدفعها المودع لمستغل المخزن، مقابل قيام مستغل المخزن بالمحافظة على هذه البضاعة، وإعطاءه إيصالا يمثل هذه البضائع[1].

حادي عشر: المناجم والبترول

المناجم هي: ((الأماكن التي تتم فيها عمليات التعدين بقصد استخراج المواد الطبيعية الخام))[2] كالحديد والفحم والفوسفات، وقد كانت في السابق تعتبر العمليات أعمالا مدنية لأنها غير مسبوقة بالشراء وليست متعلقة بالتوسط في تداول الثروات، ولكن نظرا لأهميتها الاقتصادية الكبيرة وما يتطلب الاستثمار فيها من رؤوس أموال ضخمة، تم اعتبارها أعمالا تجارية، وتعتبر جميع الأعمال التي تتعلق بالبترول أيضا وبتكريره أعمالا تجارية، ولذلك يعتبر عملا تجاريا بطبيعته جميع الأعمال المتعلقة بالمناجم والبترول على اختلاف أنواعها، ويعتبر عملا تجاريا بطبيعته بالنسبة لمستغل هذه الأعمال[3].

ثاني عشر: الأعمال العقارية

ويقصد بالأعمال العقارية: ((جميع الأعمال المتعلقة بمقاولات البناء وتعديلها وهدمها وترميمها، مثل إنشاء الجسور والطرق والسدود وخطوط الكهرباء والهاتف والمياه، وجميع الأعمال اللازمة لإنشاء العقارات وصيانتها)). ويكون عمل المقاول تجاريا سواء أكان بتقديمه للمواد والأدوات

---

[1] د. محمد حسين إسماعيل، مرجع سابق، ص٨٩.

[2] د. أحمد زيادات ود. إبراهيم العموش، مرجع سابق، ص٣٤.

[3] د. عزيز العكيلي، مرجع سابق، ص١١٠. د. محمد حسين إسماعيل، مرجع سابق، ص٩٠.

اللازمـة للبنـاء والصـيانة أم اقتصـر- دوره عـلى تقـديم العـمال والإشراف عـلى تنفيـذ العمل لأنه يضارب في هذه الحالة على عمل الغير[٤].

ثالث عشر: شراء العقارات لبيعها بربح

ويشـمل ذلـك شراء الأراضي وتقسـيمها وبيعهـا بقصـد الـربح، وشراء الأراضي البـور وإصلاحها وبيعها، وشراء المباني بقصد بيعها بربح[١]. حيث يعتبر ذلك عملا تجاريا لما فيه من مضاربة وتحقيق للربح في وقتنا الحاضر، أما في القديم فقد كانت تعتبر أعمالا مدنية نظرا لطبيعتها وللإجراءات الطويلة التي تستلزمها والتي لا تتفق مع مبادئ السرعة للعمل التجاري، ولكن شراء العقارات لتأجيرها فارغة أو مفروشة (مؤثثة) يعتبر عملا مدنيا وليس عملا تجاريا، لأنه يعتبر من قبيل توظيف الأموال[٢]، وهنالك من يرى بأن استئجار العقار لأجل تأجيره يعتبر عملا تجاريا قياسا على استئجار المنقول لغايات تأجيره وفقا لنص المادة ٦ من قانون التجارة الأردني[٣]، ولكن هنالك من يرى بأنه لا يعتبر عملا تجاريا وإنما عملا مدنيا ويجب عدم التوسع في تفسير النصوص، لأن اعتبار العمل تجاريا جاء استثناء مـن الأصـل[٤]، ونحن نميل مع الـرأي الذي يقضي بتجاريـة هذا العمل لأن العمل التجاري في تطور كبير وسرعة فائقة وقد أصبحت المضاربات على العقارات سواء شراء لبيعها أم باستئجارها لإعادة تأجيرها من الأمور المهمة في الحياة الاقتصادية وتوظف فيها أموال كبيرة في هذا المجال.

---

[٤] د. فوزي محمد سامي، مرجع سابق، ص ص ٣٨. د. عزيز العكيلي، مرجع سابق، ص ١١١ .
[١] د. أحمد زيادات ود. إبراهيم العموش، مرجع سابق، ص٣٥.
[٢] د. أحمد زيادات، د. إبراهيم العموش، مرجع سابق، ص٣٥. د. فوزي محمد سامي، مرجع سابق، ص٣٩.
[٣] د. عزيز العكيلي، مرجع سابق، ص ١١٢-١١٣.
[٤] د. فوزي محمد سامي، مرجع سابق، ص٣٩.

رابع عشر: وكالة الأشغال

وهي المكاتب التي تقوم بتسهيل أعمال الناس وإنجاز معاملاتهم مهما كانت طبيعة هذه الأعمال أو المعاملات سواء أكانت تجارية أم مدنية[5]، مثل مكاتب الاستخدام، السياحة، التصدير والاستيراد، وكالات تحصيل الديون، وكالات التخليص الجمركي، وكالات تسجيل العلامات التجارية، براءات الاختراع ...الخ، ويجب أن يكون عمل هذه المكاتب مقابل أجر لأنه لا يمكن اعتبارها عملا تجاريا إلّا إذا كانت تهدف أساسا لتحقيق الربح، وقد أخضعها القانون إلى طائفة الأعمال التجارية حماية للمتعاملين معها، ولتقيدها بإجراءات معينة مثل مسك الدفاتر التجارية والتسجيل في السجل التجاري الخاص بهذه الوكالات والمكاتب ...الخ، ولكن لا تعتبر مكاتب المحامين والمهندسين والأطباء مكاتب تجارية، بالرغم من أنها مكاتب تقدم خدمات لعملائها مقابل أجر، لان العرف جرى على اعتبارها مكاتب مدنية تخضع إلى تنظيم خاص بها.

خامس عشر: الأوراق التجارية:

تعتبر الأوراق التجارية عملا تجاريا بالرغم من عدم تعدادها ضمن المادة 6 من قانون التجارة الأردني، لأن هذه الأوراق التجارية (سند السحب، سند الأمر، الشيك) هي أساس السرعة والائتمان في الأعمال التجارية وسوف نقوم بشرحها وبحثها بشيء من التفصيل عند الحديث عن الأوراق التجارية في الفصول اللاحقة من هذا الكتاب، وهذه الأوراق التجارية هي عبارة عن محررات مكتوبة وفقا لما يقرره القانون التجاري، قابلة للتداول بالطرق التجارية وتجسد حقا نقديا مستحق الأداء لدى الإطلاع أو في تاريخ معين أو قابل للتعيين، وتقوم هذه الأوراق مقام النقود في الوفاء[1].

---

[5] د. فوزي محمد سامي، مرجع سابق، ص39.
[1] د. محمد حسين إسماعيل، مرجع سابق، ص66.

وقد ثار خلاف حول هل تكتسب الأوراق التجارية (سند السحب، سند الأمر، بالإضافة إلى الشيك) الصفة التجارية بذاتها أم حسب طبيعة العمل الذي تحرر لأجله، ولكن الرأي الراجح أنها تكتسب الصفة التجارية بذاتها حتى لو انصبت المعاملة فيها على عمل مدني نظرا للطابع الذي تمتاز به، وقد تقرر ذلك أيضا في القضاء الأردني في عدد من القرارات التي صدرت عن محكمة التمييز الموقرة بهذا الخصوص[2].

المطلب الثاني: الأعمال التجارية البحرية

نصت المادة 7 من قانون التجارة البحرية على هذه الأعمال واعتبرتها أعمالا تجارية بطبيعتها وسوف نتعرض لذكرها دون الشرح حيث أن مجال بحثها هو في قانون التجارة البحرية وهذه الأعمال هي:

((1- كـل مشـروع لإنشاء أو شراء بواخر معـدة للملاحـة الداخليـة أو الخارجيـة بقصـد استثمارها تجاريا أو بيعها، وكل بيع للبواخر المشتراة على هذا الوجه.

2- جميع الإرساليات البحرية[1]، وكل عمليـة تتعلـق بها كشـراء أو بيع لوازمها مـن حبال وأشرعة ومؤن.

3- إجارة السفن أو التزام النقل عليها والإقراض أو الإستقراض البحري[2].

_____

[2] راجع لمزيد من التفصيلات والاجتهادات الفقهية حول هذا المجال د. عزيز العكيلي، مرجع سابق، ص115-117.

[1] الإرسالية البحرية هي: ((الرحلات البحرية التي تقوم بها السفن والتي تبـدأ مـن ميناء القيام وتنتهي بميناء الوصول ، سواء تعلقت الرحلة بنقل البضائع أو الأشخاص)). د. عزيز العكيلي، مرجع سابق، ص 120.

[2] القرض والاستقراض البحري كما ورد تعريفه في المادة / 285 من قانون التجارة البحرية الأردني رقم (12) لسنة 1972. هو: ((عقد يقرض به مبلغ بضمانة السفينة أو الحمولة، على أن يضيع المقرض على المقرض، إذا هلكت الأشياء المخصصة بالـدين بحادثـة بحرية قاهرة، وأن يرد له القرض مع الفوائد البحرية أي الفائدة المتفق عليها ولو تخطى مقدارها الحد القانوني إذا وصلت هذه الأشياء سالمة)).

٤- سائر العقود المختصة بالتجارة البحرية كالاتفاقات والمقاولات على أجور البحّارة وبـدل خدمتهم أو استخدامهم للعمل على بواخر تجارية)).

المطلب الثالث: الأعمال التجارية بالتبعية

أولا: مفهوم الأعمال التجارية بالتبعية

نص قانون التجارة الأردني في المادة ٨/١ منه على أنه: ((جميع الأعمال التـي يقـوم بهـا التاجر لغايات تجارية تعد تجارية أيضا في نظر القانون))، فهذه الأعمال هـي أعمـال في أصلها أعمالا مدنية ولكن بسبب صدورها من التاجر ولغايات تجارته اعتبرها القانون أعمال تجارية لغايات تطبيق القانون التجاري عليها.

ثانيا: شروط اكتساب العمل المدني صفة العمل التجاري بالتبعية

حسب نص الفقرة الأولى من المادة ٨ مـن قـانون التجـارة الأردني يجـب تـوافر شرطين لإكساب العمل المدني صفة العمل التجاري بالتبعية وهما:

١- **أن يقوم بهذا العمل تاجر:** والتاجر حسـب تعريـف قـانون التجـارة الأردني في المادة ٩ ((الأشخاص الـذين تكـون مهنـتهم القيـام بـالأعمال التجاريـة بحكـم ماهيتهـا الذاتيـة، والشركات التي يكون موضوعها تجاريا)). إضافة إلى الشروط التـي يجـب أن تتـوافر في الشخص لاعتباره تاجرا وسوف نأتي على ذكرها لاحقا عند الحديث عن التاجر في الفصل اللاحق.

٢- **أن يقـوم التـاجر بهـذا العمـل لحاجـات (لغايـات) تجارتـه:** فـإذا اشترى التـاجر أثاثـا لاستخدامه في متجره فيعتبر شراءه للأثاث عملا تجاريا بالتبعية لأنه لحاجات تجارته، أما إذا اشترى هذا الأثاث لمنزله أو لاستخدامه الشخصي فإن شراءه للأثاث يعتبر عمـلا مدنيا ويطبق عليه القانون المـدني وليس القانون التجاري، وكذلك الحـال في شراءه للسيارات، الوقود، البضائع، إجراء عقود التامين، ...الخ،

فإذا كانت الغاية من هذه الأعمال جميعها لغايات تجارية اعتبر عملا تجاريا بالتبعية، وإذا كان لاستخدامه الشخصي يعتبر عملا مدنيا.

ثالثا: إثبات تجارية الأعمال التجارية بالتبعية

نصت الفقرة الثانية من المادة ٨ من قانون التجارة الأردني على أنه: ((عند قيام الشك تعد أعمال التاجر صادرة منه لهذه الغاية إلا إذا ثبت العكس))، أي أن الأعمال التي تصدر عن التاجر ولغايات تجارته تعتبر أنها أعمالا تجارية، ويفترض أن التاجر قد قام بها لغايات تجارته، أي أن القانون افترض قرينة على أن أعمال التاجر الصادرة عنه أنها صادرة لغايات تجارته، وبالتالي فهي تجارية بالتبعية، وإذا أراد التاجر أن ينفي عن هذه الأعمال الصفة التجارية بالتبعية وانه قام بهذه الأعمال لاستخدامه الشخصي وليس لأعماله التجارية، فعليه أن يثبت ذلك، أي عكس ما يدعيه الآخرين، ويحق للتاجر الإثبات بكافة طرق الإثبات (حرية الإثبات)، (بالشهادة ، بالقرائن ، باليمين، بالكتابة ...الخ).

رابعا: تطبيقات نظرية الأعمال التجارية بالتبعية

تطبيقات نظرية الأعمال التجارية بالتبعية عديدة ولا حصر ـ لها وتشمل الالتزامات التعاقدية، والالتزامات غير التعاقدية:

أ- تطبيقاتها في الالتزامات التعاقدية:

تعتبر جميع العقود التي يبرمها التاجر ولغايات تجارته أعمالا تجارية بالتبعية فشراء التاجر لأثاث مكتبه أو محله التجاري، وتعاقده مع البنوك للحصول على قروض لغايات تمويل أعماله التجارية، وقيامه بالتأمين على محله التجاري أو على بضاعته أو

آلياته، وشراءه للوقود لتزويد محله أو مصنعه أو شركته به، ...الخ فجميع هذه العقود وأية عقود أخرى يبرمها التاجر لغايات تجارته تعتبر أعمالا تجارية بالتبعية[1].

ب- تطبيقاتها في الالتزامات غير التعاقدية:

١- التعويض عن الفعل الضار:

إن التجارة تستلزم نشاطا واسعا حسب مصالح الغير، وقد يلحق بهم ضررا، فأحيانا عند نقل البضائع للتاجر من مكان إلى آخر في سيارات النقل العائدة للمشروع التجاري، قد تصطدم بأشخاص وقد تحدث لهم أضرارا، وقد تحدث بالأشياء أضرارا وتتلف أموالا للغير، مما يترتب عليه قيام التاجر بالتعويض للمتضرر عن هذا الفعل الضار الذي أحدثه هو بنفسه أو من خلال أحد تابعيه (العمال) الذين يخضعون لإشرافه ومتابعته، وقد يحدث أن يقوم التاجر خلال ممارسته لنشاطه التجاري بعمل منافسة غير مشروع يلحق ضررا بتاجر آخر يمارس تجارة مماثلة أو مشابهة له، مما يترتب عليه ضرر سواء أكان هذا الفعل من قبل التاجر نفسه أم من قبل العمال الذين يعملون لديه في محله التجاري، كأن يحط من سمعة هذا التاجر أو يحط من سمعة بضائعه أو ينشر إشاعات كاذبة عنه أو عن جودة منتجاته مما يحلق به ضررا، فالتزامه بالتعويض الذي يترتب عليه دفعه نتيجة الأفعال السابق ذكرها على سبيل المثال لا الحصر، يعتبر عملا تجاريا بالتبعية فإذا امتنع التاجر عن دفعه والتعويض عنه قد يتم شهر إفلاسه، لأنه اعتبر دينا تجاريا وجب عليه سداده ودفعه للمتضرر[1]، ويستلزم الفعل الضار

---

[1] هنالك بعض العقود ثار حولها خلاف بين الفقه فيما يتعلق بتجاريتها أم اعتبارها أعمالا مدنية وتخضع للقانون المدني، ولن نتطرق للبحث فيها ولمن أراد الاستزادة حولها الرجوع إلى الكتب الفقهية التي تناولتها بالبحث، ومن هذه العقود (عقد الكفالة، عقد القرض، عقد شراء المحل التجاري، عقد إيجار العقار). د. مصطفى كمال طه، مرجع سابق، ص ٧٤-٧٧. د. محمد حسين إسماعيل، مرجع سابق، ص١٠٤-١٠٦.

● [1] د. مصطفى كمال طه، مرجع سابق، ص ٧٧. د. محمد حسين إسماعيل، مرجع سابق، ص ١٠٧.

حتى يسأل التاجر عن الالتزام بدفع التعويض عنه للمتضرر توافر أركان المسؤولية التقصيرية وهي الخطأ والضرر ووجود علاقة سببية تربط بينهما.

٢- الفعل النافع (الإثراء بلا سبب):

إن الالتزامات التي تنشأ في ذمة التاجر عن الفعل النافع إذا كانت متصلة بتجارته، فيعتبر التزام التاجر برد ما استوفاه خطأ زيادة عن ثمن البضائع المباعة التزاما تجاريا بالتبعية، وكذلك يعتبر التاجر مثريا بلا سبب بما أنفقه جاره في غيابه لبناء جدار لمحله لوقف اندفاع المياه إليه، وكذلك التزام البنك برد ما قيده خطأ لحسابه، على حساب أحد العملاء[٢].

ففي هذه الأحوال يكون التاجر قد أثرى بلا سبب على حساب غيره، ولذلك يكون التزامه برد غير المستحق التزاما تجاريا بالتبعية، لأنها تمت لحاجات تجارته، وإذا عجز عن الدفع يشهر إفلاسه ولا يجوز تقسيط هذا المبلغ إذا لم يوافق صاحب الحق فيه (الدائن).

المطلب الرابع: الأعمال التجارية المختلطة

الأعمال التجارية المختلطة ليست نوعا ثالثا من الأعمال التجارية ولم يفرد لها قانون التجارة الأردني نصوصا خاصة بها، فهي مزيج من العمل المدني والعمل التجاري.

أولا- مفهوم هذه الأعمال:

هي أعمال تجارية من جانب واحد فقط[١]، أي أنها الأعمال التي تكون من جانب أحد المتعاقدين تجارية، ومن جانب المتعاقد الآخر مدنية، وهو يتكرر حدوثه يوميا بين التجار والأشخاص العاديين (المستهلكين) من بيع وشراء واستئجار ونقل وتأمين

---

[٢] د. محمد حسين إسماعيل، مرجع سابق، ص ١٠٧.

[١] د. عزيز العكيلي، مرجع سابق، ص ١٢٧.

...الخ، فهذه الأعمال بالنسبة للمستهلك عمل مدني يطبق عليها القانون المدني، ومن جانب التاجر تعتبر عملا تجاريا يطبق عليه القانون التجاري.

ثانيا: صور (حالات) العمل التجاري المختلط(٢)

للعمل التجاري المختلط صورتان (حالتان) وهما:

١- أن يكون العمل تجاريا بطبيعته لأحد الأطراف ومدنيا للطرف الآخر: وهذا هو العمل الأكثر حدوثا في أيامنا خلال ممارستنا لأعمالنا، فعند الشراء من التاجر لمواد استهلاكية، أثاث، بضائع، وقود، ...الخ، يعتبر العمل تجاريا بطبيعته بالنسبة للتاجر ويعتبر مدنيا بالنسبة للمستهلك.

٢- أن يكون العمل تجاريا بالتبعية لأحد الأطراف، ومدنيا بالنسبة للطرف الآخر: ومثال ذلك، أن يقوم التاجر بالتعاقد مع مهندس ديكور للقيام بأعمال الديكورات والتصاميم الفنية لمحله التجاري، فيكون هذا العمل بالنسبة للتاجر تجاريا بالتبعية لأنه صادر من تاجر ولغايات تجارته (محله التجاري)، ويكون مدنيا بالنسبة إلى مهندس الديكور لأنه ليس من الأعمال التجارية بطبيعتها وليست مشابهة لها.

ثالثا: النظام القانوني للأعمال التجارية المختلطة (أحكام العمل التجاري المختلط)

لا يمكن إخضاع العمل التجاري المختلط إلى نظام قانوني واحد، لأن فيه طرفان أحدهما تجاري والآخر مدني، وتطبيق القانون التجاري عليهما لوحده، أو تطبيق القانون المدني عليهما لوحده، قد يكون فيه نوعا من ضياع حقوق الآخر في هذا التعاقد، وتغليب لمصلحة أحدهما على الآخر، ولهذا يجب أن يخضع من يعتبر العمل

(٢) د. أحمد زيادات، د. إبراهيم العموش، مرجع سابق، ص ٣٩. د. محمد حسين إسماعيل، مرجع سابق، ص ١١١.

تجاريا بالنسبة له سواء أكان تجاريا بطبيعته أم تجاريا بالتبعية إلى القانون التجاري، ويخضع من يعتبر العمل مدنيا بالنسبة له إلى القانون المدني[1]، إلّا أن تطبيق القانون التجاري والقانون المدني في وقت واحد على أطراف التعاقد يؤدي إلى صعوبة تحديد بعض القواعد الخاصة بكل منهما وخاصة القواعد التي تم التعرض لها والتي تميز بين العمل التجاري والعمل المدني، والتي يتعلق جزء منها بالسرعة والجزء الآخر في دعم الائتمان، ومن هذه القواعد (حرية الإثبات، والمهلة القضائية، والاختصاص القضائي، والتضامن بين المدينين، والفائدة)، فجميع هذه القواعد تثير المشاكل في تطبيقاتها على أطراف العلاقة القانونية الواحدة[2]، ومن الأمثلة على إحدى التطبيقات للعمل التجاري المختلط، أن المستهلك الذي يشتري بضاعة من تاجر، فإن المستهلك يستطيع أن يثبت العمل في مواجهة التاجر بكافة طرق الإثبات تطبيقا لقاعدة حرية الإثبات حتى ولو زاد المبلغ على ١٠ عشرة دنانير، أما التاجر فلا يستطيع أن يثبت في مواجهة المستهلك فيما زاد عن ١٠ عشرة دنانير، إلا بواسطة الكتابة، لأن المستهلك يخضع في تعامله مع التاجر إلى القانون المدني وليس إلى القانون التجاري، إلّا أن القضاء الأردني ذهب إلى عكس ذلك فتطلب لجواز الإثبات بالشهادة أن تكون العلاقة بالنسبة للطرفين تجارية (بين تاجرين)، وبالتالي فإذا كان أحد الأطراف مدنيا والآخر تاجر، لا يحق للشخص المدني أن يثبت تجاه التاجر بأي التزام يزيد قيمته عن عشرة دنانير بالشهادة[3].

---

[1] د. مصطفى كمال طه، مرجع سابق، ص ٧٩.

[2] لمزيد من التفصيل في هذه الأحكام والقواعد د. محمد حسين إسماعيل، مرجع سابق، ص ١١٢-١١٤.

[3] د. أحمد زيادات، د. إبراهيم العموش، مرجع سابق، ص ٣٩-٤٠.

الفصل الثالث
التاجر

لقد نصت المادة الأولى في فقرتها الثانية من قانون التجارة الأردني على أن هذا القانون يتضمن من جهة القواعد المختصة بالأعمال التجارية التي يقوم بها أي شخص مهما كانت صفته القانونية، ويتضمن من جهة أخرى الأحكام التي تطبق على الأشخاص الذين اتخذوا التجارة مهنة لهم.

وقد تعرضنا في الفصل الثاني إلى شرح للأعمال التجارية و القواعد المختصة بها، وسوف نتعرض في هذا الفصل إلى الشق الثاني من التعريف، وهو ما يتعلق بالأشخاص الذين اتخذوا التجارة مهنة لهم وهم ((التّجار)).

وقد جاء في المادة التاسعة من قانون التجارة الأردني أن التّجار هم: ((الأشخاص الذين تكون مهنتهم القيام بأعمال تجارية، والشركات التي يكون موضوعها تجاريا)).

وبذلك يتضح أن الأفراد والأشخاص الطبيعيين، يكتسبون صفة التاجر كما ورد في المادة ٩/١/أ، من قانون التجارة بشروط معينه، تختلف عن شروط اكتساب الشخص المعنوي (الاعتباري) كالشركات لصفة التاجر كما ورد في المادة ٩/١/ب من قانون التجارة إضافة إلى أن الدولة حتى ولو مارست أعمالا تجارية، فهي لا تكتسب صفة التاجر بصريح نص المادة ١٣ من قانون التجارة الأردني، والتي جاء فيها ((لا تعد الدولة ودوائرها ولا البلديات واللجان والنوادي والجمعيات ذات الشخصية الإعتبارية من التجار، وإن قامت بمعاملات تجارية، إلاّ أنّ معاملاتها المذكورة تكون خاضعة لأحكام قانون التجارة)).

المبحث الأول: شروط اكتساب الشخص الطبيعي (الفرد) لصفة التاجر

طبقا لنص المادة ٩/١ من قانون التجارة الأردني التي عرّفت التاجر هو من تكـون مهنتـه القيام بأعمال تجارية، فإن الشروط الواجب توافرها لاكتساب صفة التاجر هي:

١- القيام بأعمال تجارية.

٢- أن تكون مهنته هي القيام بهذه الأعمال (الاحتراف لهذا العمل).

ولكن الفقه التجاري^(١) بشكل عام يرى إضافة شرطين آخرين وهما:

١- أن يتمتع الشخص بالأهلية اللازمة لممارسة العمل التجاري.

٢- أن يقوم بهذه الأعمال التجارية لحسابه الخاص، وبالتالي فقد أصبحت شروط اكتساب الشخص الطبيعي لصفة التاجر هي أربعة شروط وسوف نقوم بمعالجتها وشرحها.

المطلب الأول: القيام بأعمال تجارية

يتطلب اكتساب الشخص لصفة التاجر أن يقوم بـأعمال تجاريـة، وهـذه الأعمـال التجارية هي التي نصت عليها المادة ٦ من قانون التجارة الأردني وهي الأعمال التجارية بطبيعتها والتي تم شرحها في الفصل الثاني، بالإضافة إلى الأعمـال التجاريـة البحريـة والتـي نصت عليها المادة ٧ من قانون التجارة الأردني.

أما الأعمال التجارية بالتبعية فهي لا تكسب من قام بها صفة التاجر، لأنه قد تم بيانـه عند التعرض لهذه الأعمال، أنه يجب أن يقوم بهذا العمل تاجر ولغايات تجارتـه، فالمطلوب أولا هو أن يقوم بها تاجر، إذن يجب أن تكون صفة التاجر متوافرة مسبقا في

_____

^(١) د. محمد حسين إسماعيل، مرجع سابق، ص ١١٧. د. فوزي محمد سامي، مرجع سابق، ص ٤٦.

الشخص الطبيعي حتى نستطيع أن نعطي العمل الذي قام به لحاجات تجارته صفة العمل التجاري بالتبعية.

ويشـترط في العمـل التجـاري الـذي يكسب الشخص صـفة التـاجر أن يكـون هـذا العمـل مشروعا وغير مخـالف للنظام العـام والآداب العامـة[2]، فالشخص الـذي يتـاجر بالممنوعـات كالمخـدرات مثلا لا يعتبر تـاجرا، لأن عملـه مخـالف للقـانون وغـير مشروع رغم اختلاف بعض الآراء حول هذه النتيجة[3].

المطلب الثاني: الاحتراف (احتراف القيام بالعمل التجاري)

ومعنى **الاحتراف**: أن يكرّس الشخص نشاطه بصورة مسـتمرة ومنظّمه للقيـام بعمل معين بقصد الحصول على الربح والسعي وراء الرزق، أو أنها مباشرة نشاط يتخـذه الشخص وسيلة للرزق وإشباع الحاجات[1]. وبذلك فإن قيام الشخص بعمل تجاري بشكل عـارض لا يؤدي لاكتساب الشخص لصفة التاجر[2]، حتى ولو حقق من هذا العمل ربحـا، لأنـه لم يقـم بهذا العمل على وجه الاحتراف إلّا أن العمل الذي قام بـه يخضع إلى القانون التجاري إذا كان من ضمن الأعمال التجارية المنصوص عليها فيه.

وبالتالي فإن احتراف التجارة هي ممارسة الأعمال التجارية بصـورة مسـتمرة ومنتظمـة واتخاذها مهنة للحصول على مورد للرزق.

---

[2] د. أحمد زيادات، د. إبراهيم العموش، مرجع سابق، ص ٤٢.

[3] د. محمد حسين إسماعيل، مرجع سابق، ص ١٣٣-١٣٤.

[1] د. عزيز العكيلي، مرجع سابق، ص ١٣٤ .

[2] المادة ١٢ من قانون التجارة الأردني التي نصت على: «لا يعد تاجرا من قام بمعاملة تجارية عرضا إلّا أن المعاملة المذكورة تكون خاضعة لأحكام قانون التجارة».

وبالتالي فإن الاحتراف يتكون من عنصرين هما[3]:

أ- الاعتياد. ب- الارتزاق.

أ- فالاعتياد هو: ((تخصيص جزء من الوقت للشخص لممارسة العمل التجاري بصفة مستمرة وبشكل منتظم))[4]، وبالتالي فإن قيام الشخص بمعاملة تجارية بشكل عارض لا يكسبه صفة التاجر حتى لو خضعت هذه المعاملة لأحكام قانون التجارة الأردني[5].

ب- الارتزاق: ويعني ذلك أن يشكل ممارسة العمل التجاري للشخص مصدرا لارتزاقه منه والحصول على الربح، ولا يشترط أن يكون هذا العمل هو المصدر الوحيد للرزق وإنما أحد مصادره.

وبالتالي لا يشترط أن ينقطع الشخص لممارسة عمل تجاري واحد لإكسابه صفة التاجر، وإنما قد يمارس العمل التجاري ضمن مهن أخرى، ومثال ذلك الطبيب الذي يتاجر بالأدوية، والمزارع الذي يشتري محصول غيره بشكل مستمر ليبيعه بربح[1]. ولا يشترط أن يقوم الشخص بالعمل التجاري مرات عديدة حتى يعتبر محترفا للعمل التجاري بل يكفي تكرار العمل بحيث يعتبر أحد مصادر رزقه حتى ولو قام به مرات قليلة.

ولا يشترط أيضا لممارسة هذا العمل التجاري أن يكون في محل تجاري أو مكان ثابت، فقد يكون الشخص بائعا متجولا، كمن يبيع ويشتري السيارات في الحراج مثلا، فهو ليس له محل تجاري أو محل ثابت لممارسة أعماله فيه.

---

[3] د. محمد حسين إسماعيل، مرجع سابق، ص ١١٩.

[4] د. أحمد زيادات، د. إبراهيم العموش، مرجع سابق، ص ٤٣.

[5] المادة ١٢ قانون التجارة الأردني.

[1] د. أحمد زيادات، د. إبراهيم العموش، مرجع سابق، ص ٤٤. د. محمد حسين إسماعيل، مرجع سابق، ص ١٢٠. د. عزيز العكيلي، مرجع سابق، ص ١٤١-١٤٢.

الاحتراف الفعلي، والاحتراف الحكمي (الرمزي):

الاحتراف الفعلي: هو الـذي يتكـون مـن عنصريـن هـما الاعتيـاد عـلى ممارسـة العمـل التجاري والارتزاق من ممارسة هذا العمل التجاري، وهو ما تم شرحه سابقا عن الاحتراف والمقصود فيه كما ذكرنا قيام الشخص بتخصيص جـزء مـن وقتـه لممارسـة العمـل التجـاري بصفة مستمرة وبشكل منتظم، وذلك بقصد الارتزاق مـن هـذا العمل وإشباع حاجاتـه ورغباته، والحصول من وراء هذا العمل على الربح.

ولكن هنالك حالات تتقرر فيها صفة التاجر لأشخاص لم يمارسوا التجارة بشكل فعلي، وإنما لمجرد توافر إرادة الاحتراف لديهم تم إكسابهم صفة التاجر ويطلق عـلى هـذه الحالـة الاحتراف الحكمي (الرمزي).

فالاحتراف الحكمي (الرمزي): هي الحالة التي تثبت فيها صفة التاجر لأشخاص توافرت لديهم نيّة الاحتراف ولكنهم لم يمارسوا ولم يحترفوا التجارة بشكل فعلـي[٢]، ومـن ذلـك مـا أورده قانون التجارة الأردني في المادة ١١ حيث أعطى ((التاجر الظاهر)) وهو الـذي يعلـن عن نفسه في الصحف أو النشرات أو أية وسيلة أخرى عن المحل الذي أسسه وفتحه لممارسة العمل التجاري فيه، حيث اعتبره القانون تاجر ولو لم يمارس التجارة أو يتخذها مهنة له.

وكـذلك إكسـاب الشـريك المتضـامن في شركة التضـامن والشـريك المتضـامن في شركة التوصيـة البسـيطة، صفة التـاجر، حتى ولـو لم يشـتركوا في إدارة هـذه الشركـة أو ممارسـة أعمالها، وذلك حماية للغير ودعما للائتمان الذي يتطلبه العمل التجاري وقد نصت

---

[٢] د. محمد حسين إسماعيل، مرجع سابق، ص ١٢١.

على ذلك المادة ٩/ج من قانون الشركات الأردني رقم (٢٢) لسنة ١٩٩٧. فيما يتعلق بإكساب الشريك المتضامن في شركة التضامن لصفة التاجر [1].

وكذلك بعض الأعمال التجارية التي تتم في شكل مشروع، مثل وكالة الأشغال، والصناعة، الأعمال العقارية، وكذلك إعطاء صفة التاجر لمشتري المحل التجاري على أساس توافر نية الاحتراف لديه، وكذلك لمستأجر المحل التجاري [2].

المطلب الثالث: القيام بالأعمال التجارية لحسابه الخاص

لا يكفي لإكساب الشخص لصفة التاجر ممارسته للعمل التجاري على وجه الاحتراف، بل يجب أن يقوم بهذه الأعمال لحسابه الخاص، وهذا الشرط ضروري لأن التجارة تقوم أساسا على الائتمان، ولا يمنح الائتمان إلّا للشخص الذي يظهر بأنه يتحمل نتائج هذا العمل كالخسارة وإشهار الإفلاس، وهذا لا يكون عادة إلّا لمن يتوقع عادة الحصول على الربح من عمله التجاري، وله الحق فيه ولهذا فإن العامل في المتجر لا يعتبر تاجرا بالرغم من أنه يقوم بالعمل التجاري على وجه الاحتراف، والسبب في ذلك أنه لا يتحمل خسارة صاحب المتجر ولا يأخذ الأرباح الناجمة عن العمل في المتجر، حتى ولو كان أجر العامل نسبة من الأرباح الناجمة عن العمل التجاري، فإذا كان الشخص (العامل) تابعا لصاحب العمل (التاجر صاحب المحل التجاري)، فلا يكتسب العامل صفة التاجر حتى ولو كان مديرا لهذا المحل التجاري أو لأي من فروعه [1].

---

[1] وكذلك الشريك المتضامن في شركة التوصية البسيطة حيث تطبق أحكام شركة التضامن على شركة التوصية البسطة، فيما لم يرد به نص في قانون الشركات وذلك وفقا لأحكام المادة ٤٨ من قانون الشركات الأردني رقم (٢٢) لسنة (١٩٩٧). د. محمد حسين إسماعيل، مرجع سابق، ص ١٢١.

[2] د. محمد حسين إسماعيل، مرجع سابق، ص ١٢١.

[1] د. محمد حسين إسماعيل، مرجع سابق، ص١٢٣-١٤٢. د. مصطفى كمال طه، مرجع سابق، ص٩٧.

المطلب الرابع: أن يكون الشخص متمتعا بالأهلية اللازمة للقيام بالعمل التجاري

أ- الأحكام العامة للأهلية:

لقد ترك قانون التجارة الأردني للقانون المدني تنظيم أحكام الأهلية اللازمة لممارسة الشخص للعمل التجاري، فأورد في المادة ١٥ على أنه: ((تخضع الأهلية التجارية لأحكام القانون المدني)) والأهلية المطلوبة لممارسة العمل التجاري هي أهلية الأداء [٢]، ((وهي القدرة على ممارسة الحق، والقدرة على تنفيذ الالتزامات)) [٣]، وهي ترتبط بالسن والعقل معا.

وترتبط الأهلية بالسن: فحتى يعتبر الشخص أهلا لا بد أن يكون بالغا راشدا، حتى تعتبر تصرفاته صحيحة، فالشخص غير المميز وهو ما كان عمره أقل من (٧) سبعة أعوام تعتبر جميع تصرفاته باطلة [٤]، أي أن أهلية الأداء لديه منعدمة.

والصغير المميز وهو من كان عمره أكثر من (٧) سبعة أعوام وأقل من (١٨) ثمانية عشر عاما، فإن تصرفاته تأخذ أشكالا ثلاثة:

١- فإذا كانت تصرفاته نافعة نفعا محضا يكون التصرف صحيحا، كأن يتلقى هبة من أحد الأشخاص.

٢- وإذا كانت تصرفاته ضارة ضررا محضا يكون التصرف باطلا، كأن يأخذ منه شخص مبلغا من المال.

---

[٢] حيث تقسم الأهلية إلى أهلية الأداء، وأهلية الوجوب والتي تعني: ((قدرة الشخص لأن يكون له حقوق أو يكون عليه التزامات)) ولا ترتبط بالعقل ولا بالسن فهي تثبت لك انسان، وتكتسب بمجرد الميلاد، فهي كاملة لكل إنسان. راجع في شأن ذلك د. عباس الصراف ورفيقه، المرجع السابق، ص ١٥٢-١٥٣.

[٣] د. عباس الصراف، د. جورج حزبون، مرجع سابق، ص ١٥٤.

[٤] المادة ١١٧ من القانون المدني الأردني.

٧١

٣- وإذا كانت تصرفاته تدور بين النفع والضرر، يكون التصرف موقوفا على إجازته حتى يبلغ الصغير سن الرشد (١٨) عاما، أو حتى يجيز هذا التصرف ولي الصغير، أو وصي الصغير في حالة عدم وجود الولي، مثال التصرف الذي يدور بين النفع والضرر كأن يبيع بضاعة ويأخذ ثمنها من المشتري[١].

أما إذا كان الصغير عمره اكثر من (١٥) خمسة عشر عاما وأقل من (١٨) ثمانية عشر عاما فيطلق عليه لفظ ((الصغير المأذون))، حيث أجاز القانون المدني في المادة ١١٩ منه للولي[٢]، بترخيص من المحكمة أن يسلم الصغير المميز الذي اكمل خمسة عشر عاما مقدارا من ماله ويأذن له في التجارة تجربة له، وقد يكون الإذن مطلقا أو مقيدا، وتكون تصرفات الصغير المأذون في التصرفات الداخلة ضمن نطاق الإذن صحيحة مثل تصرفات البالغ سن الرشد[٣]، ويحق للمحكمة أن تأذن للصغير المميز بالإتجار بجزء من أمواله في حالة امتناع الولي عن إعطاءه الإذن[٤]، ويحق لمانح الإذن الولي و/أو المحكمة أن تبطل هذا الإذن وتحجر على الصغير[٥].

وترتبط الأهلية بالعقل أيضا: فلا يكفي أن يكون الشخص بالغا (١٨) ثمانية عشر عاما حتى تعتبر تصرفاته صحيحة وإنما لا بد أن يكون عاقلا وغير مصاب بأي عارض من عوارض الأهلية كالجنون أو العته والسفه وذو الغفلة.

---

[١] المادة ١١٨ من القانون المدني الأردني.

[٢] ولي الصغير هو أبوه ثم وصي أبيه ثم جده الصحيح ثم وصي الجد ثم المحكمة أو الوصي الذي تعينه المحكمة. المادة ١٢٣ من القانون المدني الأردني.

[٣] المادة ١٢٠ من القانون المدني الأردني.

[٤] المادة ١٢٢ القانون المدني الأردني.

[٥] أشارت لذلك المواد ١٢١، ١٢٢/٢ من القانون المدني الأردني.

فالجنون: هو اختلال في العقل يفقد الشخص التمييز من الوجهة القانونية، وقد يكون هذا الجنون مطبقا (أي يستغرق جميع وقته) فتكون تصرفاته جميعها باطلة وتأخـذ حكـم الصغير غير المميز[1].

وقد يكون الجنون غـير مطبـق (أي لا يستغرق الجنـون كـل وقتـه)، مثل الصـرع، فتكـون تصرفاته في حال وعيه صحيحة، وفي حالة جنونه باطلة مثل الجنون المطبق[2].

أما المعتوه: فيوجد به خلل في العقل ولكن لا يفقد الشخص عقله (غير كامل العقل) وتكون تصرفاته مثل الصغير المميز والذي عمره (٧-١٨) سنة[3].

أما السفيه: فهو شخص عقله متزن إلّا أنه يبذر أمواله في غير موضعها أو بطريقـة غـير معقولة (مسرف).

ويتم إصدار قرار الحجر عليه والحد من تصرفاته من قبل المحكمة[4]، وتكون تصرفاته حكمها حكم تصرفات الصغير المميز (٧-١٨) سنة[5].

أما ذو الغفلة: فهو شخص ليس بمجنون أو معتوه، ولكن به هبل فهو ليس فاقدا للعقل كاملا، وتكون تصرفاته حكمها حكم تصرفات الصغير المميز (٧-١٨) سنة[6].

أما الشخص ذو العاهتين: هو الشخص الذي يصاب بإحدى عاهتين (أعمى وأبكم، أصم وأبكم، أعمى وأصم)، فهو شخص طبيعي ولكن يصعب عليه التعبير عن إرادته لوحده، لهذا أجاز له القانون الاستعانة بمساعد قضائي لمساعدته في أعماله

---

[1] المادة ٢/١٢٨ من القانون المدني الأردني.
[2] المادة ٢/١٢٨ القانون المدني الأردني.
[3] المادة ١٢٨ القانون المدني الأردني، والصغير والمعتوه والمجنون محجورون لذاتهم بنص القانون أي أن القانون يحد من تصرفاتهم المادة ١/١٢٧ القانون المدني الأردني.
[4] المادة ٢/١٢٧ القانون المدني الأردني.
[5] المادة ١/١٢٩ القانون المدني الأردني.
[6] المادة ١/١٢٩ من القانون المدني الأردني.

وتصرفاته (٧)، وتكون تصرفاته مع المساعد القضائي في إنجازها مثل الشخص الطبيعي السليم إذا كانت ضمن الحدود التي رسمها القانون (١).

فالعمل التجاري عمل يدور بين النفع والضرر وحتى يكون التصرف صحيحا لا بـد أن يكون الشخص قد أتم ثمانية عشر عاما كاملة، وأن لا يكون مصابا بأي عارض مـن عـوارض الأهلية التي تتعلق بالعقل كما ذكرنا سابقا، وان يكون بالغا عمره (١٨) ثمانية عشر عاما حتى تعتبر تصرفاته صحيحة.

لأنه إذا كان عمره اقل من (١٨) عاما، كما شرحنا سابقا سوف يكون التصرف الـذي قام به موقوفا على إجازته عندما يبلغ سن الرشد (١٨) عاما، أو يكون موقوفا على إجازة وليه أو وصيه ضمن الحدود التي رسمها القانون لذلك وهذا بالطبع يتنافى مع مبدأ استقرار المعاملات التجارية، ويتنافى مع مبدأ السرعة في الأعمال التجارية حيث يستطيع ناقص الأهلية إبطال تصرفاته التي قام بها وعمره أقل من (١٨) ثمانية عشر عاماً عند بلوغه سن الرشد، ويستطيع وليّه أو وصيّه إبطال وعدم إجازة التصرف الذي قام به هذا الصغير (ناقص الأهلية).

ولهذا وجب أن مـن يتمتـع بصفة التـاجر أن يكون عمـره (١٨) عامـا (٢) وان يكون سـليم العقل أيضا لصحة تصرفاته، وينطبـق ذلـك عـلى الرجل والمـرأة عـلى حـد سـواء، إذ أن للمرأة حسـب الشريعة الإسلامية ذمة ماليـة منفصلة عـن الرجل زوجها، أمـا القانون اللبناني فإنه يشترط لممارسة المرأة للعمل التجاري

(٧) المادة ١٣٢ القانون المدني الأردني.
(١) المادة ١٣٣ القانون المدني الأردني.
(٢) هنالك بعض الأعمال لا يجوز ممارستها إلّا إذا كان عمر الشخص كحد أدنى (٢٠) عاما مثل الوكيل بالعمولة والسمسار وذلك طبقا لقانون الوكلاء والوسطاء التجاريين، وأيضا على من يريد ترشيح نفسه لعضوية مجلس إدارة الشركة المساهمة العامة يجب أن لا يقل عمره عن (٢١) عاما. المادة ١/١٤٧ قانون الشركات الأردني.

حتــى ولــو بلغــت ســن الرشــد وكانــت ســليمة العقــل أن يــأذن لهــا زوجهــا بممارســة العمل التجاري[3].

ب- الصغير المأذون:

لقد تم التعرض لمصطلح ((الصغير المأذون)) وهو الشخص الذي يتراوح عمره مـن (١٥-١٨) سنة وأجاز القانون كما ذكرنا لوليّه أو لوصيّة أو للمحكمة الإذن له للاتجار بجزء مـن أمواله، وتكون تصرفاته الداخلة ضمن الإذن صحيحة، وقد اختلف الـرأي حـول هـل يعتبـر هذا الصغير تاجرا أولا؟ وهنالك من اعتبره تاجرا وبالتالي يترتب عليه مـا يترتـب علـى التجار ومن ضمنها إشهار إفلاسه في حالة توقفه عن دفع ديونه التجاريـة المسـتحقة في مواعيـدها، لأن تصرفاته الداخلة ضمن الإذن تعتبر صحيحة، وهنالك من يـرى أن إكسـابه صفة التاجر وإخضاعه لنظام الإفلاس يتنافق مع الحكمة من إعطائه جزء مـن أمواله للاتجار بها وهـي تجربته على ممارسة العمل التجاري، إضافة إلى أن شهر إفلاسـه يؤدي لحرمانـه مـن حقوقـه السياسية والمدنية، ولما يؤدي إليه في بعض الأحيان من خضوعه لعقوبات معينـة ورد الـنص عليها في قانون العقوبات، لهذا فإن الصغير المأذون حسب الـرأي الـراجح لا يكتسـب صفة التاجر، وإذا تم اعتباره كتاجر فإن خضوعه لنظام الإفلاس يجب أن لا يمتد لجميـع أمـواله وإنما فقط في الجزء المخصص له للاتجار به كتجربة له[1].

جـ- الممنوعون من التجارة:

الأصل أن كل إنسان كامل الأهلية يستطيع أن يمارس الأعمال التجاريـة، وإن مارسـها على سبيل الاحتراف ولحسابه الخاص كما ذكرنا سابقا فإنه يكتسب صفة التاجر، إلّا أنه يوجـد في بعض القوانين نصوصا تمنع الأشخاص الذي ينتمون إلى مهن

---

(٣) د. فوزي محمد سامي، المرجع السابق، ص٥١.
(١) د. أحمد زيادات، د. إبراهيم العموش، مرجع سابق، ص٤٧-٤٨. د. فوزي محمد سامي، مرجع سابق، ص ٥١-٥٢. د. عزيز العكيلي، مرجع سابق، ص ١٥٣.

معينة من مزاولة الأعمال التجارية لتعارضها مع طبيعة مهنتهم مثل قانون نقابة المحامين الذي يحظر على أعضائه (المحامين) ممارسة الأعمال التجارية تحت طائلة عدد معين من العقوبات التي وردت في نصوصه، وكذلك قانون استقلال القضاء، وقانون الأمن العام، ونظام الخدمة المدنية الذي يمنع الموظف العمومي الذي يخضع لأحكامه من ممارسة الأعمال التجارية، وذلك خوفا من استغلال هذه الفئات لنفوذها في ممارستهم للأعمال التجارية، ولعدم تأثر وظائفهم وما يترتب عليه من انشغالهم عنها وانصرافهم لممارسة العمل التجاري.

وتجدر الإشارة إلى أن قيام أعضاء هذه الفئات والمهن لممارسة العمل التجاري لا يؤدي لبطلان العمل التجاري الذي قاموا به، فالعمل التجاري يعتبر صحيحا ومنتجا لآثاره المترتبة عليه ولا يستطيع من قام به من التنصل من الالتزامات التي ترتبت عليه بموجبها، وإنما يترتب على من قام بهذا العمل وهو ممنوع من ممارسته التعرض للجزاءات المنصوص عليها في القوانين التي يتبع لها[1].

وقد نصت المادة ١٤ من قانون التجارة الأردني على أنه: ((إذا اشتغل الموظفون والقضاة الممنوعون من الاتجار قانونا، بالمعاملات التجارية، فتشملهم الأحكام القانونية المتعلقة بالصلح الواقي والإفلاس)).

وبالتالي فإن الأشخاص الممنوعون من ممارسة الأعمال التجارية رغم توافر الأهلية اللازمة لهم لممارسة هذا الأعمال يكتسبون صفة التاجر ويخضعون للالتزامات المفروضة عليهم وهذا ما أكدته المادة١٤ من قانون التجارة الأردني، حيث خضع هؤلاء الأشخاص لأشد أنواع الآثار والالتزامات المفروضة على التاجر وهو نظام الإفلاس والصلح الواقي وما يتسم به هذا النظام من الشدة والقسوة[2]، بالرغم من أن

---

[1] د. أحمد زيادات، د. إبراهيم العموش، مرجع سابق، ص ٤٨. د. محمد حسين إسماعيل، مرجع سابق، ص١٢٩-١٣٠.

[2] د. محمد حسين إسماعيل، مرجع سابق، ص١٣١.

بعض الفقه يرى عدم اكتسابهم لصفة التاجر رغم التزامهم ببعض الالتزامات المفروضة عليهم وخضوعهم لنظام الإفلاس، إلّا أنهم لا يلتزموا بمسك الدفاتر التجارية أو القيد في السجل التجاري.

هذا بالنسبة للقضاة والموظفين، أما المحامين فإنهم يكتسبوا صفة التاجر حسب رأي هذا الجانب من الفقه[3].

الشركة وصفة التاجر:

نصت المادة ٩/ب من قانون التجارة الأردني على أن التجار هم: ((الشركات التي يكون موضوعها تجاريا)).

وبالتالي فإن الشركة تكتسب صفة التاجر إذا كان موضوعها تجاريا، ويمكن معرفة موضوع الشركة من عقد تأسيسها ومعرفة غايات الشركة (موضوعها) فإذا كان موضوعها (غاياتها) هي إحدى الأعمال التجارية بطبيعتها التي تم شرحها والتي وردت في المادة ٦، والمادة ٧ من قانون التجارة الأردني، أو الأعمال التي تشابه هذه الأعمال في غاياتها وصفاتها، فإن الشركة تكون قد اكتسبت صفة التاجر، ويترتب عليها عند ذلك الالتزامات المفروضة على التجار وتخضع لأحكام القانون التجاري ويطبق عليها نظام الإفلاس والصلح الواقي، ومسك الدفاتر التجارية، والقيد في السجل التجاري (سجل الشركات).

أما الشركات التي يكون موضوعها مدنيا فإنها لا تكتسب صفة التاجر مثل ممارستها لعمل الزراعة وبيع محاصيلها الناجم عن الاستغلال الزراعي.

أما إذا اتخذت هذه الشركات المدنية صفة (شكل) الشركة التجارية مثل اتخاذها لشكل شركة التضامن، المساهمة العامة، توصية بسيطة ...الخ، فإنها تخضع لجميع إلتزامات التجار من مسك الدفاتر التجارية، والتسجيل في سجل

---

[3] د. أحمد زيادات، د. إبراهيم العموش، مرجع سابق، ص ٤٨-٤٩.

الشركات (السجل التجاري)[1]، ولكن لا يشهر إفلاسها، ولا تكتسب صفة التاجر.

أما الشركات المدنية (شركة الأعمال، المضاربة، الوجوه) والتي موضوعها مدنيا فإنها لا تكتسب صفة التاجر، ولا تخضع لأي من الالتزامات المفروضة على التجار، وتخضع للقانون المدني وليس للقانون التجاري.

إثبات صفة التاجر:

الأصل عدم اكتساب الشخص لصفة التاجر، وعلى من يدعي صفة التاجر أن يقوم بإثباتها بكافة طرق الإثبات، من حيث توافر الشروط الواجب توافرها في الشخص لاكتسابه صفة التاجر (الاحتراف، القيام بالأعمال التجارية، وان تكون هذه الأعمال لحسابه الخاص، وأن يتمتع بالأهلية اللازمة لممارسة العمل التجاري)[1].

ولكن المشرّع في قانون التجارة أورد في المادة ١١ منه قرينة على توافر صفة التاجر في حق الشخص الذي يعلن عن محله الذي أسسه للاشتغال بالتجارة سواء بالصحف أم بالنشرات يعد تاجرا ولو لم يتخذ التجارة مهنه له.

المبحث الثاني: آثار اكتساب صفة التاجر
(الالتزامات التي تترتب على اكتساب صفة التاجر)

يترتب على الشخص الذي يكتسب صفة التاجر عددا من الآثار والالتزامات حيث يصبح هذا التاجر في مركز قانوني يميّزه عن غيره، ويخضع إلى أحكام لا يخضع لها الأشخاص العاديين أثناء ممارستهم للعمل التجاري، ومن أبرز هذه الآثار أو الالتزامات التي يجب على التاجر القيام بها والالتزام بأحكامها هي قيامه بمسك الدفاتر

---

[1] المادة ٢/٩ قانون التجارة الأردني.
[1] د. عزيز العكيلي، مرجع سابق، ص١٥٥.

التجاريـة وخاصـة الإجباريـة، والتسـجيل في السـجل التجـاري لشـهر كافـة التصرـفات القانونية المتعلقة به وبتجارته، وخضوعه لنظام الإفلاس والصلـح الـواقي، وهـذه الآثار أو الالتزامات هي التي سنعالجها في هذا المبحث تباعا، وهنالك آثار أو التزامـات أخـرى يلتـزم بها التاجر مثل اتخاذه لعنوان تجاري خاص به، بالإضافة لخضوعه لأحكام دعوى المنافسـة غير المشروعة، وتسجيله في الغرف التجارية والصناعية حسب مقتضى ـ الحال إذا تطلب القانون ذلك، ولن نقـوم ببحـث هـذه الآثار في هـذا المبحث، لأنـه سـيتم التعـرض للاسـم والعنوان التجاري ولدعوى المنافسة غير المشروعة في الفصل اللاحق الذي يتحـدث عن المتجر أو المؤسسة التجارية.

المطلب الأول: الالتزام بمسك الدفاتر التجارية

أوجب المشرع على كل تـاجر يمـارس العمـل التجـاري أن يقـوم بمسـك وتنظيم دفـاتر تجارية معينة وذلك لتدوين العمليات التجارية التي يقوم بها وقد ورد النص على إلزاميـة مسك الدفاتر التجارية وأنواعها في المادة ١٦ مـن قـانون التجـارة الأردني، حيث ألـزم التّجار سواء أكانوا أشخاصا طبيعيين أم أشخاصا اعتباريين كالشركات مثلا بمسك دفتر اليوميـة، ودفتر صور الرسائل، ودفتر الجرد والميزانية وذلك كحد أدنى [1].

ونظرا لأهمية الدفاتر التجارية فقد عالجتها قوانين مختلفة باختلاف الموضوعـات التـي تناولتها فيما يتعلق بهذه الدفاتر التجارية، فقد عالج بعض أحكامها بالإضافة لقانون التجارة الأردني، قـانون البيّنـات الأردني حيـث عـالج القـوة الثبوتيـة لهـذه الـدفاتر المـواد (١٥-١٧)، وعالجها قانون أصول المحـاكمات المدنيـة في المـواد (١٠٢-١٠٩) مـن حيـث شروط الإطـلاع الجزئي على الدفاتر وجزاء الامتناع عن تقديمها للمحكمة عند

---

[1] وقد ورد النص بالزامية مسك هذه الدفاتر التجارية الثلاثة أيضا في التعليمات رقم (٧) لسنة (١٩٩٦) تعليمات مسك الحسـابات الصادرة بالاستناد للمادة ٢٢ فقرة (أ) من قانون ضريبة الدخل رقم (٥٧) لسنة (١٩٨٥) وتعديلاته في المادة الثانية منها.

طلب الإطلاع عليها ، وهنالك بعض القوانين الأخرى مثل قانون ضريبة الدخل الأردني وقانون الجمارك ... الخ.

أ- فوائد الدفاتر التجارية[2]:

تحقق الدفاتر التجارية عند تنظيمها بشكل أصولي ومسكها من قبل التاجر عدة فوائد ويكون لها أهمية كبيرة من حيث:

1- التعرف على المركز المالي للتاجر حيث يستطيع التاجر أن يعرف مركزه المالي ويستطيع بذلك معرفة دائنيه ومقدار الديون المترتبة لكل واحد منهم، ويستطيع معرفة حقوقه لدى الغير ومعرفة أوجه نشاطه التجاري ومعالجة مواطن الضعف فيه للسير به على نحو أفضل.

2- تصلح الدفاتر التجارية الإجبارية المنظمة بشكل أصولي أن تكون وسيلة للإثبات لدى المحاكم، وبالتالي إنهاء النزعات المعروضة أمام المحاكم فيما يتعلق بالأمور الواردة فيها.

3- للدفاتر التجارية أهمية كبيرة في نظام الإفلاس والصلح الواقي، فدفاتر التاجر المنظمة تعطي فكرة عن مدى سلامة أعماله التجارية، وبالتالي عدم الحكم عليه بالإفلاس الإحتيالي أو التقصيري، إضافة إلى التاجر الذي يريد الاستفادة من نظام الصلح الواقي من الإفلاس يجب عليه تقديم دفاتره الإجبارية المنظمة منذ مدة لا تقل عن (3) سنوات منذ بداية احترافه للتجارة وذلك مع الطلب المقدم منه للحصول على الصلح الواقي حسب المادة 291/1 من قانون التجارة الأردني.

---

[2] د. عزيز العكيلي، مرجع سابق، ص 157-158. د. أحمد زيادات، د. إبراهيم العموش، مرجع سابق، ص51-52.

٤- للدفاتر التجارية أهمية كبيرة خاصة عند فرض الضرائب على التاجر حيث يستطيع أن يتفادى فرض ضرائب جزافية عليه إذا كان يمسك بدفاتر إجبارية منظمة حسب الأصول.

٥- للدفاتر التجارية أهمية كبيرة في ضبط البضائع المهربة، حيث تستطيع الجهة المسؤولة كدائرة الجمارك مثلا أن تعرف فيما إذا كانت البضائع الموجودة لدى التاجر مهربة أو مدفوع عنها الرسوم القانونية من خلال قيد هذه البضائع وقيمتها في دفاتر التاجر أم لا.

ب- نطاق الالتزام بمسك الدفاتر التجارية:

نصت المادة ١٦ من قانون التجارة الأردني على إلزامية مسك الدفاتر التجارية الإجبارية لكل تاجر وهي (دفتر اليومية، دفتر صور الرسائل، دفتر الجرد والميزانية) وسواء أكان هذا التاجر شخصا طبيعيا أم شخصا اعتباريا، وسواء أكان مواطنا أردنيا أم أجنبيا يمارس العمل التجاري في الأردن، وبغض النظر عن رأسمال التاجر سواء أكان كبيرا أم صغيرا، وبغض النظر عن نوع التجارة التي يمارسها التاجر[١]، إلا أنه توجد هنالك استثناءات على هذه القاعدة العامة في إلزامية كل تاجر بمسك الدفاتر التجارية الإجبارية وهذه الاستثناءات هي:

١- الشركات المدنية التي تتخذ صفة الشركات التجارية، فتضع لجميع التزامات التّجار، ومنها مسك الدفاتر التجارية، والتسجيل في السجل التجاري (سجل الشركات)[٢].

---

[١] وقد ورد النص على إلزامية الأشخاص بفئات معينة سواء أكانوا أشخاصا طبيعيين أم معنويين كالشركات على مسك الدفاتر التجارية في المادة الأولى للتعليمات رقم (٧) لسنة (١٩٩٦) تعليمات مسك الحسابات الصادرة بالاستناد لقانون ضريبة الدخل الأردني، وهذه الفئات عديدة ولا مجال لذكرها في هذا المجال وهي تشمل معظم المهن والأعمال التجارية. المادة ٩/٢ من قانون التجارة الأردني.

[٢] المادة ٩/٢ من قانون التجارة الأردني.

٢- إعفاء التاجر الصغير من مسك الدفاتر التجارية، وحيث أنه تاجر فالأصل أن يلتزم بمسك الدفاتر التجارية ولكن لظروف معينة أعفاه القانون من مسك الدفاتر التجارية، توفيرا للجهد عليه ولأن تجارته تعتمد على نفقات زهيدة وبسيطة، والحرفة التي يمارسها صغيرة، وقد أورد قانون التجارة الأردني تعريفا للتاجر الصغير في المادة ١٠ من قانون التجارة الأردني حيث عرّفه بأنه: ((الأفراد الذين يتعاطون تجارة صغيرة أو حرفة بسيطة ذات نفقات عامة زهيدة بحيث يعتمدون في الغالب على مساعيهم البدنية للحصول على أرباح قليلة لتأمين معيشتهم أكثر من استنادهم إلى رأسمالهم النقدي، كالبائع الطوّاف أو البائع بالمياومة، أو الذين يقومون بنقليات صغيرة على البر أو سطح الماء، لا يخضعون للواجبات الخاصة بالدفاتر الإجبارية، ولا لقواعد الشهر، ولا لأحكام الإفلاس والصلح الواقي المنصوص عليها في هذا القانون)).

٣- الشريك المتضامن: حيث يقرر الفقه أنه بالرغم من اكتسابه لصفة التاجر إلاّ أنه غير ملتزم بمسك الدفاتر التجارية لكونه شريك متضامن في شركة تضامن أو شريك متضامن في شركة توصية بسيطة، لأن الشركة التي فيها هو شريك ملزمة بمسك الدفاتر التجارية الإجبارية، وبالتالي فلا داعي لقيامه هو أيضا بمسك هذه الدفاتر وتنظيمها مرة أخرى، إلاّ إذا كان لهذا الشريك المتضامن تجارة أخرى منفصلة عن هذه الشركة[1].

ج- أنواع الدفاتر التجارية:

ألزم المشرّع كل تاجر ملزم بمسك الدفاتر التجارية وفقا للمادة ١٦ من قانون التجارة الأردني، بمسك ثلاثة دفاتر على الأقل وهي الدفاتر الإجبارية التالية:

---

[1] د. محمد حسين إسماعيل، مرجع سابق، ص ١٤٣-١٤٤. د. أحمد زيادات، د. إبراهيم العموش، مرجع سابق، ص ٥٨-٥٩.

١- دفتر اليومية.

٢- دفتر صور الرسائل.

٣- دفتر الجرد والميزانية [٢].

وهنالك دفاتر اختيارية يمسكها التاجر بشكل متفاوت ومختلف من تاجر لآخر، حيث لا توجد إلزامية في مسك هذه الدفاتر، ولم ينص عليها قانون التجارة، ومـن هـذه الـدفاتر الاختيارية:

١- دفتر الأستاذ.

٢- دفتر المسودة.

٣- دفتر المخزن.

٤- دفتر الصندوق.

٥- دفتر الأوراق التجارية.

الدفاتر الإجبارية:

١- <u>دفتر اليومية:</u>

وقد نصت عليه المادة ١٦/أ من قانون التجارة الأردني بقولها: ((دفتر اليوميـة يجـب أن يقيد فيه يوما فيوم جميع الأعمال التي تعود بوجه من الوجوه إلى عمله التجاري، وأن يقيد بالجملة شهرا فشهرا النفقات التي أنفقها على نفسه وأسرته)).

فدفتر اليومية يشكل الأساس المحاسبي لجميع أعمال التاجر، فهو المحضر ـ اليـومي لجميع أعمال التاجر ويتم قيد العمليات فيه بشكل إجمالي ولا يشترط قيد كل

---

[٢] المادة ٢ من تعليمات مسك الحسابات رقم (٧) لسنة ١٩٩٦، الصادرة بالاستناد لقانون ضريبة الدخل.

عملية لوحدها بمجرد وقوعها، ولذلك يستعين التاجر بدفتر مسودة (خرطوش) لتسجيل عملياته اليومية ثم يقوم بنقلها إلى دفتر اليومية.

أما نفقات التاجر الشخصية على نفسه وأسرته فيتم قيدها شهرا فشهر (شهريا) وبشكل إجمالي دون تفصيل لها، والهدف من ذلك معرفة مدى إنفاق التاجر على نفسه و أسرته ومدى جديته في عمله التجاري، هل هو مسرف في الأنفاق أم ينفق بشكل متوازي مع دخله من عمله التجاري، وتبين أهمية ذلك عند شهر إفلاس التاجر للتوقف عن دفع ديونه وبيان مدى إنفاقه وتهوره في إضاعة الأموال.

٢- دفتر صور الرسائل:

نصت المادة (١٦/ب) من قانون التجارة الأردني على: ((دفتر صور الرسائل ويجب أن تنسخ فيه الرسائل والبرقيات التي يرسلها كما يحفظ به ويرتب الرسائل أو البرقيات التي يتلقاها)). والمقصود برسائل التاجر هي مراسلاته التجارية وليست رسائله الشخصية، ومع التطور العلمي والتكنولوجي أصبح التاجر ينظم فواتيره ومراسلاته التجارية على عدة نسخ يحتفظ بإحداها بدلا من نسخها مرة أخرى، إضافة إلى وجود الكمبيوتر الذي يستطيع بواسطته حفظ مراسلاته وكافة الأمور المتعلقة بتجارته، وللمراسلات والبرقيات التجارية أهمية في الإثبات للعقود التجارية التي تتم بين التجار.

٣- دفتر الجرد والميزانية^(١):

نصت المادة (١٦/ج) من قانون التجارة الأردني على أنه: ((دفتر الجرد والميزانية اللذان يجب تنظيمهما مرة على الأقل في كل سنة))، فالجرد هو بيان مفصل للبضائع

---

(١) وقد أصبح هذا الدفتر قليل الأهمية خاصة في التطور العلمي والتكنولوجي الكبير الذي تشهده الدول من استخدام للكمبيوتر حيث أصبحت جميع المعلومات الخاصة بهذه الدفاتر تدون وتحفظ على ديسكات خاصة بالكمبيوتر، كشركات البنوك، والشركات الكبيرة ...الخ، وأصبحت هذه الدفاتر تقليدية ولا تتماشى مع عصر العلم والتطور التكنولوجي الكبير الذي تشهده الدول.

الموجودة داخل المحل التجاري أو المشروع التجاري، والميزانية هي التي تبين ما للتاجر من حقوق وما عليه من التزامات سواء أكانت منقولة. أم غير منقولة[2]، فالتاجر بواسطة هذا الدفتر يستطيع معرفة حقيقة مركزه المالي عن طريق معرفة حقوقه والتزاماته.

الدفاتر الاختيارية:

1- دفتر الأستاذ:

وتنقل إليه العمليات الواردة في دفتر اليومية من وقت لآخر على شكل حسابات ويسجل فيه خلاصة أعمال التاجر التجارية مقسمة إلى حسابات تبعا لتقسيم موضوع أعماله وينطوي كل حساب على شقين أحدهما دائن (له) والآخر مدين (منه)، وقد تكون هذه الحسابات شخصية (حيث يتعلق كل حساب باسم أحد عملاء التاجر)، وقد تكون حسابات حقيقية أو عامة (مثل حساب الصندوق، العقار، الأثاث، رأس المال ... الخ) وقد تكون حسابات اسمية أو نظامية (مثل حساب الأرباح والخسائر، النفقات والإيرادات ... الخ)[3].

2- دفتر المسوّدة (الخرطوش):

وهو الذي يدوّن فيه التاجر جميع عملياته التجارية فور وقوعها، ثم يقوم بنقلها في نهاية اليوم إلى دفتر اليومية بشكل منظم.

3- دفتر المخزن:

وهو الذي يدون فيه التاجر جميع البضائع التي تدخل لمخزنه وتخرج منه، وذلك لمعرفة النقص في البضائع الموجودة لديه وكميات البضائع المتوافرة في مخزنه، وعادة

[2] د. أحمد زيادات، د. إبراهيم العموش، مرجع سابق، ص 55.
[3] د. أحمد زيادات، د. إبراهيم العموش، مرجع سابق، ص 55-56. د. محمد حسين إسماعيل، مرجع سابق، ص 146.

تلجأ بعض المحلات الكبيرة إلى استخدام بطاقات لكل نوع من أنواع البضائع للتسهيل في معرفة الكميات المتبقية، وأحيانا عن طريق استخدام جهاز الكمبيوتر حيث يتم معرفة ذلك بسهولة ويسر.

٤- دفتر الصندوق:

ويسجّل في هذا الدفتر جميع المبالغ التي تخرج من الصندوق والمبالغ التي تدخل إليه وبيان المبالغ المتوافرة فعليا فيه، حيث يستطيع التاجر معرفة ما لديه من نقود في أي وقت يشاء.

٥- دفتر الأوراق التجارية:

ويسجل في هذا الدفتر تواريخ واستحقاق الأوراق التجارية من سندات، كمبيالات، شيكات، وسواء أكانت لمصلحة التاجر أم مستحقة على التاجر، وهذا مهم لاستيفاء حقه في موعده، ولقيامه بدفع ما عليه من التزامات في مواعيدها.

د- أصول تنظيم الدفاتر التجارية:

نصت المادة ١٧ و١٨ من قانون التجارة الأردني على أصول تنظيم الدفاتر التجارية الإجبارية والهدف من ذلك هو لضمان صحة البيانات الواردة في هذه الدفاتر واستخدامها في الإثبات لدى المحاكم ومنع التلاعب في البيانات الواردة فيها، ولبيان المركز المالي للتاجر من خلالها بشكل صحيح ودقيق. ومن أصول تنظيم هذه الدفاتر هو:

١- ((يجب أن تنظم الدفاتر التجارية الإجبارية بحسب التاريخ وبلا بياض ولا فراغ ولا نقل إلى الهامش ولا محو ولا تحشيه بين السطور))[1]. والهدف من ذلك هو منع التلاعب بالبيانات الواردة فيها، ولكن ذلك لا يمنع من تصحيح القيود الخاطئة فيه عن طريق عمل قيود جديدة والإشارة إلى القيود الخاطئة في الدفتر.

---

[1] المادة ١٧ من قانون التجارة الأردني.

٢- ((يجب ترقيم الدفاتر المذكورة والتأشير عليها وتوقيعها من مراقب السجل التجاري))[1]، والهدف من ذلك منع إتلاف بعض الصفحات أو تمزيقها أو إزالتها مـن مكانهـا، ومنع التاجر من إضافة صفحات جديدة للدفتر.

ويتم ترقيم هذه الدفاتر بالأرقام حسب عدد الصفحات، والتأشير عليها من قبل مراقب السجل التجاري ببداية الدفتر ونهايته.

هـ- مدة الاحتفاظ بالدفاتر التجارية:

نصت المادة ١٩ من قانون التجارة الأردني على أنه: ((يجب على التاجر أن يحفظ الـدفاتر بعد اختتامها مدة عشر سنوات))[2].

فمدة الاحتفاظ بهذه الدفاتر التجارية الإجبارية من قبل التاجر هي (١٠) عشر سنوات من تاريخ آخر قيد فيها، أو من تاريخ توقفه عن ممارسة نشاطه التجاري، ويستطيع بنـاء على ذلك أن يقوم التاجر بإتلاف هـذه الدفاتر بعد مرور هـذه المـدة ولا يلـزم بتقديمها للمحكمة عند طلبها للاطلاع عليها، إلّا أنه إذا تم إثبات وجود هـذه الدفاتر لـدى التاجر وعدم إتلافها رغم مرور مدة (١٠) عشر سنوات عليها من قبل مـن يـدعي بوجودهـا، فإن التاجر يلتزم بتقديمها في هذه الحالة للمحكمة، وأحيانا قد تقتضي مصلحة التاجر بالاحتفاظ بهذه الدفاتر التجارية الإجبارية حتى بعد مرور هذه المـدة (١٠) عشرـ سـنوات، وذلك لأن بعض الحقوق والمطالبات المدونة في هذه الدفاتر لا تكون قد انقضت ويمكن المطالبـة بهـا، ولذلك فهو يستعمل دفاتره التجارية المنظمة كوسيلة للإثبات عند المنازعات.

---

[1] المادة ١٨ قانون التجارة الأردني.

[2] وقد ورد النص أيضا على هذه المدة وهي (١٠) سنوات في المادة ٤/جـ من تعليمات مسك الحسابات رقم ٧ لسنة ١٩٩٦ الصادرة بالاستناد لقانون ضريبة الدخل الأردني.

و- جزاء عدم مسك الدفاتر الإجبارية أو عدم تنظيمها وفقا للأصول:

لم يحدد المشرع في قانون التجارة الأردني الجزاءات التي تفرض على التّجار سواء أكانوا أفرادا أم شركات إذا لم يلتزموا بمسك الدفاتر التجارية الإجبارية، أو إذا لم يقوموا بتنظيمها حسب الأصول القانونية، وهذا أحد الانتقادات الموجهة لنصوص القانون، إذ أنه لا توجد فائدة عملية عادة من الإلزام باتباع أمر معين إذا لم يقترن عدم الالتزام به بفرض جزاء على من يخالفه، إلّا أنه قد وردت عدة جزاءات خاصة في قانون ضريبة الدخل الأردني الذي فرض غرامات وعقوبات على الأشخاص التجار الذين لا يمسكون دفاتر تجارية، أو لم ينظموا هذه الدفاتر حسب الأصول، وذلك في المادة ٤٤ وهي الغرامة لا تقل عن (٢٥) خمسة وعشرين دينارا أو الحبس مدة لا تزيد على شهر. وفرض عقوبة أشد على من يتعمد إخفاء هذه الدفاتر أو يقوم بإيراد وقائع غير صحيحة بها للتهرب من الضريبة وذلك في المادة ٤٢ حيث أصبحت العقوبة الحبس من أسبوع إلى سنة أو غرامة من مائة دينار ولا تزيد على خمسمائة دينار، مع ضمان مثلي النقص الحاصل في مقدار الضريبة.

أما في القانون التجاري فلا توجد نصوص مباشرة للعقاب على من يهمل في مسك هذه الدفاتر أو يمسكها ولكن بشكل غير منظم وغير أصولي، إلّا أنه يمكن استنتاج الأمور كجزاء على مخالفة مسك هذه الدفاتر [1] ومنها:

١- أن التاجر يحرم من طلب الصلح الواقي من الإفلاس، إذ أنه يشترط لذلك تقديمه لدفاتر إجبارية منظمة حسب الأصول خلال مدة لا تقل عن (٣) سنوات على الأقل، ومنذ احترافه للعمل التجاري إذا كانت اقل من (٣) سنوات.

---

[1] د. أحمد زيادات، د. إبراهيم العموش، مرجع سابق، ص ٦١-٦٢.

٢- أن التاجر قد يتعرض في حال شهر إفلاسه إلى معاقبته بالإفلاس التقصيري أو بالإفلاس الإحتيالي، وذلك لعدم مسكه وتنظيمه للدفاتر الإجبارية.

٣- أن التاجر لا يستطيع أن يستخدم دفاتره غير المنظمة كوسيلة للإثبات لمصلحته لدى المحاكم عند حدوث النزاع حول القيود المدونة فيها وبالتالي قد يؤدي ذلك لضياع حقوقه.

٤- أن التاجر قد يتعرض إلى فرض ضريبة جزافية عليه لعدم معرفة مقدر ضريبة الدخل للأرباح الحقيقية لهذا التاجر، لعدم وجود مستندات وقيود مثبته في دفاتره التجارية بشكل أصولي وقانوني.

ز- حجية الدفاتر التجارية:

الأصل أن الشخص لا يستطيع أن ينشأ دليلا لنفسه، ولا يجبر على تقديم دليل ضد نفسه، غير أن ما تقتضيه طبيعة العمل التجاري وسرعته وثقة وائتمان المتعاملين في التجارة، فقد أجاز القانون حرية الإثبات في المسائل التجارية، وتعتبر الدفاتر التجارية التي وضع القانون لها أصول وشروطا معينة لتنظيمها، اعتبرها قرينة للإثبات، ويجوز للقاضي الأخذ بها أو إهمالها وعدم الأخذ بها، وقد نظم قانون البينات الأردني في المواد ١٥،١٦، ١٧ حجية الإثبات للدفاتر التجارية، والمقصود هي الدفاتر التجارية الإجبارية، وسوف نعالج حجية الدفاتر التجارية لمصلحة التاجر سواء أكان الطرف الآخر الخصم تاجرا أم غير تاجر، وحجية هذه الدفاتر التجارية ضد منظمها (ضد التاجر).

أولا: حجية الدفاتر التجارية لمصلحة منظمها (التاجر):

أ- إذا كان الخصم (الطرف الآخر) تاجرا:

نص قانون البينات الأردني في فقرته الثانية من المادة السادسة عشرة على انه: ((دفاتر التجار الإجبارية تصلح لان تكون حجة لصاحبها في المعاملات المختصة بتجارته، إذا كانت منظمة وكان الخلاف بينه وبين تاجر)).

يتضح من نص هذه الفقرة أنه لاعتبار الدفاتر التجارية الإجبارية حجة للتاجر ضد تاجر آخر لابد من توافر شروط معينة وهي:

١- أن تكون الدفاتر الإجبارية هي محل النزاع (الاحتجاج) للتاجر ضد تاجر آخر: وبالتالي تخرج الدفاتر الاختيارية عن نطاق البحث، لأنها تختلف من تاجر لآخر ولا يلتزم التاجر بمسك الدفاتر الاختيارية فله الحرية في ذلك.

٢- أن يكون الخلاف بين تاجر وتاجر (أي بين تاجرين): لأن التاجر عادة يقيد عملياته التجارية التي يقوم بها في دفاتره الإجبارية، وعند ذلك يقوم القاضي بالتدقيق والمقارنة بين قيود دفاتر التاجر (المدعي)، والتاجر الآخر (المدعى عليه)، فإذا تطابقت القيود في الدفاتر يأخذ بها ويفصل في النزاع المعروض أمامه، وإذا اختلفت القيود في هذه الدفاتر قد يأخذ بالقيود الواردة بأحدهما ويفصل في النزاع المعروض أمامه طبقا لما يقتنع به من البينات، وإذا تهاترت البينات والقيود في الدفاتر أي تناقضت واختلفت يسقط هذه القيود من عداد مجمل البينات التي يقتنع بها عند فصلة للنزاع المعروض أمامه، وقد تأيد ما ورد في قانون البينات الأردني المادة ١٧ على أنه: ((إذا تباينت القيود بين دفاتر منظمة لتاجرين تهاترت البينات المتعارضتان)).

٣- أن تكون المعاملة محل النزاع تجارية: ولا يهم عندئذ أن تكون تجارية بطبيعتها أم بالتبعية، لان التاجر عادة يسجل جميع معاملاته وقيوده التجارية يوما بيوم وبشكل

منتظم، أما معاملاته غير التجارية مثل نفقاته الشخصية فهو يسجلها شهريا وبدون تفصيل (بشكل أجمالي)، وبالتالي لا يستطيع عندئذ القاضي أن يقارن بين القيود للدفاتر المتنازع بشأنها عند النزاع والفصل في هذا النزاع. يشترط أن تكون المعاملة تجارية للطرفين وليس لطرف واحد.

٤- أن تكون الدفاتر التجارية محل النزاع أو المحتج بها منظمة وفاقا للأصول القانونية: وذلك حسب ما تم شرحه سابقا من أصول تنظيم الدفاتر التجارية وقد ورد ذلك في المادة ١٧،١٨ من قانون التجارة الأردني، بأن تكون هذه الدفاتر مرقمة، ومؤشرا عليها ولا يوجد بها أي بياض أو محو أو تحشيه بين السطور حسب التاريخ ...الخ.

نخلص من كل ذلك أنه إذا كانت الدفاتر التجارية الإجبارية هي محل النزاع بين تاجرين وكان النزاع تجاريا وكانت الدفاتر منظمة بشكل أصولي وقانوني، فللقاضي الاستناد إليها في فصله للنزاع المعروض أمامه فيأخذ بهذه القيود إذا تطابقت في الدفترين، وقد يأخذ بإحداهما عند الاختلاف، وقد لا يأخذ بأي منها وعند ذلك تتهاتر البينات ولا يستند عليها في إصداره للحكم في النزاع.

ب- إذا كان الطرف الآخر (الخصم) غير تاجر:

أورد قانون البينات الأردني في المادة ١٥ نصا يتعلق بهذه الحالة فنصت هذه المادة على أنه: ((دفاتر التجار لا تكون حجة على غير التجار إلا أن البيانات الواردة فيها عما أورده التجار تصلح أساسا يجيز للمحكمة أن توجه اليمين المتممة لأي من الطرفين)).

ويتضح من نص هذه المادة أن دفاتر التجار والقيود الواردة فيها لا تصلح لأن تستخدم دليل ضد غير التجار في النزاعات المتعلقة بالقيود الواردة في هذه الدفاتر، والحكمة من ذلك أن غير التجار غير ملزمين بمسك الدفاتر التجارية ولا يقوموا

بتسجيل عملياتهم في هذه الدفاتر، وبالتالي فمن العدل عدم اعتماد ما أورده التاجر من معلومات وقيود في هذه الدفاتر دليلا ضد التاجر غير التاجر.

إلا أنه واستثناء من ذلك أجاز القانون للقاضي إذا اقتنع بهذه القيود وبصحتها أن يجعلها أساسا لتوجيه اليمين المتممة التي تكمل هذه البينات لتكوين قناعته لإصدار الحكم في النزاع المعروض أمامه، وبالتالي فإن المعلومات الواردة في هذه الدفاتر التجارية تعتبر ((قرينة بسيطة)) يتم استكمالها وتعزيزها بتوجيه اليمين المتممة لأي من أطراف النزاع، ولإعمال ذلك واعتبارها قرينة يجوز استكمالها باليمين المتممة لابد من توافر **شرطين** هما:

١- أن تكون الدفاتر الإجبارية الواردة فيها القيود منظمة وفاقا للأصول.

٢- أن يكون النزاع متعلقا ببضاعة تاجر ورَدَّها إلى شخص آخر غير تاجر، لأنه لو كان الطرف الآخر تاجرا لجاز له الإثبات بكافة طرق الإثبات طبقا لقاعدة حرية الإثبات في المواد التجارية.

ثانيا: حجية الدفاتر التجارية ضد مصلحة منظمها (التاجر):

نصت المادة ١/١٦ من قانون البينات الأردني على أنه: ((دفاتر التجار الإجبارية تكون حجة على صاحبها سواء أكانت منظمة تنظيما قانونيا أم لم تكن، ولكن لا يجوز لمن يريد أن يستخلص منها دليلا لنفسه، أن يجزئ ما ورد فيها ويستبعد ما كان مناقضا لدعواه)).

ويتضح من نص هذه المادة أن دفاتر التجار الإجبارية تعتبر حجّة على التاجر أي ضد التاجر سواء أكانت منظمة وفقا للأصول القانونية أم لم تكن منظمة، ولا يهم أن يكون الطرف الآخر تاجر أم غير التاجر، أي الطرف الذي يستند إلى هذه الدفاتر ضد

منظمها (ضد التاجر الآخر) ولا يشترط أن يكون محل النزاع في هذه الدفاتر تجاريا أو مدنيا.

إلاّ أنه لا يجوز لمن يريد الاستناد والاعتماد على هذه الدفاتر ضد التاجر (أي ضد منظم هذه الدفاتر) أن يجزئ ويستخلص القيود والبينات التي تكون في مصلحته فقط، فإما أن يأخذ بجميع القيود سواء أكانت لمصلحته أم ضده، وإما أن لا يستند لهذه القيود الواردة في الدفاتر التجارية، ويحق للتاجر الذي تم الاستناد لدفاتره للإثبات ضده أن يثبت خطأ وعدم صحة القيود الواردة فيها بكافة طرق الإثبات استنادا لقاعدة حرية الإثبات في المسائل التجارية.

ح- حالات الإطلاع على الدفاتر التجارية:

الأصل أنه لا يجبر الشخص على تقديم دليل ضد نفسه، ولا يلزم بكشف أسراره التجارية وخاصة المدونة في دفاتره التجارية خوفا من تعرض تجارته للخسارة، ولضعف الائتمان بهذا التاجر من قبل من يتعامل معه، إلاّ أن القانون أجاز في حالات محددة الإطلاع على هذه الدفاتر التجارية بشكل كلي، وبشكل جزئي في حالات أخرى.

أولا: حالات الإطلاع الكلي على الدفاتر التجارية:

أورد المشرع في قانون التجارة الأردني في المادة ٢٠ منه حالات الإطلاع الكلي على الدفاتر التجارية فنص على انه: ((تسلّم الدفاتر بكاملها أو نسخ عنه إلى القضاء في أحوال الإرث، وقسمة الأموال المشتركة، والشركة، والصلح الواقي، والإفلاس، وفي الأحوال المنصوص عليها في قانون أصول المحاكمات الحقوقية)).

١- الإرث: إذا توفي تاجر، يحق لورثة التاجر أو للشخص الموصى له بجزء من تركة التاجر أن يطلبوا من المحكمة (في حالة امتناع أصحاب العلاقة عن إطلاعهم على

الدفاتر التي تخص مورثهم أو الموصي لهم) الإطلاع الكلي على دفاتر مورثهم لتحديد نصيبهم من التركة ومعرفة ماله وما عليه، ولمعرفة التصرفات التي قام بها خلال مرضه وإذا كان يمكن الطعن بهذه التصرفات أم لا، ولمعرفة مقدار الوصية إن وجدت، وهل تجاوزت الحد الشرعي المسموح به (ثلث التركة) أم لا.

٢- **قسمة الأموال المشتركة:** وهي الأموال المشتركة بين أكثر من شخص، والتي تكون عادة على الشيوع بحيث لا يعرف حدود كل من الشركاء في هذه الأموال، وقد تكون شراكه بين شخصين أو أكثر ويريد الشركاء إنهاء هذه الشراكه لأي سبب من الأسباب ولمعرفة نصيب كل منهم يطلبوا من المحكمة إطلاعهم الكلي على هذه الدفاتر التجارية (خاصة إذا لم يكونوا مشتركين في إدارة شؤون هذه الشركة (العمل التجاري) وذلك لمعرفة نصيب كل واحد منهم، وكذلك في حالة وفاة أحد من الشركاء ورغب الورثة في أخذ نصيب مورثهم من هذه التجارة أو الشراكة.

٣- **الشركة:** يحق لكل شريك أن يطلب من المحكمة الإطلاع الكلي على الدفاتر التجارية (في حالة امتناع الشركاء المفوضين بالإدارة عن إجابة طلبه ورفضهم اطلاعه على هذه الدفاتر التجارية)، ويستطيع الشريك أن يطّلع على هذه الدفاتر التجارية بإذن من المحكمة وذلك في حالة استمرار الشركة أو في حالة تصفيتها وفي أي وقت يشاء، والمقصود بالشركات هي الشركات التجارية التي تلتزم كما ذكرنا سابقا بمسك الدفاتر التجارية أو الشركات المدنية التي تتخذ أحد أشكال الشركات التجارية والتي تلتزم أيضا بمسك الدفاتر التجارية، والشريك في شركة التضامن، والشريك المتضامن في شركة التوصية البسيطة يطّلع على هذه الدفاتر لمعرفة موقف الشركة المالي لأنه مسؤول بأمواله الخاصة عن ديون هذه الشركة حتى ولو لم يشترك بالإدارة، ويحق أيضا للمساهمين في الشركة المساهمة العامة الإطلاع على هذه الدفاتر التجارية حسب ما يجيزه القانون ودون الإضرار بمصالح الشركة ويتم الإطلاع عليها من قبل الموظفين المختصين بذلك في وزارة الصناعة والتجارة

بسبب كثرة وعدد المساهمين، فلا يعقل أن يسمح لكل منهم بالإطلاع على هذه الدفاتر[1].

٤- **الصلح الواقي من الإفلاس:** أجاز قانون التجارة الأردني لكل تاجر قبل توقفه عن الدفع أو خلال الأيام العشرة التي تلي توقفه عن الدفع أن يتقدم للمحكمة بطلب صلح واقي من الإفلاس وحتى تستطيع المحكمة أن تنظر بهذا الطلب يجب على التاجر أن يقدم دفاتره الإجبارية المنظمة منذ مدة لا تقل عن ثلاث سنوات أو منذ بدء احترافه للتجارة إذا كانت اقل من ثلاث سنوات[2]. ويتم الإطلاع الكلي على هذه الدفاتر التجارية من قبل المحكمة مباشرة أو من قبل المفوضين الذين تعينهم المحكمة، ولا يحق للدائنين الإطلاع عليها مباشرة من قبلهم لما في ذلك من ضرر يلحق بالتاجر[3].

٥- **الإفلاس:** عند شهر إفلاس التاجر يتم رفع يده عن أمواله وممتلكاته ويتم وضع الأختام على محله التجاري وعلى مكاتبه وأوراقه ودفاتره التجارية ... الخ، ويتم تعيين وكيل تفليسة، وقاضي تفليسة من قبل المحكمة، و يتم استخراج الدفاتر التجارية التي يتم تسليمها بعد التأشير عليها من قبل المحكمة إلى وكيل التفليسة بعد إثبات حالة هذه الدفاتر، والإطلاع الكلي على الدفاتر التجارية هو لغايات جرد وتصفية أموال التاجر المفلس لمعرفة ماله من حقوق وما عليه من التزامات، ولمعرفة مدى تقصيره في إدارة تجارته ومدى احتياله على دائنيه، وبالتالي خضوعه للجزاء المقرر للإفلاس التقصيري أو الاحتيالي.

---

[1] د. أحمد زيادات، د. إبراهيم العموش، مرجع سابق، ص ٦٧. د. عزيز العكيلي، مرجع سابق، ص ١٦٨-١٦٩.
[2] أشارت لذلك المواد ٢٩٠ و١/٢٩١ من قانون التجارة الأردني.
[3] المادة ٢/٢٩٦ من قانون التجارة الأردني. وكذلك المادة ٥/٢٩٣ من قانون التجارة الأردني.

٦- الأحوال المنصوص عليها في قانون أصول المحاكمات الحقوقية[١]: فقد أورد قانون أصول المحاكمات المدنية في المادة ١٠٠ منه على أنه: ((يحق للمحكمة أن تأمر أي فريق أن يبرز ما بحوزته أو تحت تصرفه من مستندات ترى أنها ضرورية للفصل في الدعوى))، ولفظ مستندات يشمل الدفاتر التجارية وبالتالي يحق للمحكمة أن تأمر بإبرازها للإطلاع عليها للفصل في الدعوى[٢].

وهنالك جهات أخرى يحق لها في بعض الأحيان الإطلاع على دفاتر التجار وذلك استنادا إلى نصوص في قوانين تجيز لها ذلك، فيحق لموظفي الجمارك الإطلاع على دفاتر التاجر لمعرفة البضائع المهربة والموجودة لديه في المتجر ، ويحق لموظفي ضريبة الدخل الإطلاع على دفاتر التاجر لمعرفة مقدار دخله الحقيقي، و الأرباح الناجمة عن عمله وذلك لتقدير الضريبة العادلة عليه.

ثانيا: حالات الإطلاع الجزئي على الدفاتر التجارية:

نصت المادة ٢١/١ من قانون التجارة الأردني على أنه: ((فيما عدا الأحوال المذكورة في المادة السابقة[٣] يمكن على الدوام عرض الدفاتر التجارية أو المطالبة بإبرازها لاستخلاص ما يتعلق منها بالنزاع)).

ونصت الفقرة الثانية من ذات المادة على أنه: ((للقاضي أن يأمر من تلقاء نفسه بإبراز الدفاتر المذكورة للغاية ذاتها)).

ويتضح من نصوص هذه المادة، أن المحكمة تستطيع إلزام التاجر بتقديم دفاتره إليها للإطلاع عليها لبيان القيود الواردة فيها، والتي هي محل النزاع في القضية المعروضة

---

[١] تم تعديل هذه التسمية حيث أصبح اسم القانون في عام ١٩٨٨، أصول المحاكمات المدنية وهو الساري المفعول حاليا.
[٢] د. أحمد زيادات، د. إبراهيم العموش، مرجع سابق، ص٦٨.
[٣] حالات الاطلاع الكلي الواردة في المادة ٢٠ من قانون التجارة الأردني.

أمامه لإصدار حكم فيها، ويتم تقديم الطلب للمحكمة التي تنظر في هذا النزاع من قبل أحد أطراف الدعوى، وللمحكمة الحق في إجابة هذا الطلب أو رفضه حسب قناعتها من حيث الطلب وأهمية هذه الدفاتر للفصل في النزاع المعروض أمامها. وعادة يتم تقديم صورة طبق الأصل عن هذه الدفاتر للقيود محل النزاع ويبقى التاجر محتفظا بدفاتره[1]، وتطّلع المحكمة على هذه الدفاتر من قبلها مباشرة أو من قبل الخبير الذي تعيّنه المحكمة لهذه الغاية بحضور التاجر نفسه أو وكيله المحامي في الدعوى، وفي حالة عدم استجابة التاجر لإبراز دفاتره للمحكمة بناء على طلبها فقد يخسر دعواه إذا كان هو المدعي، وقد يصدر حكم ضده إذا كان مدعى عليه.

المطلب الثاني: الالتزام بالقيد في السجل التجاري

السجل التجاري: هو أداة لازمة لإشهار التصرفات والمعاملات المتعلقة بالمواد التجارية، ودعم الائتمان التجاري، واستقراره يتطلب أن يكون الغير أو من يتعامل مع التاجر على بيّنة من أمره فيما يتعلق بالمركز المالي والقانوني للتاجر الذي يتعامل معه، ويرغب في عقد الصفقات التجارية معه، لهذا ظهرت في الدول الحاجة إلى إعداد سجل خاص يتم بموجبه قيد جميع التصرفات والبيانات الخاصة بالتّجار سواء أكانوا أفرادا أم شركات، وتسجيل كل ما يطرأ على هذه البيانات من تعديل أو إلغاء أو شطب لهذه القيود في ذلك السجل حتى يكون صورة صادقة عن المركز المالي والقانوني للتاجر، ويتم عادة تخصيص صفحة مستقلة لكل تاجر في هذا السجل التجاري.

وقد ورد في المادة ٢ من نظام سجل التجارة رقم (١٣٠) لسنة ١٩٦٦ وتعديلاته[2] تعريفا للسجل بأنه: ((سجل التجارة المعد في الوزارة أو في مركز المحافظة أو في مركز اللواء أو في أي مدينة يقرر الوزير إحداث سجل تجاري فيها لغايات تسجيل المعلومات الخاصة بالتّجار فيه وذلك وفق أحكام القانون والأنظمة الصادرة بمقتضاه)).

---

[1] المادة ١٠٥ من قانون أصول المحاكمات المدنية.

[2] كان آخر تعديل لنظام سجل التجارة هو بالنظام المعدل رقم١ لسنة ١٩٨٤.

وقد عرّفه الفقه حسب ما ورد في معظم الكتب بأنه: ((السجل الذي تمسك به إحدى الجهات الرسمية في الدولة لتحقيق غايات قانونية وإعلانية واقتصادية من خلال تدوين المعلومات المحددة للمراكز القانونية لكل من التجار أفراد وشركات والمؤسسات التجارية))[1]. ويتضح من ذلك بأن للسجل التجاري عدة وظائف وهي استعلامية، وقانونية، واقتصادية وسوف نقوم بشرحها.

أ- وظائف السجل التجاري:

١- وظيفة استعلامية:

يدّون في السجل جميع البيانات الخاصة بالتّجار أفرادا أو شركات، فهو يستخدم كأداة لتسهيل إطّلاع الغير الذي يتعامل مع التاجر على البيانات التي تهمه معرفتها والمتعلقة بالتاجر وتجارته[2]، ويمكن الحصول على نسخة من هذه القيود الواردة في السجل التجاري مقابل رسم يدفع عنها[3]، ولكن هنالك بعضا من الأمور المتعلقة بالتاجر لا يستطيع أمين السجل التجاري إعطائها للأشخاص حول التاجر وخاصة المتعلقة بالإفلاس إذا تم رد اعتباره، والمتعلقة بالحجر عليه إذا تم رفع الحجر عنه، والأحكام القاضية بإقامة مساعد قضائي إذا كان قد رفعت هذه المساعدة عنه[4].

٢- وظيفة قانونية:

للسجل التجاري وظيفة قانونية وهي إشهار (إعلان) التصرفات القانونية والأحكام والقرارات المتعلقة بالتاجر وتجارته لإعطائها حجية في مواجهة

---

[1] د. محمد حسين إسماعيل، مرجع سابق، ص١٥٩.
[2] المادة ٢٢/١ من قانون التجارة الأردني.
[3] المادة ٣٠/١ من قانون التجارة الأردني.
[4] المادة ٣١ /أ،ب من قانون التجارة الأردني.

الغـير، فهـذه القيـود تعتبـر حجـة في مواجهـة الغير مـن تـاريخ تسجيلها في السـجل التجـاري حتـى ولـو لم يعلـم بهـا الغيـر[5]، وفـيما يتعلـق بالشـركات التجاريـة فهـي لا تسـتطيع ممارسـة عملها بشـكل أصولي، ولا تكتسـب الشخصيـة الاعتباريـة إلاّ بعـد تسجيلها في سجل الشركات وفقا لقانون الشركات الأردني[6].

٣- وظيفة اقتصادية وإحصائية:

ويقصد بذلك حصر أعداد التّجار والشركات وبيان أوجه النشاط التجاري والصناعي في الدولـة، حيـث يعطي للقائمين على تخطيـط الاقتصاد في الدولـة صورة صادقـة عـن الوضع التجاري وعن الخطط المستقبلية التي يرونها في مصلحة اقتصاد الدولة وتوجيهه بالشكل الصحيح.

ب- تنظيم السجل التجاري والجهة المختصة بالتسجيل:

نصت المادة ٢٣ من قانون التجارة الأردني علـى أنـه: ((يجـري تنظيـم السـجل التجاري وطريقـة التسـجيل فيـه وفق الشـروط التـي تحددها الأنظمة الصادرة بمقتضى هذا القانون))، وقد تم إعداد سجل خـاص لتسجيل التّجار الأفـراد فيـه، و إعـداد سـجل خـاص لتسـجيل الشـركات التجاريـة فيـه، والشـركات المدنيـة التي تتخذ شكل الشركات التجاريـة والتـي تتبـع في أحكامها لقانون الشركات.

أما التجار الأفـراد فيتـم تسجيلهم في السـجل التجـاري والـذي يكـون مسـؤولا عنـه هـو ((أمين السجل التجاري)) والـذي يتـم تعينـه مـن قبـل وزير الصنـاعة والتجارة بعـد حلفـه لليمين القانونية أمام قاضٍ في محكمة البداية أو قاضٍ في محكمة الصلح التي يقع السجل التجاري ضمن منطقة اختصاصها، ويكون حلفه لليمين بأن يقوم بعمله بكل

[5] المادة ٢٢/٢ والمادة ٣٥ من قانون التجارة الأردني.

[6] المادة ٤ من قانون الشركات الأردني رقم (٢٢) لسنة ١٩٩٧.

شرف وأمانة وأن يحافظ على سرّية جميع المعلومات التي يتطلب القانون كتمانها(1)، ويكون عادة في كل محافظة أو لواء أو مدينة سجلا تجاريا لتسجيل التّجار في تلك المنطقة فيه. أما فيما يتعلق بالشركات فيكون مسؤولا عن سجل الشركات هو ((مراقب الشركات)) والذي يتم تعيينه من قبل مجلس الوزراء بناء على تنسب من وزير الصناعة والتجارة(2)، ويتم تسجيل الشركات التجارية في سجل خاص بهذه الشركات يخضع لقانون الشركات وللقانون التجاري إذا لم يوجد نص في قانون الشركات، وللأنظمة الخاصة بقانون التجارة وقانون الشركات، ويكون لكل نوع من الشركات سجل خاص بها ومنها التضامن، والتوصية البسيطة، الشركة ذات المسؤولية المحدودة، شركة التوصية بالأسهم، والشركة المساهمة العامة، وتسجل الشركات المدنية لدى المراقب في سجل خاص ويسمى ((سجل الشركات المدنية))(1).

ج- الملتزمون بالقيد في السجل التجاري:

الأصل أن كل شخص اكتسب صفة التاجر أن يسجل في السجل التجاري سواء أكان فردا شخصا طبيعيا أم شركة (شخصا اعتباريا)، وسواء أكان وطنيا أم أجنبيا، ومهما كان رأس ماله صغيرا أم كبيرا ومهما كان نوع التجارة التي تمارس، إلاّ أنه فيما يتعلق بالشركات الأجنبية أو التاجر أو المؤسسة التجارية التي مركزها الرئيسي خارج المملكة ولها فرع أو وكالة داخل المملكة يشترط لتسجيلها أن يكون الوكيل أو المدير المسؤول في المملكة عن الفرع أو الوكالة أردني الجنسية، مع مراعاة أحكام قانون الشركات الأردني فيما يتعلق بتسجيل الشركات الأجنبية(2).

---

(1) المادة ٣،٤ من نظام سجل التجارة رقم (١٣٠) لسنة ١٩٦٦ وتعديلاته.
(2) المادة ٢ من قانون الشركات الأردني رقم (٢٢) لسنة ١٩٩٧.
(1) المادة ٧/جـ من قانون الشركات الأردني رقم (٢٢) لسنة ١٩٩٧.
(2) المادة ٢٤ من قانون التجارة الأردني. وكذلك المادة ٥ من نظام سجل التجارة الأردني رقم (١٣٠) لسنة ١٩٦٦.

واستثناء من هذا الأصل العام الذي يلزم كل تاجر بالتسجيل في السجل التجاري فقد أعفى قانون التجارة الأردني بعض الفئات من التسجيل ومن ضمنها ((التاجر الصغير)) والذي ورد النص عليه في المادة ١٠من قانون التجارة الأردني والتي أوردت أن الأفراد الذين يتعاطون تجارة صغيرة أو حرفة بسيطة ذات نفقات عامة زهيدة، بحيث يعتمدون في الغالب على مساعيهم البدنية للحصول على أرباح قليلة لتأمين معيشتهم، لا يخضعون للواجبات المختصة بالدفاتر التجارية ولا لقواعد الشهر (التسجيل) ... الخ.

إضافة إلى إخضاع الشركات المدنية التي تتخذ الشكل التجاري للشركات التجارية، يترتب عليها التسجيل في السجل التجاري المعد لهذه الشركات في وزارة الصناعة والتجارة لدى مراقب الشركات[٣].

وكذلك إعفاء الشريك المتضامن في شركة التضامن وفي شركة التوصية البسيطة من التسجيل في السجل التجاري، لأن الشركة التي هو شريكا فيها قد تم قيدها وتسجيلها في سجل الشركات فلا داعي لتكرار التسجيل مرة أخرى، إلاّ إذا كان هذا الشريك يمارس تجارة مستقلة عن شركته فيجب قيامة بالتسجيل في السجل التجاري[١].

د- البيانات الواجب قيدها (تسجيلها) في السجل التجاري:

إن السجل التجاري من أهم أهدافه أن يعطي صورة صادقة وصحيحة عن التاجر وعن القيود المتعلقة به، حتى يستطيع من يتعامل معه أن يكون على ثقة وبيّنة من أمره، لهذا يجب قيد جميع المعلومات الأساسية المتعلقة بالتاجر وتجارته ابتداء عند تقديم الطلب للقيد في هذا السجل التجاري، إضافة إلى إجراء التعديلات الضرورية على هذه القيود عند إجراء أي تغيير عليها حتى تبقى صورة صادقة عن الوضع الصحيح للتجار ومراكزهم القانونية والمالية، وتختلف البيانات المسجلة في السجل التجاري فيما إذا كان

---

[٣] المادة ٩ من قانون التجارة الأردني. وكذلك المادة ٧ من قانون الشركات الأردني رقم (٢٢) لسنة ١٩٩٧.
[١] د. أحمد زيادات، د. إبراهيم العموش، مرجع سابق، ص٧٣.

التاجر فردا أم شركة، ولهذا سوف نبحث المعلومات الأساسية والتكميلية الواجب توافرها في التاجر الفرد، والمعلومات والبيانات الواجب توافرها في الشركات وفقا لقانون الشركات.

أولا: البيانات الواجب قيدها والمتعلقة بالتاجر الفرد

أ- <u>البيانات الأساسية:</u>

نصت المادة السادسة من نظام سجل التجارة رقم (١٣٠) لسنة ١٩٦٦ وتعديلاته على أنه: ((يجب على التاجر أن يقدم تصريحا من نسختين يوقعهما أمام أمين السجل يتضمن ما يلي:

١- اسمه ولقبه.

٢- الاسم التجاري الذي يمارس به تجارته وعند الاقتضاء كنيته أو اسمه المستعار.

٣- تاريخ ولادته ومكانها.

٤- جنسيته أو شهادة التجنس إن كان قد غيّر جنسيته الأولى.

٥- نوع التجارة التي يتعاطاها.

٦- الأماكن التي فيها فروعا أو وكالات لمحله التجاري داخل المملكة.

٧- أسماء المفوضين بالتوقيع والإدارة للمحل التجاري وألقابهم وتاريخ ولادة كل منهم ومكانهم وجنسيتهم.

٨- المحلات التجارية التي يملكها عند تقديم التصريح أو قبل ذلك.

٩- شهادات إمتيازات الاختراع التي يستثمرها التاجر والعلامات التجارية التي يملكها أو يستعملها)).

ويحق لأمين السجل التجاري أن يطلب إبراز أية وثيقة وتقديم أية معلومات يراها ضرورية للتأكد من صحة المعلومات التي أوردها التاجر في طلب تسجيله في السجل

التجاري[1]، ويقوم أمين السجل بتثبيت مضمون هذه المعلومات والبيانات في السجل، ويعيد النسخة التالية للتاجر بعد المصادقة عليها من قبله[2].

ب- البيانات التكميلية:

نصت المادة ٩ من نظام سجل التجارة على كل تاجر أن يعلم أمين السجل خلال شهر بأي تغيير يطرأ على البيانات المثبتة في السجل وعلى الأخص ما يتعلق بالأمور التالية:

أ- الأحكام والقرارات القاضية بتعيين وصي أو قيّم على التاجر المسجل أو بالحجز على أمواله أو برفع هذه التدابير عنه.

ب- الأحكام والقرارات المعلنة للإفلاس، أو المتضمنة تصديق الصلح الواقي من الإفلاس أو فسخه أو إبطاله، أو المعلنة لمقدرة المفلس أو إغلاق التفليسة لعدم كفاية الموجودات أو العدل عن إغلاقها أو إعادة الإعتبار.

ج- نقل ملكية المحل التجاري أو جزء منه للغير، ونصت المادة ١٠ من نظام سجل التجارة على انه التعديلات الواردة في الفقرة (أ، ب) من المادة ٩ يتم بأمر من المحكمة المختصة التي أصدرت هذه القرارات، أما ما ورد في الفقرة (جـ) من ذات المادة فيتم بناء على طلب التاجر نفسه أو طلب صاحب العلاقة، وهذه البيانات هي على سبيل المثال لا الحصر، حيث يستطيع التاجر تسجيل رهن المحل التجاري، وتغيير أسماء المفوضين بالتوقيع والإدارة ...الخ، وأي أمر يؤثر على المركز القانوني للتاجر[1].

---

[1] المادة ٧ من نظام سجل التجارة.

[2] المادة ٨ من نظام سجل التجارة.

[1] د. أحمد زيادات، د. إبراهيم العموش، مرجع سابق، ص٧٥.

ثانيا: البيانات الواجب قيدها والمتعلقة بالشركات

تختلف البيانات الواجب قيدها في سجل الشركات، والتي تقدم لمراقب الشركات عند الرغبة في تسجيل الشركة بشكل أصولي وقانوني لممارسة أعمالها داخل المملكة، وذلك حسب نوع الشركة المراد تسجيلها في سجل الشركات وسوف نبحث هذه الأمور بشيء من التفصيل لدى دراستنا للشركات بمختلف أنواعها في الفصول اللاحقة، إلّا أنه وكقاعدة عامة هنالك بعض البيانات يجب توافرها في معظم أنواع الشركات مع اختلاف بسيط أحيانا حسب نوع الشركة، ومن هذه البيانات هي:

١- اسم الشركة وعنوانها.

٢- أسماء الشركاء وجنسية كل منهم وعمره وعنوانه.

٣- المركز الرئيسي للشركة.

٤- مقدار رأس مال الشركة وحصة كل شريك منهم.

٥- غايات الشركة.

٦- مدة الشركة إذا كانت محدودة.

٧- اسم الشريك المفوض بالإدارة أو الشركاء المفوضين بالإدارة والتوقيع عنها ...الخ.

هـ- مهلة قيد وتسجيل البيانات في السجل التجاري:

نصت المادة ٢٤ من قانون التجارة الأردني على هذه المهلة وهي شهر واحد ابتداء من فتح الوكالة أو المحل التجاري، وكذلك ورد النص على ذلك في المادة ٥ من نظام سجل التجارة حيث ورد في الفقرة (ب): ((على كل تاجر أن يتقدم بطلب التسجيل

خلال ثلاثين يوما من تاريخ الإعلان عن بدء تطبيقه أو خلال ثلاثين يوما من تاريخ تأسيس محله التجاري، أو من تاريخ إنتقال ملكيته إليه)).

ويجب تسجيل كل تغيير أو تعديل على البيانات المثبتة في السجل التجاري وإعلام أمين السجل بها خلال شهر من حدوثها[1].

أما بالنسبة للبيانات المتعلقة بالشركات فيجب قيدها قبل مباشرة الشركة لعملها حيث لا تكتسب الشركة الشخصية الاعتبارية إلّا بعد تسجيلها وفاقا للقانون[2]، ولا يجوز للشركة أن تباشر أعمالها قبل تسجيلها ودفع الرسوم المترتبة عليها وفقا للقانون وللأنظمة الصادرة بمقتضاه وذلك حسب قانون الشركات الأردني[3]، أما التعديلات والتغييرات التي تطرأ على بيانات الشركة المسجلة فيجب قيدها خلال مدة ثلاثين يوما من تاريخ حدوثها[4]، ما عدا عنوان شركة التضامن الذي يجب قيده إذا تم أي تعديل عليه خلال مدة سبعة أيام من إجرائه[5].

و- شطب القيود (البيانات) من السجل التجاري:

الأصل أن السجل التجاري بما يحتويه من بيانات ومعلومات عن التّجار هو صورة صادقة ومرآة حقيقية عن التّجار ومراكزهم المالية والقانونية في الدولة، ولهذا وجب شطب القيود من هذا السجل التجاري في حالات معينة حتى يبقى هذا السجل صورة صادقة للتّجار وللمعلومات الواردة فيه وقد نصت المادة ٢٦ من قانون التجارة الأردني على أنه:
((إذا توفي تاجر وانقطع عن تعاطي تجارته، ولم يكن قد تفرّغ لأحد

---

[1] المادة ٩ نظام سجل التجارة.
[2] المادة ٤ من قانون الشركات الأردني.
[3] المادة ١١/د من قانون الشركات الأردني.
[4] المادة ١٤ من قانون الشركات الأردني.
[5] المادة ١٣ من قانون الشركات الأردني.

عن محله التجاري وجب شطب التسجيل المختص به في سجل التجارة))، ويتم هذا الشطب مباشرة بمقتضى قرار يصدر عن مراقب سجل التجارة ((أمين السجل))، وفيما يتعلق بالشركات يتم الطلب من مراقب الشركات شطب القيود المتعلقة بالشركات المسجلة في حالة فسخ الشركة أو تصفيتها لأي سبب من الأسباب سواء أكانت تصفية اختيارية أم إجبارية حسب الحالات المحددة بنصوص القانون، وكذلك في حالة عدم ممارستها لأعمالها، وسوف يتم شرح هذه الأمور بشيء من التفصيل عند الحديث عن الشركات في الفصول اللاحقة من هذا الكتاب.

ز- الجزاءات المترتبة على مخالفة أحكام القيد (التسجيل) في السجل التجاري:

نصت المادة ٣٣/١ من قانون التجارة الأردني على أنه: ((كل تاجر أو وكيل شركة أو مديرها لا يطلب في المواعيد المنصوص عليها إجراء القيود الإجبارية أو لا يذكر ما يجب ذكره على المراسلات أو الفواتير وغيرها من المطبوعات الصادرة عن محله[1]، ١- يعاقب بغرامة مالية لا تتجاوز عشرين دينار. ٢- وتحكم بهذه الغرامة المحكمة الصلحية بناء على طلب مراقب السجل التجاري (أمين السجل) بحسب الأصول. ٣- وتأمر المحكمة بإجراء القيد في خلال خمسة عشر يوما وإذا لم يجرِ المحكوم عليه القيد خلال هذا الميعاد، فيحكم بتغريمه دينار عن كل يوم تستمر فيه المخالفة بعد الحكم الأول)).

ولضمان صحة بيانات (قيود) السجل التجاري، فقد فرض القانون عقوبة أشد على التاجر الذي يتعمد تقديم بيانات عن سوء نيّة غير صحيحة للتسجيل في السجل التجاري، حيث تؤدي هذه المعلومات إلى إيقاع وإيهام الغير بمركز غير حقيقي عن هذا التاجر من حيث مركزه المالي والقانوني، فنصت المادة ٣٤ من قانون التجارة الأردني

---

[1] ألزم قانون التجارة الأردني في المادة ٣٢/منه كل تاجر وكل شركة ملزمين بالتسجيل يجب عليهما أن يذكرا المكان الذي سجلا فيه ورقم هذا التسجيل في مراسلاتهما وفواتيرهما ومذكرات الإيصال والتعريفات والمنشورات وسائر المطبوعات الصادرة عنهما.

على عقوبة الغرامة من عشرة دنانير إلى مائة دينار وبالحبس مـن شـهر وأحـد إلى سـتة اشهر، أو بإحدى هاتين العقوبتين.

ولا يمنع ذلك من معاقبته بعقوبة أخرى إذا كان فعله مجرّما بموجب تلك القوانين فقد يعاقب على التزوير في محررات رسمية أو خاصة طبقا لقانون العقوبات الأردني.

وتأمر المحكمة الجزائية التي تصدر الحكم بتصحيح البيـان المشار إليه والـذي تـم تسجيله بصورة متعمدة وبسوء نيّة بشكل غير صحيح في السجل التجاري[1].

المطلب الثالث: الإفلاس والصلح الواقي

أولا: الإفلاس

أخضع قانون التجارة الأردني التّجار إلى نظام الإفلاس ويطبق عندما يتوقف التـاجر عـن أداء ديونه التجارية المستحقة حتى وإن كان دينا واحدا، أو إذا دعم التاجر الثقة الماليـة بـه بوسائل غير مشروعة[2].

ونظام الإفلاس يطبق فقط على التّجار دون غيرهم من الأشخاص، وسوف نعالج في هذا المطلب أهم المواضيع التي نرى أنها ضرورية لإيرادها ضـمن هـذا الكتـاب دون الدخول في التفاصيل الأخرى لهذا الموضوع الهـام، والـذي نـرى أنها تهـم الطلبـة المختصـين في دراسـة القانون اكثر من غيرهم، ولهذا سوف نبحث المواضيع الرئيسية في موضوع الإفلاس تـاركين باقي المواضيع التي لم تبحث في هذا الكتاب إلى الطلبة المتخصصين في دراسة القانون.

ويهدف نظام الإفلاس إلى منع وابعاد التاجر المقصِّر عن نطاق التجارة التي تهـدف وتحتاج إلى السرعة ودعم الائتمان بوسائل مشروعة.

---

[1] المادة ٢،٣/٣٤ من قانون التجارة الأردني.
[2] المادة ٣١٦ من قانون التجارة الأردني.

وتصبح جميع ديون التاجر المؤجلة مستحقة الأداء عند شهر إفلاسه، ويتم تعيين وكيل تفليسة من قبل المحكمة لحصر موجودات التاجر وديونه والعمل على تسديدها واستيفاء حقوق المفلس[٣].

ويتم طلب شهر إفلاس التاجر من قبل التاجر نفسه (المدين)، أو أحد الدائنين أو المحكمة نفسها إذا وجدت أن التاجر قد توقف عن دفع ديونه المستحقة في مواعيد استحقاقها[١].

أ- الفرق بين الإفلاس التجاري والإعسار المدني[٢]:

الإعسار:

هو نظام قانوني يطبق على المدين (الشخص العادي وليس التاجر) وذلك في حالة زيادة ديونه عن أمواله[٣].

أوجه الاختلاف:

هنالك أوجه اختلاف بين الإفلاس وبين الإعسار ومن أوجه الاختلاف:

١- يتم إشهار إفلاس التاجر إذا توقف عن دفع ديونه التجارية المستحقة أو إستخدم في دعم الثقة المالية وسائل غير مشروعه[٤]. حتى ولو زادت أمواله عن ديونه، فالشرط هو التوقف عن دفع الديون التجارية المستحقة. أما الإعسار فيجوز الحجر على المدين المدني إذا زادت ديونه المستحقة عن أمواله.

---

[٣] المادة ٣٣٨ من قانون التجارة الأردني.

[١] أشارت لذلك المواد ٣١٨،٣١٩،٣٢٠ من قانون التجارة الأردني.

[٢] د. أحمد زيادات، د. إبراهيم العموش، مرجع سابق، ص ٧٧-٧٨.

[٣] المادة ٣٧٥ من القانون المدني الأردني.

[٤] المادة ٣١٦ من قانون التجارة الأردني.

٢- عند ثبوت إفلاس التاجر للمحكمة شهر إفلاسه بحكم قضائي دون أي اعتبار لظروف توقفه عن الدفع، أما الإعسار فإن المحكمة تأخذ بعين الاعتبار حالة المدين والظروف التي أحاطت به ومسؤولياته عن هذه الاسباب، ومصالح دائنيه. (المادة ٣٧٧ من القانون المدني).

٣- إن إشهار إفلاس التاجر يؤدي لحرمانه من حقوقه السياسية (ترشيح، انتخاب، وظائف عامة)، أما المدين المعسر، فلا يؤثر الحجر عليه، على أي من حقوقه السياسية.

٤- نظام الصلح البسيط [1] يوجد للتجار ويطبق عليهم، ولا يوجد للمدين المعسر ولا يستطيع استعماله للصلح مع دائنيه للتخلص من آثار الحجر.

٥- يجوز للمحكمة أن تأمر بتقييد حرية التاجر المفلس، بينما لا يجوز لها ذلك للمدين المعسر.

أما أوجه الشبه فهي:

أنه تقسّم كافة المبالغ على الدائنين، وتستحق الديون الآجلة عند الإفلاس وعند الإعسار.

ب - شروط شهر الإفلاس:

١- أن يكون الشخص تاجرا، والتاجر هو الشخص الذي اتخذ التجارة مهنة له، وتوافرت فيه شروط اكتسابه لهذه الصفة (كالاحتراف والقيام بعمل تجاري، وأن يكون هذا العمل لحسابه الخاص، وتوافرت فيه الأهلية المطلوبة لممارسة العمل التجاري) إضافة إلى الشركة التي يكون موضوعها تجاريا، ولذلك غير التاجر لا يخضع لشهر الإفلاس.

---

[1] نظم أحكامه قانون التجارة الأردني في المواد ٣٨٣-٤٠٨.

وقد أجاز قانون التجارة[2] شهر إفلاس التاجر وذلك خلال مدة سنة من تاريخ اعتزاله التجارة، أو من تاريخ وفاته إذا كان توقفه عن الدفع قبل الاعتزال أو الوفاة.

ويجوز شهر إفلاس الموظف والقاضي والمحامي (وجميع الأشخاص الذين يتعاطون العمل التجاري وهم ممنوعون حسب قوانينهم الخاصة من ممارسة العمل التجاري) إذا اشتغلوا بالتجارة وتوافرت لديهم شروط شهر الإفلاس[3]، إلا أنه استثناء من القاعدة العامة لشهر الإفلاس، فلا يجوز شهر إفلاس التاجر الصغير[4].

2- أن يكون التوقف عن الدفع لدين تجاري، وليس لدين مدني، ويستوي أن يكون الدين تجاريا بطبيعته أم تجاريا بالتبعية، ويشترط في هذا الدين أن يكون مستحق الأداء وواجب التنفيذ وغير معلّق على شرط وغير متنازع فيه سواء لطريقة وفائه أم لوجوده. ويشترط أن لا يتم الوفاء بهذا الدين حتى صدور قرار شهر الإفلاس، أما إذا تم الوفاء به خلال الدعوى فلا يشهر إفلاسه، ويجب أن يكون الدين تجاريا بالنسبة للتاجر فقط، دون أن يكون تجاريا للدائن[1].

ج- آثار شهر الإفلاس:

1- عند صدور حكم بشهر إفلاس التاجر تقرر المحكمة وضع الأختام على محلات التاجر والسيطرة على دفاتره وأمواله وتترك له ولعائلته ما يكفي لمعيشتهم فقط، وما لا يجوز الحجز عليه[2].

---

[2] المادة 321 من قانون التجارة الأردني.
[3] المادة 14 من قانون التجارة الأردني.
[4] المادة 10 من قانون التجارة الأردني.
[1] د. أحمد زيادات، د. إبراهيم العموش، مرجع سابق، ص 77-78.
[2] المادة 328 من قانون التجارة الأردني.

٢- تعتبر جميع تصرفات المفلس التي تمت بعد شهر إفلاسه باطلة، أو بعد توقفه عن الدفع لديونه المستحقة (وتحدد هذا التاريخ المحكمة) أو خلال (٢٠) عشرين يوما السابقة لتاريخ توقفه عن الدفع، والتي تهدف لإخراج أمواله من ذمته، (كدفع مبلغ معين، أو لإهداء مال معين، أو سداد ديون قبل استحقاقها، وإنشاء رهن عقاري على أمواله) وهذه الفترة تدعى فترة الريبة[٣].

٣- تسقط عن المفلس حقوقه السياسية بعد شهر إفلاسه (الانتخاب، الترشيح، الوظائف العامة)[٤].

٤- ترفع يد المفلس عن أمواله ويديرها وكيل التفليسة[٥].

٥- يدرج اسم التاجر في جدول يلصق على باب كل محكمة وفي الردهة العامة لجميع البورصات إن وجدت، ولا يدرج اسمه إذا كان متوفيا وقت شهر إفلاسه[١].

٦- لا يجوز للمفلس أن يقاضي باسمه، ولا يمكن أن ترفع عليه الدعاوي مباشرة وإنما يخاصم بها وكيل التفليسة[٢].

ثانيا: الصلح الواقي من الإفلاس:

أعطى المشرّع للمدين التاجر الحق في طلب الصلح مع الدائنين تجنبا لشهر إفلاسه، بحيث يحق لكل تاجر قبل توقفه عن الوفاء أو خلال الأيام العشرة

---

[٣] المواد ٣٢٢/٤ و٣٣٣ قانون التجارة الأردني، وقد نصت المادة ٣٢٢ /٤ على أنه: «في جميع الأحول لا يمكن إرجاع تاريخ التوقف عن الدفع إلى أكثر من ثمانية عشر شهرا قبل الحكم بشهر الإفلاس».

[٤] المادة ٣٣٦ من قانون التجارة الأردني.

[٥] المادة ٣٢٧ من قانون التجارة الأردني.

[١] المادة ٣٢٥/١،٢ من قانون التجارة الأردني.

[٢] المادة ٣٢٩ من قانون التجارة الأردني.

التـي تـلي هـذا التوقـف أن يتقـدم إلى المحكمـة البدائيـة التـي تقـع في المنطقـة الواقـع بهـا مركـزه الرئيسيـ ويطلـب إليهـا دعـوة دائنيـه ليعـرض عليهـم صلحـا واقيـا مـن الإفلاس[٣].

ومـن شروط هـذا الصلـح الواقـي مـن الإفلاس، تقـديم الـدفاتر التجاريـة الإجباريـة المنظمـة قبـل ثلاث سـنوات علـى الأقـل، أو منـذ احترافـه للتجارة إذا كانـت أقـل مـن ثـلاث سـنوات، وأن يبـين الأسـباب الموجبـة لـذلك، والضمانـات العينيـة والشخصيـة، والنسـب التـي ينـوي توزيعهـا علـى الـدائنين، ويجـب أن لا تقـل عـن (٣٠%) إذا كانـت فـترة السـداد خـلال سـنة، وأن لا تقـل عـن (٥٠%) إذا كانـت فـترة السـداد خـلال سـنة ونصـف، وأن لا تقـل عـن (٧٥%) إذا كانـت فـترة السـداد علـى ثـلاث سـنوات[٤]، وأن يقـدم وثيقـة تثبـت قيـده في سـجل التجـارة وبيانـا مفصلا لأعمالـه وبيان بأسـماء دائنيـه ومقدار دين كل منهم ومحل إقامته.

الصلح البسيط:

ويكـون الصلـح البسـيط بعـد صـدور حكـم بشـهر إفلاس التاجـر المديـن، وخلال مـدة ثلاثـة أيـام مـن صـدوره، يطلبـه المديـن لتجنـب آثـار الإفلاس حيـث يعقـد صلحـا مـع دائنيـه ((الصلـح البسيط))[١].

---

[٣] المادة ٢٩٠ من قانون التجارة الأردني.

[٤] عالجت المواد من ٢٩٠-٣١٥ من قانون التجارة الأردني، جميع الأمور وكافة الشروط والإجراءات المتعلقة بطلب الصلح الواقي من الإفلاس.

[١] المادة ٣٨٣ من قانون التجارة الأردني.

ويتم هذا الصلح بعقد يصوت عليه دائنون يؤلفون الأكثرية ويملكون ثلثي الديون المثبتة في المحكمة أو المقبولة مؤقتا[2]، وبعد ذلك تصادق المحكمة على هـذا الصلح وتزول بإجراء هذا الصلح كافة آثار شهر الإفلاس ما عدا الآثار السياسية[3].

أما إذا لم يتم الصلح فيشكل الدائنون ما يسمى ((كتلـة اتحـاد الـدائنون[4]))، وتسـتمر إجراءات التفليسة، وتباع أموال المفلس وتوزع على الدائنين. وتنتهـي آثار الإفلاس مـا عـدا السياسية التي تعود إليه بعد إعادة اعتباره.

إعادة اعتبار المدين المفلس:

وتعني إعادة الاعتبار هي عـودة المدين المفلـس لوضعه الطبيعـي وممارسـة حقوقـه السياسية وإدارة أمواله والتصرف بها.

ويتم إعادة الاعتبار للمدين المفلس بحكم القانون وذلك بعد مرور (١٠) عشرـ سـنوات على إعلان الإفلاس إذا لم يكن مقصرا أو محتالا، ولا يؤثر ذلك على حقوق دائني المفلس إذا لم تسدد ديونهم كاملة[5]، ويتم إعادة الاعتبار في هـذه الحالـة دون إجـراء أيـة معاملـة أي بقوة القانون.

أما إذا أوفى المدين المفلس جميع ديونه أو الديون المتبقية بعقد الصلح مع الـدائنين، بالإضافة للفوائد والنفقات بشرط أن لا تزيد عن مدة (٥) خمس سنوات مدة مطالبته بهذه الفوائد فيستعيد جميع حقوقه وأمواله، ويكون إعادة الاعتبار في هـذه الحالة وجوبا أي إلزاميا ويكون بناء على حكم قضائي من المحكمة[1].

[2] المادة ٣٨٦ من قانون التجارة الأردني.
[3] المادة ٣٩٦ من قانون التجارة الأردني.
[4] المادة ٤٠٩ من قانون التجارة الأردني.
[5] المادة ٤٦٦ من قانون التجارة الأردني.
[1] المادة ٤٦٧ من قانون التجارة الأردني.

ويجوز للمحكمة إعادة الاعتبار للمدين المفلس (إعادة اعتبار جوازي) إذا ثبت أمانته، وكان قد أوفى تماما الأقساط التي وعد بها عند عقد الصلح، أو إذا أبرأ الدائنون ذمة المفلس من ديونهم، أو إذا وافق الدائنون بالإجماع على إعادة اعتباره[٢]، وقد نصت المادة ٤٦٩ من قانون التجارة الأردني على أنه: ((يتم رفع طلب إعادة الاعتبار إلى النائب العام في منطقة المحكمة التي أصدرت الحكم:

١- بالإفلاس وتضم إليه أسناد الإيصال والأوراق المثبتة.

٢- يحيل النائب العام جميع الأوراق للمحكمة التي أعلنت الإفلاس، ويكلفها التحقيق عن صحة الوقائع المعروضة)).

---

[٢] المادة ٤٦٨ من قانون التجارة الأردني.

الفصل الرابع
المتجر

يحتاج التاجر غالبا إلى أداة لمباشرة نشاطه التجاري تتوافق مـع طبيعـة وحجـم أعمالـه
التجارية هذه الأداة تسمى بالمتجر، وتقتضي دراسة المتجر تنـاول تعريفـه وعناصره وبيعـه
والحماية القانونية له وذلك من خلال المباحث التالية:

المبحث الأول: التعريف بالمتجر

يمكن تعريف المتجر بأنه: ((مجموعة من الأموال المنقولة تتضمن حتما أموال منقولة
معنويـة مثـل الاتصـال بـالعملاء، والعنـوان التجـاري، وحـق الإيجـار، والعلامـات التجاريـة
وبراءات الاختراع والترخيص والرسوم والنماذج، كمـا قـد تضـم أمـوالا منقولـة عاديـة مثـل
البضائع والأثاث والآلات الصناعية))، وهذه العناصر المعنوية والمادية نصـت عليهـا الفقـرة
الثانية من المادة ٣٨ من قانون التجارة الأردني، وعلى ذلك فالمكان الـذي يبـاشر فيـه التاجر
تجارته والذي يطلق عليه ((حق الإيجار)) هو أحد عناصر المتجر المعنوية، لـه قيمـة ماليـة
مستقلة عن قيمة المتجر، وتختلف هذه القيمة بحسب نوع النشـاط الـذي يمارسـه التاجـر
وموقع هذا المكان[1].

لم يعالج مشرعنا الأردني بقانون التجارة كافة المشكلات التالي تثور بشـأن المتجر، حيـث
أن كل ما أورده مشرعنا بشأن المتجر المادتان كان ٣٨ و٣٩ فالمادة ٣٨ حددت العنـاصر التـي
قد يشتمل عليها المتجر، والمادة ٣٩ تحيل بشأن حقوق مستثمر المتجر المتعلقة بعناصره إلى
القوانين الخاصة بهذه العناصر والمبادئ القانونية العامة التي تحكم هذه العناصر.

---

[1] د. عزيز العكيلي، مرجع سابق، ص٢١٧.

المبحث الثاني: عناصر المتجر

يضم المتجر عناصر متعددة منها عناصر مادية تتمثل في العدد الصناعية والأثاث التجاري والبضائع، ومنها عناصر معنوية وتتمثل بالزبائن والاسم والشعار وحق الإيجار والعلامات الفارقة والبراءات والإجازات والرسوم والنماذج.

وجدير بالذكر أنه لا يلزم توافر كافة هذه العناصر في كل متجر لأن هذا التعداد جاء على سبيل المثال وليس على سبيل الحصر، فقد يوجد المتجر دون وجود بعض العناصر المادية كالبضائع والعدد الصناعية كمتاجر الوكلاء بالعمولة والسماسرة، أو دون وجود بعض العناصر المعنوية كبراءة الاختراع والرسوم والنماذج والعلامات التجارية، كالمطاعم والمقاهي والمخازن العامة وسوف نبحث عناصر المتجر المادية والمعنوية على النحو التالي:

المطلب الأول: العناصر المادية

١- العدد الصناعية:

ويقصد بها كافة المنقولات المخصصة للاستغلال التجاري كالآلات والمعدات التي تستخدم في صنع المنتجات وتصليحها وسيارات النقل المخصصة لخدمة المتجر وهذه الأشياء غير معدة للبيع.

٢- البضائع:

ويقصد بها المنقولات المعدة للبيع، سواء أكانت سلعا كاملة الصنع أو سلعا نصف مصنعة أو مواد أولية، ويشترط لاعتبار هذه المنقولات من البضائع أن تكون مملوكة للتاجر الذي يستغل المتجر.

ومن الملاحظ أن التمييز بين العدد الصناعية والبضائع قد يدق في بعض الأحيان فقد تكون نفس الأشياء من البضائع بالنسبة لمتجر ومن العدد الصناعية بالنسبة لمتجر لآخر، فالسيارات تكون من العدد الصناعية إذا كانت مخصصة لخدمة المتجر كما لو

كانت مخصصة لعمال ومنتجات المتجر، وتكون من البضائع إذا كانت معروضة للبيع في متجر آخر، فالعبرة دائماً بالغرض الذي يخصص له الشيء. فكل ما هو معد للبيع بضائع وكل ما يستخدم في تسهيل مهمة التاجر ومساعدته في ممارسة نشاطه التجاري عد من العدد الصناعية.

٣- الأثاث التجاري:

ويقصد به جميع المنقولات المخصصة لخدمة المتجر ويشمل تجهيز المتجر كالمكاتب والكراسي والخزائن والمفروشات وستائر وآلات التكييف والطباعة والاستنساخ وأجهزة الفاكس والتلكس والتلفونات.

المطلب الثاني: العناصر المعنوية

١- الزبائن:

الزبائن هم الأشخاص الذين اعتادوا التعامل مع المتجر لشراء منتجاته التي يعرضها أو تلقي خدماته التي يقدمها، ويقصد بالزبائن كذلك القيمة المالية للعلاقات القائمة بين المتجر وبين الأشخاص الطالبين من المستثمر سلعاً أو خدمات.

ويزداد عملاء محل تجاري ما ويرتفع بالتالي قيمة حق الاتصال بهم كلما زادت ثقتهم بأمانة ومقدرة شخص التجار وبجودة منتجاته، وينحسر عددهم كلما تدنت هذه الثقة أو تدنت جودة منتجاته [1].

٢- الاسم التجاري:

عرف ديوان تفسير القوانين في قراره رقم (١٠) لسنة ١٩٧٠ الاسم التجاري بأنه: ((الاسم الذي لا يشتمل على الاسم الحقيقي أو اللقب الحقيقي للفرد، مثال ذلك أن يطلق التاجر على متجره اسم الليث الأبيض أو السهل الأخضر)).

---

[1] د. محمد إسماعيل، مرجع سابق، ص١٨٤.

وبذلك يكون ديوان تفسير القوانين قد أنهى ما إذا كان الاسم التجاري هو نفسه العنوان التجاري، حيث عرف العنوان التجاري بأنه: ((العنوان الذي يتألف من الاسم الحقيقي أو اللقب الحقيقي للتاجر مع أي إضافة لا تحمل الغير على فهم خاطئ فيما يتعلق بهوية التاجر))، مثل أن يطلق التاجر على متجره ((محلات محمد فارس)) أو ((محلات محمد فارس لتجارة الأقمشة)).

هذا بالإضافة إلى أن الاسم التجاري يخضع للأحكام قانون تسجيل الأسماء التجارية بينما ينضم أحكام العنوان التجاري قانون التجارة والأنظمة الصادرة بموجبة.

ويترتب على التمييز بين الاسم والعنوان التجاري نتائج عديدة أهمها:

أ- على كل تاجر أن يجري معاملاته ويوقع أوراقه المتعلقة بالتجارة بعنوانه التجاري وأن يكتب عنوانه في داخل متجره المادة ٤٠ من قانون التجارة الأردني، بينما لا يلزم التاجر باتخاذ اسم لمتجره.

ب- لا يجوز فصل العنوان التجاري عن المتجر والتفرغ عنه مستقلا عن المتجر، وعلى الشخص الذي تملك عنوانا تجاريا أن يضيف إليه ما يدل على استخلافه، بينما يستطيع التاجر أن يتصرف بالاسم التجاري بشكل مستقلا عن المتجر.

جـ- يحمي المشرع حق التاجر في عنوانه التجاري ولو لم يكن مسجلا في سجل التجارة، أما الاسم التجاري فإن صاحبة لا يكتسب الحق فيه، وبالتالي لا يتمتع بالحماية القانونية، إلّا إذا كان مسجلا في سجل الأسماء التجارية [1].

وعاقبت المادة ٤٧ من قانون التجارة الأردني كل من استعمل عنوانا تجاريا للغير بدون حق بالحبس مدة لا تقل عن ثلاث أشهر ولا تتجاوز السنة أو بغرامة لا تقل عن خمسين دينارا ولا تتجاوز مائتي دينار هذا بالإضافة إلى منع استعمال ذلك العنوان أو شطبه إن كان مسجلا وطلب التعويض عن

---

[1] د. أحمد زيادات ود. إبراهيم العموش، مرجع سابق، ص١٠٤.

الضرر الذي ترتب على ذلك المادة ٤٩ من قانون التجارة الأردني. أما إذا حصل الاعتداء في الاسم التجاري المسجل كان لصاحبه مواجهة المعتدي لوقف الاعتداء وتعويض الضرر الذي لحق به من جراء ذلك.

٣- الشعار:

الشعار هو رسم أو إشارة أو صورة يستخدمه التاجر لتمييز متجره عن غيره، وقد يكون الشعار تسميه مبتكرة تتكون من الاسم التجاري أو الأحرف الأولى من الاسم التجاري بالإضافة إلى رسم مميز، وينشأ حق التاجر على الشعار إذا كان هو السابق في استعماله، لأن ملكية الشعار إنما تكتسب بالاستعمال.

٤- حق الإيجار:

إن الحق في الإيجار يعد من عناصر المتجر إذا كان التاجر مستأجرا للعقار الذي يزاول فيه نشاطه، ويعتبر الحق في الإيجار من العناصر الهامة في المتجر في ظل القوانين التي تجيز للمستأجر أن يتنازل عن حق الإيجار دون موافقة المالك الخطية، وإن النصوص القانونية في الأردن لا تسمح بذلك على الرغم من أن المادة ٣٨ من قانون التجارة الأردني تعده من عناصره المعنوية.

٥- العلامات الفارقة (العلامات التجارية):

ينظم استغلال العلامات التجارية وحمايتها قانون العلامات التجارية رقم (٣٣) لسنة ١٩٥٢ وقد عرفت المادة الثانية منه العلامة التجارية بأنها: ((أية علامة استعملت أو كان في النية استعمالها على أية بضائع أو فيما له تعلق بها للدلالة على أن تلك البضائع تخص صاحب العلامة بحكم صنعها أو انتخابها أو الشهادة أو الاتجار بها أو عرضها للبيع))، وقد تضمن هذا القانون كذلك بعض الجزاءات على تقليد العلامات التجارية وتزويرها.

ويشترط في العلامة التجارية التي تتمتع بالحماية القانونية أن تكون مسجلة، وأن لا تخالف النظام العام والآداب وأن لا تكون مشابهة للشارات الملكية العلم الوطني أو أي علم رسمي، وأن لا تتطابق علامة تخص شخص آخر سبق تسجيلها لنفس البضائع.

٦- براءة الاختراع:

عرفت المادة ٤ من قانون امتيازات الاختراعات والرسوم رقم (٢٢) لسنة ١٩٥٣ براءة الاختراع بأنها: ((الشهادة التي تمنحها السلطة المختصة للمخترع الحقيقي الأول لأي اختراع جديد تخوله الحق المطلق في استعماله واستثماره وتشغيله وصنعه وإنتاجه وتجهيزه وبيعه أو منح رخص للغير بذلك)).

٧- الرسوم والنماذج الصناعية:

الرسوم الصناعية هي الخطوط التي تكسب السلعة طابعا مميزا مثل النقش على المنسوجات والرسم على الأواني الفخارية أو الزجاج أو الرسم بالشمع. أما النماذج الصناعية فهي شكل السلعة أو هيكلها الخارجي الذي يميزها عن غيرها من السلع الشبيهة مثل هياكل السيارات أو شكل زجاجات الروائح العطرية.

على أن الرسوم والنماذج لا تكون محلا للحماية القانونية إلا إذا كانت مسجلة وفقا لأحكام القانون وأن تكون جديدة مبتكرة وأن تتميز بالجدة والأصالة، وتسهم في جذب العملاء.

٨- حقوق الملكية الأدبية والفنية:

تعتبر هذه الحقوق جوهريا لمشروعات الطبع والنشر.

٩- الإجازات:

يفرض القانون أحيانا الحصول على ترخيص بمزاولة وجه من أوجه الاستغلال التجاري، وتعتبر الرخص والإجازات من عناصر المتجر، لكن إذا كانت لها صبغة

شخصية بأن روعي في منحها صفات معينـة في شـخص المـرخص لـه فـلا يجوز انتقالهـا إلى مشتري المتجر ضمن عناصر المتجر.

المبحث الثالث: بيع المتجر

تنتقل ملكية المتجر من البائع إلى المشتري بمجرد ارتباط الإيجـاب بـالقبول، فعقـد بيـع المتجر يعتبر من العقود الرضائية والتجارية وبالتالي لا يشترط فيه الكتابة ويخضع لقاعدة حرية الإثبات، وإن وجد العقد مكتوبا فهـو لغايات القيد في سجل التجارة وحتى يكون حجة في مواجهة الغير وهو ما يتطلبه الواقع العملي.

والمتجر هو موضوع عقد البيع ويخضع للأحكام العامة كما وردت في القـانون المـدني، ولأن المتجر يتكون من عناصر مادية ومعنوية، فيجوز أن يرد البيع على جميع العناصر التي يملك صاحب المتجر التنازل عن حقه فيها بموجب القوانين الخاصة بكل عنصرـ مـن هـذه العناصر.

ويجوز استثناء بعض العناصر الغير جوهرية من بيع المتجـر، بحيـث لا يجوز استثناء العناصر الرئيسة والجوهرية من بيع المتجر وأهمها العنصر الذي يـؤدي إلى اكتسـاب عنصرـ الزبائن أو الاحتفاظ بهم.

على أن المتعاقدين يتوليان تحديد العناصر المبيعة، وإذا أغفلا ذلك فإن العقد يشـمل جميع العناصر التي يجوز التنازل عن الحق فيها باستثناء العنوان التجاري.

وإذا تم البيع فإن ملكية المتجر تنتقل كوحدة من البائع إلى المشتري بمجرد إبرام العقـد ويجب على البائع أن يتخذ الإجراءات اللازمة للتنازل عن حقه للمشتري في عنـاصر المتجر واتباع الإجراءات المنصوص عليها في القوانين الخاصة بكل عنصر من هذه العناصر.

أما عن بيع المتجر مع العنوان التجاري، فإن المشتري يصبح مسؤولا عن التزامات المتجر قبل البيع إلاّ إذا تضمنت العقود ما يخالف ذلك أيضا لا يسري ذلك على الغير إلاّ إذا سجل في سجل التجارة أو أخبر ذو العلاقة به رسميا.

وبالمقابل فإن البائع يكون مسؤولا عن التزامات المتجر بعد البيع إلاّ إذا أضاف للعنوان التجاري ما يدل على استخلافه ويشترط لمسؤولية البائع كذلك أن لا يستطيع دائنو المشتري تحصيل حقوقهم من الأخير.

أما إذا كان البيع للمتجر بدون العنوان فإن المشتري لا يسأل عن التزامات المتجر السابقة على عقد البيع، ولا يسأل البائع كذلك عن التزامات المتجر اللاحقة على عقد البيع.

المبحث الرابع: حماية المتجر من المنافسة غير المشروعة

في ظل سيادة مبدأ حرية التجارة وقيام المنافسة بين المشروعات يستطيع التاجر اللجوء إلى أسلوب التأثير على الجمهور لاجتذاب العملاء إلى متجره ولو أدى ذلك إلى منافسة غيره من التجار وما دام أن ذلك قد تم وفقا لأحكام القانون والعرف والعادات التجارية ولا شك أن هذه الأعمال تعد مشروعة، ولكن إذا تجاوز المنافس تلك الحدود باللجوء إلى استخدام الأساليب المخالفة للقانون أو للأمانة أو التي لا تقرها الأعراف التجارية أصبحت أعماله أعمال منافسة غير مشروعة. لذا فإن دعوى المنافسة غير المشروعة هي وسيلة التاجر لحماية عناصر متجره التي تسهم في مجموعها في تكوين عنصر العملاء والاحتفاظ بهم.

ولا بد لنا من بيان الأساس القانوني الذي تستند إليه هذه الدعوى وشروطها ثم جزاءات المنافسة غير المشروعة وذلك في المطلبين التاليين:

المطلب الأول: أساس دعوى المنافسة غير المشروعة وشروطها:

تستند دعوى المنافسة غير المشروعة إلى المسؤولية عن الفعل الضار المبينة أحكامها في القانون المدني. كما هو الشأن في إذاعة التاجر ادعاءات مخالفة للحقيقة في مزاولة تجارته تؤدي إلى نزع الثقة من منشأة أحد المنافسين أو منتجاته أو تؤدي إلى تضليل الجمهور بالنسبة لطبيعة السلع أو طريقة تصنيعها أو خصائصها. هذا وقد تستند دعوى المنافسة إلى المسؤولية العقدية مثل اتفاق رب العمل مع العامل على عدم منافسة الأخير للأول بعد انتهاء عقد العمل. أو مخالفة اتفاق التوزيع الحصري.

ويشترط لقيام مسؤولية التاجر الذي ينافس غيره من التجار أن يلجأ إلى فعل منافسة غير مشروعة وأن يلحق هذا الفعل ضررا بالتجار الآخرين وأن تقوم العلاقة السببية بين هذا الفعل والضرر.

المطلب الثاني: جزاءات المنافسة غير المشروعة

متى ثبت للمحكمة توافر عناصر المسؤولية من فعل وضرر وعلاقة سببية بين الفعل والضرر تعين عليها الحكم بالتعويض المناسب للمتضرر وللمحكمة أن تأمر بإزالة المخالفة.

وللمحكمة إيقاع الجزاء إذا شكلت المنافسة جرما جزائيا مثل عمل المضاربة بالغش[1]، وهناك عقوبات مقررة على بعض جرائم التعدي على العلامات التجارية وعلى استخدام العنوان دون وجه حق.

---

[1] المادة ٤٣٥ من قانون العقوبات الأردني.

الفصل الخامس
العقود التجارية

تمهيد وتقسيم:

العقود التجارية هي العقود التي يكون محلها القيام بعمل تجاري أو التي يبرمها تاجر لحاجة تجارته وهي تخضع لأحكام قانون التجارة بالمواد ٥١-١٢٢، كما أحال المشرـع الأردني فيما لم يرد بشأنه نص في قانون التجارة إلى أحكام القانون المدني التي تكون متفقة مع المبادئ المختصة بالقانون التجاري[1]، وعليه فإننا سنبحث العقود التجارية التي نضمها المشرع الأردني في قانون التجارة ونخصص لكل عقد منها مبحثا مستقلا كما يلي:

المبحث الأول: الرهن التجاري

الرهن حق عيني تبعي تقرر لمصلحة الدائن الذي يعرف بالمرتهن ويقرره شخص على مال له ضمانا لدين في ذمته ويسمى حينئذ راهنا أو ذمة غيره ويُعرف في هذه الحالة كفيلا عينيا، ويتم ترتيب الرهن كضمان إضافي إلى جانب الضمان العام المقرر للدائن على ذمة مدينه لاتقاء مخاطر إعسار الأخير أو إفلاسه ومزاحمة دائنيه. فإذا وقع الرهن على عقار كان رهنا تأمينيا، وهناك نوع آخر للرهن هو الرهن الحيازي الذي يرد على العقار والمنقول لكنه يتطلب انتقال حيازة الشيء المرهون من المدين إلى الدائن أو إلى شخص آخر (يد عدل) يتفقان عليه، وسوف نبحث الرهن التجاري في عدة مطالب كما يلي:

---

[1] المادة ٢ من قانون التجارة الأردني.

المطلب الأول: تعريف الرهن التجاري

نصت المادة ٦٠ على أن: ((الرهن التجاري الخاضع للقواعد المحددة فيما يلي يؤمن بموجبه الدين التجاري)) فالعبرة في تجارية الرهن بصفة الدين المضمون بالرهن بالنسبة إلى المدين لا بالنسبة للدائن.

وعلى ذلك إذا اقترض موظف مبلغا نقديا من البنك رهن لديه سيارته وكان الغرض من القرض شراء أثاث لمنزله، فإن الرهن يعد رهنا مدينا ولو كان الذين يعد عملا تجاريا بالنسبة للبنك الدائن، أما إذا كان الغرض من القرض الذي حصل عليه الموظف شراء أسهم إحدى الشركات المساهمة العامة بقصد إعادة بيعها لتحقيق ربح من العملية، فإن الرهن الذي يقرره على سيارته لصالح البنك يعد رهنا تجاريا لأنه تقرر ضمانا لدين يعد تجاريا بالنسبة للمدين الراهن ولو لم يكن تاجرا[1].

المطلب الثاني: إنشاء الرهن التجاري

يتضح من نص المادة ١/٦٢ من قانون التجارة الأردني أنه يجب لانعقاد الرهن التجاري، تسليم المال المرهون إلى الدائن المرتهن، أي انتقال حيازة المال المرهون من المدين الراهن إلى الدائن المرتهن أو إلى شخص ثالث متفق عليه يحوزه لحساب الدائن، وتختلف كيفية الانتقال بحسب ما إذا كان المرهون منقولا ماديا أم أسناد مالية أو ديونا عادية.

أولا: المنقول المادي

تنتقل حيازة المنقول المادي بتسليمه إلى الدائن المرتهن أو العدل المتفق عليه، والتسليم قد يكون فعليا أو رمزيا. فالتسليم الفعلي تنتقل فيه حيازة المال المرهون ماديا من المدين الراهن إلى الدائن المرتهن أو شخص يعينه الطرفان (العدل)، وحبسه لديه لحين الوفاء بالدين المضمون.

---

[1] د. عزيز العكيلي، مرجع سابق، ص٢٦٦.

ويتحقق التسليم الرمزي بتسليم مفاتيح المحل المشتمل على البضائع والأشياء المرهونة مقفلا بشرط أن يكون المحل غير حامل للوحة باسم المدين أو أن يسلم سند مقابل تلك الأشياء منطبق على العرف التجاري.

ويستثنى من ذلك رهن بعض المنقولات المادية ذات الطبيعة الخاصة التي لا يشترط فيها انتقال الحيازة إلى الدائن المرتهن مثل رهن السفن الذي يجب أن يكون مكتوبا وأن يسجل في سجل السفينة حتى يعتبر حجة في مواجهة الغير ورهن السيارات الذي يتم في سجل المركبة في دائرة الترخيص.

ثانيا: الأسناد والديون العادية

وهي منقولات معنوية تمثل حقوقا للراهن لدى الغير وهذه الحقوق قد تكون حقوقا ثابتة في سندات عادية أو أوراق مالية أو في أوراق تجارية أو حقوقا عدية وقد فرق المشرع في المادة ٦١ من قانون التجارة الأردني بين رهن هذه الأسناد.

فبالنسبة للسندات الاسمية فتكون محلا لعقد الرهن بإجراء معاملة انتقال الحق الثابت فيها على سبيل التأمين تسجل في سجلات المحل الذي أصدر السند وعلى السند نفسه.

أما السند لأمر فيجري الرهن عليه بتظهير تدرج فيه عبارة (القيمة وضعت تأمينا) أو عبارة أخرى بالمعنى نفسه.

وأما الديون العادية المترتبة لشخص معين فيجري الرهن عليها في كل الأحوال بسند مكتوب ذي تاريخ ثابت يبلغ للمدين الذي أقيم الرهن على دينه.

المطلب الثالث: استبدال الأشياء المرهونة

للمدين الراهن أن يستبدل الأشياء المرهونة بمال من النوع ذاته دون أن يؤثر ذلك على انقضاء الرهن وقد عالج المشرع ذلك في المادة ٦٤ من قانون التجارة الأردني والتي تفرق بين فرضيتين هما:

١- إذا كان الرهن واردا على أموال أو أسناد مثلية، فيحق للمدين استبدال الأشياء المرهونة بمال آخر من النوع ذاته وهذا الحق غير مقيد برضى الدائن أو بوجود شرط في عقد الرهن.

٢- إذا كان الرهن واردا على أموال غير مثلية (القيمية)، فيجوز للمدين أن يستردها ويستبدلها بغيرها برضا الدائن على شرط أن يكون عقد الرهن قد نص على هذا الحق.

المطلب الرابع: إثبات الرهن التجاري

يجوز إثبات عقد الرهن التجاري بكافة طرق الإثبات واستثنى المشرع من هذه القاعدة إثبات رهن الديون العادية والحقوق الثابتة في السندات الاسمية والسندات لأمر ورهن السفن والمركبات حيث يشترط الدليل الكتابي لإثباتها[1].

المطلب الخامس: التنفيذ على المال المرهون

يجوز للدائن المرتهن إذا لم يقم المدين بوفاء الدين المضمون في تاريخ الاستحقاق إما إقامة الدعوى على المدين الراهن للمطالبة بدينة وبعد أن يحصل على حكم بذلك يطلب من دائرة الإجراء اتخاذ إجراءات تنفيذه أو أن يطلب التنفيذ المباشر عن طريق دائرة الإجراء لتحصيل دينه عملا بالمادة ٢/أ من قانون ذيل الإجراء رقم (٢٥) لسنة ١٩٦٥.

---

[1] المادة ٦١/١ من قانون التجارة الأردني.

المطلب السادس: انقضاء الرهن التجاري

ينقضي الرهن وفقا للقواعد العامة في الحالات التالية:

١- انقضاء الدين المضمون بالرهن.

٢- تنازل الدائن المرتهن عن حقه في الرهن صراحة أو دلالة.

٣- إذا تملك الدائن المرتهن المال المرهون كما لو قام بشرائه من المدين الراهن قبـل تـاريخ استحقاق الدين المضمون بالرهن، أو تملكه عن طريق الإرث.

٤- هلاك المال المرهون هلاكا كليا بسبب خطأ المرتهن أو تقصيره.

٥- انقضاء الحق المرهون.

المبحث الثاني: عقد النقل

دراستنا لعقد النقل تقتصر على النقل البري الذي وردت أحكامـه في المـواد ٦٨-٧٩ مـن قانون التجارة الأردني وسوف نبحـث ذلـك في عـدة مطالـب نتنـاول في الأول مـنهم تعريـف النقل وبيان خصائصه والثاني لعقد نقل الأشياء (البضائع) والثالث لعقد نقل الأشخاص وكـما يلي:

المطلب الأول: تعريف عقد النقل وخصائصه

يعرف عقد النقل بأنه: ((اتفاق يلتزم بمقتضاه الناقل مقابل أجـر بـأن يقـوم بوسـائطه الخاصة بنقل شيء أو شخص إلى مكان معين))[1].

ويمتاز عقد النقل بالخصائص التالية:

---

[1] د. عزيز العكيلي، مرجع سابق، ص٢٩٥.

١- عقد النقل من العقود الرضائية: يكفي لانعقاد عقد النقل مجرد تبادل الإيجاب والقبول بين الناقل والمرسل أو الناقل والراكب أي أنه لا يشترط لانعقاده شكلا معينا كالكتابة والتسجيل ولا يشترط فيه كذلك التسليم.

٢- عقد النقل من العقود الملزمة للجانبين: عقد النقل يرتب التزامات متقابلة في ذمة طرفيه، فيلتزم الناقل بنقل الشيء أو الشخص من مكان إلى آخر، في مقابل التزام المرسل أو المسافر بدفع الأجرة المتفق عليها. وأن لكل من المتعاقدين أن يمتنع عن تنفيذ التزامه حتى يقوم المتعاقد الآخر بتنفيذ ما تعهد به.

٣- عقد النقل من عقود المعاوضة: أي أن يتلقى الناقل عوضا مقابل نقله للشيء أو الشخص من مكان لآخر، وبغير هذا العوض لا نكون أمام عقد نقل يخضع لأحكام قانون التجارة.

٤- عقد النقل من العقود التجارية: يعتبر عقد النقل عملا تجاريا بطبيعته بالنسبة للناقل طبقا لأحكام المادة ٦ من قانون التجارة الأردني أما بالنسبة للطرف الآخر في عقد النقل وهو المرسل أو المسافر فالأصل أن النقل يعتبر مدنيا بالنسبة له إلا إذا كان تاجرا وتم النقل لحاجات تجارته تجارية فيعتبر النقل بالنسبة له تجاريا بالتبعية.

المطلب الثاني: عقد نقل الأشياء (البضائع)

سوف ندرس عقد نقل الأشياء (البضائع) في فروع ستة، نبدأها بتعريف العقد وتحديد أطرافه، ثم التزامات المرسل، فالتزامات الناقل، فأثر العقد بالنسبة للمرسل إليه، فمسؤولية الناقل، وأخيرا دعوى المسؤولية.

الفرع الأول: تعريف العقد وتحديد أطرافه

عقد نقل الأشياء عقد يلتزم الناقل بمقتضاه بنقل شيء من مكان إلى آخر لقاء أجر، فعقد النقل ينعقد بين طرفين هما الناقل والمرسل، غير أنه يظهر في

تنفيذ العقد شخص ثالث يسمى المرسل إليه وعلى ذلك فإن أشخاص العقد يكونوا ثلاثة هم:

١- الناقل: وهو الشخص الـذي يلتـزم بنقل الشيء إلى مكـان معـين لقـاء أجـر، سـواء أكـان شخصا طبيعيـا أو معنويـا ويسـمى الناقـل ملتـزم النقل، إذا كـان محـترف لأعمال النقل(١).

٢- المرسل: المرسل أو الشاحن كما يسمى أحيانا هو الطرف الثاني في عقد النقل الـذي يتفق مع الناقل على عناصره وشروطه.

٣- المرسل إليه: وهو الشخص الذي ترسل إليه البضاعة، وغالبا ما يكون المرسل إليه والمرسل شخصا واحدا، كما لو اشترى تاجر بضاعة وتعاقد مـع الناقل تسليمها إليه في محله التجاري، وقد يكون شخصا آخر غير المرسل مثال ذلك التزام بائع البضاعة (المصدر للبضاعة) بموجب عقد البيع بإبرام العقد اللازم لنقلها إلى مكان عمل المشـتري (المستورد للبضاعة).

الفرع الثاني: التزامات المرسل

التزامات المرسل في عقد نقل الأشياء تتحدد في الالتزامات التالية:

١- تسليم البضاعة:

التسليم هنا لا يعتبر شرطا لانعقاد عقد النقل وإنما هو التزام على عـاتق المرسل إلاّ إذا أتفق الفريقان صراحة أو ضمنا على تأخير إبرام العقد إلى ما بعد التسليم(١) المـادة ٧٠ مـن قانون التجارة الأردني. ويلتزم المرسل بتسليم البضاعة للناقل في الوقت والمكان المتفق عليه بينهما، وأن تكون البضاعة مطابقة لما تم الاتفاق عليه بينهما من

---

(١) المادة ٦٩ من قانون التجارة الأردني.
(١) المادة ٧٠ من قانون التجارة الأردني.

حيث النوع والكمية والوزن والعدد، وعلى المرسل أن يغلف البضاعة ويحزمها ويضعها في طرود بالمقاييس التي تم الاتفاق عليها وإلّا كان للناقل رفضها.

٢- تعيين عنوان المرسل إليه ومكان ومهلة التسليم:

يلتزم المرسل بتزويد الناقل بالمعلومات الخاصة بعنوان المرسل إليه ومكان ومهلة التسليم والطريق التي يسلكها الناقل وإلّا كان للناقل أن يسلك الطريق المعتاد دون أن يترتب عليه أي مسؤولية عن الأضرار التي تلحق بالمرسل أو المرسل إليه.

٣- تسليم المستندات الضرورية للنقل:

هذا يتم في حالة النقل الدولي، فحتى يستطيع الناقل نقل البضاعة من دولة إلى أخرى يجب أن يبرز إلى السلطات المختصة الوثائق الخاصة بالتصدير والوثائق الجمركية والوثائق الخاصة بمنشأ البضاعة.

٤- دفع أجرة النقل:

إن الملتزم بدفع الأجرة هو المرسل إذا اشترط ذلك عند الشحن، أو المرسل إليه إذا كانت الأجرة واجبة الدفع عن وصول البضاعة والتي يتم تحديدها بالاتفاق بين المرسل والناقل أو بحسب العرف التجاري.

ووفقا لنص المادة ٢٤٧ من القانون المدني الأردني فإن الالتزام بدفع الأجرة ينقضي۔ إذا طرأت قوة قاهرة جعلت تنفيذ الالتزام مستحيلا فإذا كانت الاستحالة جزئية انقضى۔ ما يقابل الجزء المستحيل.

ويتمتع الناقل بعدة ضمانات لاقتضاء مبلغ الأجرة، وفي مقدمتها عدم تنفيذ التزامه بالنقل إذا كانت الأجرة مستحقة عند تسليم البضاعة للناقل، وللناقل أن يمارس على البضاعة حق الحبس حتى

يتلقــى ديــن الأجــرة والمصـروفات ســواء مــن المرسـل أو المرسـل إليــه أو مــن ثمنهـا بعـد بيعهـا بـإذن المحكمـة، وللناقـل أيضـا امتيـاز علـى الأشـياء المنقولـة لاستيفاء بدل النقل وتفرعاته [1].

الفرع الثالث: التزامات الناقل

التزامات الناقل في عقد نقل الأشياء تتحدد في الالتزامات التالية:

١- استلام البضاعة:

على الناقل استلام البضاعة التي تعهد بنقلها، والقيام بكل ما من شأنه المحافظة عليها مثل رفعها عن الأرض ووضعها على ظهر واسطة النقل وترتيبها بشكل يحول دون تصادمها معا أو تساقطها أو تلفها.

٢- الالتزام بنقل البضاعة والمحافظة عليها:

والمقصود هنا توصيل البضاعة إلى المكان المتفق عليه في الميعاد المحدد، والناقل ملزم باتباع الطريق المتفق عليها، فإذا لم يتفق على طريق معين وجب اتباع أقصر- الطرق أو الطريق المعتاد. وعلى الناقل كذلك المحافظة على البضاعة بحيث يلتزم بتوصيلها سليمة خالية من التلف.

٣- تسليم البضاعة إلى المرسل إليه:

يتعين على الناقل تفريغ البضاعة أي إنزالها عـن واسطة النقل وإخراجها مـن حيازته المادية وإعلام المرسل إليه حالا بوصول البضاعة ليتم تسليمها إليه وإذا تخلف عن ذلك كان للناقل إعذار المرسل إليه وتحديد مهلة لتسلم البضاعة.

---

[1] المادة ٧٥ من قانون التجارة الأردني.

ويحق للناقل إيداع البضاعة في أحد المخازن على نفقة المرسل إليه كما يجوز للناقل أن يستأذن المحكمة ببيع البضاعة إذا كانت مما يسرع إليها التلف أو تكلف نفقات باهظة في إيداعها وحراستها ويقوم بإيداع الثمن مقام إيداع البضاعة [1].

الفرع الرابع: أثر العقد بالنسبة للمرسل إليه

بالرغم من أن المرسل إليه ليس من أطراف عقد النقل، ومع ذلك يكسبه المشرع حقوقا ويحمله التزامات، وهو ما أكدته المادة ٧٣ من قانون التجارة الأردني والتي منحت المرسل إليه الحق في إقامة الدعوى مباشرة على الناقل من أجل العقد الذي عقده الناقل مع المرسل، وبهذه الدعوى يتسنى للمرسل إليه أن يطالب الناقل بالتسليم أو بأداء بدل التعويض عند الاقتضاء لعدم إتمام العمل كله أو بعضه. أما من ناحية الالتزامات، فإن المرسل إليه يلتزم بالوفاء للناقل بأجرة النقل في حالة الاتفاق على أن يكون دفع الأجرة عند وصول البضاعة.

الفرع الخامس: مسؤولية الناقل

تبدأ مسؤولية الناقل من وقت تسلمه للبضاعة وتنتهي بوقت تسليمها للمرسل إليه والبحث في مسؤولية الناقل سيدول حول حالات المسؤولية وحالات الإعفاء منها ودعوى المسؤولية.

أولا: حالات مسؤولية الناقل

يكون الناقل مسؤولا عن:

---

[1] المادة ٢٢٥ من القانون المدني الأردني.

أ- هلاك البضاعة: ويعني الإتيان الكلي أو الجزئي عليها والهلاك قد يكون كليا كما لو سرقت أو تفشى فيها العفن فأعدمها أو إذا غرقت أو احترقت، وقد يكون جزئيا وهو الـذي يتعلـق بـبعض البضاعة دون الـبعض الآخـر كـما إذا وصلـت البضاعة وفيها عجـز أو نقصان^(١).

ب- تعيب البضاعة (التلف): يقصد بذلك أن البضاعة وصلت بكاملها ولكن لحـق بها ضرر أنقص من قيمتها.

جـ- نقصان البضاعة: وهو فقدان جزء من البضاعة كأن تكون البضاعة التي سـلمت للناقل بعدد معين ولم يسلم للمرسل إليه سوى نصف ذلك العدد.

د- التأخير: وهو عدم وصول الشيء أو البضاعة المنقولة في الميعاد المتفق عليه أو في الميعاد الذي يقضي به العرف إذا لم يتفق على ميعاد معين للوصول.

ثانيا: حالات الإعفاء من المسؤولية

حددت المادة ٧٢/١ مـن قانون التجارة الأردني الحالات التي تنقضيـ فيها مسؤولية الناقل وهي:

أ- القوة القاهرة: وهي حادث قهري لا يمكن توقعه ولا يمكن تفاديه وليس للناقل أو تابعية يـد في حدوثه ويجعل تنفيـذ الالتـزام أو جزء منـه مستحيلا مثل الكـوارث الطبيعية كالزلازل والبراكين والفيضانات.

ب- العيب القديم المنقول: يقصد بذلك أن يرجع الهلاك أو التلف إلى طبيعـة المنقول ذاتـه قبل تسليمه للناقل، كما لو كان المنقول حيوانا نفق أثناء النقل، أو مواد قابلـة للاشتعال اشتعلت أثناء النقل.

---

^(١) د. زهير كريم، مبادئ القانون التجاري، ص٣١١.

جـ- خطأ المرسل: غالبا ما يرتبط خطأ المرسل بالبيانات التي يعطيها إلى الناقل بشأن الشيء محل النقل أو طريقة حزمة أو الأوعية التي وضعها فيها.

وعلى الناقل إقامة البينة على هذه الأحوال المبرئة من التبعة، إلّا إذا تحفظ عند الاستلام من جراء عيب في حزم البضاعة، وهذا التحفظ يولد لمصلحة الناقل قرينة يحق للمرسل أو المرسل إليه أن يطعنا فيها عند الاقتضاء[1].

الفرع السادس: دعوى المسؤولية

تكون مسؤولية الناقل مسؤولية تعاقدية عما يلحقه بالبضاعة من هلاك أو تلف أو تأخير، وأجاز مقاضاته بحق إدعاء مباشر لكل من المرسل وللمرسل إليه، وأخضع دعوى المسؤولية لتقادم قصير يسقط بعد سنة تبتدئ من يوم التسلم في حالة وجود العيب، ومن اليوم الذي كان يجب فيه التسليم في حالة هلاك الشيء أو التأخر عن تسليمه، وأن جزاء الناقل يتمثل في التعويض إذا لم يقم بالتسليم.

المطلب الثالث: عقد نقل الأشخاص

عقد نقل الأشخاص عقد يلتزم بمقتضاه الناقل بنقل شخص من مكان إلى آخر لقاء أجر، ويخضع إلى نفس أحكام نقل البضائع إلّا ما كان منها غير متفق مع طبيعة نقل الأشخاص كما يخضع إلى القواعد الخاصة المتعلقة بمشاريع النقل العمومية، عملا بحكم الفقرة الأولى من المادة ٧٩ من قانون التجارة الأردني التي أوجبت أن تطبق هذه القواعد على عقد النقل أيضا.

---

[1] المادة ٧٢/٢ من قانون التجارة الأردني.

وأن التعاقد على نقل الأشخاص كالتعاقد على نقل الأشياء يتم بمجرد حصول الرضى، وهو يوجب على الناقل إيصال المسافر سالما إلى المحل المعين وفي المدة المتفق عليها وإذا وقع طارئ ما فإن التبعة الناشئة عن العقد تنقضي ـ عن الناقل بإقامته البينة على وجود قوة قاهرة أو خطأ من قبل المتضرر.

وأن الأمتعة التي جرى قيدها تكون موضوعا لعقد نقل يضاف إلى عقد نقل المسافر أما الأمتعة اليدوية فلا تدخل في العقد ولا يكون الناقل مسؤولا عنها إلاّ إذا أقام المتضرر البينة على ارتكابه خطأ معينا.

المبحث الثالث: الوكالة بالعمولة

تقتضي دراسة الوكالة بالعمولة بيان تعريفها وتمييزها عن الوكالة العادية، وشروط ممارستها والتزامات الوكيل بالعمولة، والتزامات الموكل، وضمانات استيفاء العمولة والنفقات وأخيرا انقضاء الوكالة بالعمولة، وعلة ذلك سنبحث الوكالة بالعمولة في عدة مطالب مستقلة.

المطلب الأول: تعريف الوكالة بالعمولة وتمييزها عن الوكالة العادية

نصت المادة ٨٠ من قانون التجارة الأردني في فقرتها الأولى على أنه: ((تكون الوكالة التجارية عندما تختص بمعاملات تجارية))، ونصت المادة ذاتها في فقرتها الثانية على أنه: ((وبوجه أخص يسمى هذا العقد وكالة بالعمولة ويكون خاضعا لأحكام الفصل الآتي عندما يجب على الوكيل أن يعمل باسمه الخاص أو عنوان تجاري لحساب من وكّله)).

فالوكالة بالعمولة وفقا للقانون الأردني هي: ((عقد مبرم بين شخصين أحدهما هو الموكل (الأصيل) والآخر هو الوكيل، يقوم الأخير بمقتضاه بأعمال قانونية باسمه

هو ولحساب موكله، سواء كانت تلك الأعمال بيعا أو شراء أو قرضا أو غير ذلك من التصرفات)).

ويستوي أن يكون الوكيل بالعمولة شخص طبيعيا أو معنويا فيتعاقد باسمه فيتعاقد تحت العنوان التجاري وليس باسمه الخاص[1] ويكتسب الوكيل بالعمولة الحقوق الناتجة عن العقد ويكون ملزما مباشرة نحو الأشخاص الذين تعاقد معهم كما لو كان العمل يختص به شخصيا.

أما الوكالة العادية فقد عرفتها المادة ٨٣٣ من القانون المدني الأردني بأنها: ((عقد يقيم الموكل بمقتضاه شخصا آخر مقام نفسه في تصرف جائز معلوم)) وتكون الوكالة مدنية عندما تختص بمعاملات مدنية، ولا يسأل الوكيل العادي عن الالتزامات الناتجة عن العقد الذي أبرمه لحساب موكله ولا يكسبه العقد أي حقوق، إذ ينعقد العقد بين الموكل وبين الغير الذي تعاقد معه الوكيل وتنصرف حقوق والتزامات العقد حقوق والتزامات العقد إلى الموكل مباشرة وليس عبر ذمة الوكيل[1].

المطلب الثاني: شروط ممارسة أعمال الوكالة بالعمولة

ورد النص على هذه الشروط في المادة الرابعة من قانون الوكلاء والوسطاء التجاريين التي أوجبت توفر بعض الشروط في من يتعاطى مهنة الوكالة بالعمولة وهي:

أ- إذا كان شخصا طبيعيا:

١- أن يكون أردنيا.

٢- أن لا يقل عمره عن عشرين سنة.

٣- أن يكون مقيما في المملكة.

[1] د. محمد إسماعيل، مرجع سابق، ص٣١٦.
[1] د. أحمد زيادات ود. إبراهيم العموش، مرجع سابق، ص١٣٦.

٤- أن يكون له محل تجاري أو مكتب في المملكة.

٥- أن يكون مسجلا في سجل التجارة في الوزارة (وزارة التجارة والصناعة) وعضوا في إحدى غرف التجارة أو الصناعة في المملكة.

ب- إذا كانت شركة عادية (تضامن وتوصية بسيطة) وهي:

١- أن تكون الشركة أردنية.

٢- أن يكون أكثرية رأسمالها للأردنيين.

٣- أن يكون لها مكتب في المملكة ومسجلة لدى إحدى الغرف التجارية.

جـ- إذا كانت الشركة مساهمة ومحدودة المسؤولية:

١- أن تكون أردنية الجنسية.

٢- أن يكون أكثرية أعضاء مجلس إدارتها أو هيئة مديريها من الأردنيين.

٣- أن تكون مسجلة لدى إحدى غرف التجارة.

هذا بالإضافة إلى شرط التسجيل في سجل الوكلاء التجاريين.

المطلب الثالث: التزامات الوكيل بالعمولة

يخضع الوكيل بالعمولة إلى ثلاثة أنواع من التزامات:

أولا: التزامات الوكيل في مواجهة الموكل

أ- تنفيذ الأعمال المكلف بها بنفسه ووفقا لتعليمات الموكل: يجب على الوكيل بالعمولة القيام بالعمل الذي كلفه الموكل بالقيام به، ويجب عليه أن ينفذ الأعمال

المكلف بها بنفسه وهذا ما أكدته المادة ٨٩ من قانون التجارة الأردني، إلاّ إذا كان مجازا له بحسب العرف أن ينيب عنه شخصا آخر أو كانت هناك ظروف تضطره لهذه الإنابة، وفي هذه الحالة يحق للموكل أن يخاصم مباشرة الشخص الـذي أنابه الوكيـل بالعمولـة عـن نفسه.

وإذا أصدر الموكل تعليمات لوكيله فإن من واجب الأخير التقيد بهذه التعليمات وأن يلتزم في تنفيذ وكالته حدودها المرسومة، فلا يخرج على الحدود التي رسمها له الموكل إلاّ فيما هو أكثر نفعا للموكل وأن يبذل عناية الرجل المعتاد[1].

ب- أن لا يتعاقد مع نفسه: يقرر القانون منع الوكيل بالعمولة أن يتعاقد مـع نفسـه باسم موكله إلاّ برضاه[2].

جـ- أن لا يمنح الائتمان لغير رضى الموكل، نُصّ على هذا الحظر صراحة في المادة ٩١ مـن قانون التجارة الأردني والتي جاء فيها أنه: ((إذا أدان الوكيـل بالعمولـة أو أسـلف الغـير بدون رضى الموكل فيتحمل هـو مخاطر عملـه))، وتطبـق هـذه القاعدة حتى لـو كـان الوكيل بالبيع غير مقيد بالبيع نقدا.

د- تقديم المعلومـات والحساب إلى الموكل: يلتزم الوكيل بالعمولـة أن يقدم للموكل في المواعيد المتفق عليها أو التي جرى عليها العرف، المعلومات الضرورية عن مراحل تنفيـذ الوكالة، وأن يقدّم له حسابا صادقا عـن ذلك التنفيذ، وأن يـدفع الفائـدة عـن الأعـمال العائدة للموكل اعتبارا من اليوم الذي كـان يلزمـه فيه تسـليمها أو إيـداعها وفقـا لأمـر الموكل[1].

هـ- المحافظة على أموال الموكل: يلتزم الوكيل أن يبذل عناية الرجل المعتاد في المحافظة على الأشياء والبضائع الموجودة لديه لحساب الموكل.

---

[1] المادة ٨٤٠ من القانون المدني الأردني.

[2] المادة ٩٠ من قانون التجارة الأردني.

[1] المادة ٨٤ من قانون التجارة الأردني.

و- ضمان تنفيذ الصفقة من قبل من تعاقد معهم: يتضح من نص المادة ٩٢ من قانون التجارة الأردني أن الوكيل بالعمولة يكون مسؤولا عن عدم الوفاء أو عدم تنفيذ سائر الالتزامات المترتبة على الذين تعاقد معهم أو كفلهم أو كان العرف التجاري في المحل الذي يقيم فيه يقضي بذلك. ويحق للوكيل بالعمولة الذي يكفل من يتعاقد معه على أن يتناول عمولة خاصة باسم (عمولة الضمان)[2].

ويرى بعض الفقه[3] أن الوكيل بالعمولة الذي يعمل لحساب شركات أجنبية أو تجّار أجانب مسؤولا مسؤولية تامة تجاه التاجر الذي جرى العقد لمصلحته حتى يتم تنفيذ شروطه وفي حالة نشوء أي خلاف بين التاجر والمصدّر حول بنوده يكون الوكيل متكافلا ومتضامنا مع المصدّر تجاه التاجر لتنفيذ شروط العقد. ومثل ذلك لا يطبق على الوكالة بالعمولة المحلية أو الوكالة بالعمولة المتعلقة بتصدير المنتجات الزراعية.

ثانيا: التزامات الوكيل في مواجهة من تعاقد معهم

أوضحت المادة ٨٨/١ من قانون التجارة الأردني بأن الوكيل بالعمولة الذي يتعاقد باسمه الخاص ويكتسب الحقوق الناتجة عن العقد يكون ملزما مباشرة نحو الأشخاص الذين تعاقد معهم كما لو كان العمل يختص به شخصيا بحيث يحق لهؤلاء الأشخاص أن يحتجّوا في مواجهته بجميع أسباب الدفع الناتجة عن علاقاتهم الشخصية به ولا يحق لهم أن يخاصموا الموكل مباشرة.

[2] المادة ٩٢/٢ من قانون التجارة الأردني.
[3] د. احمد زيادات، د. إبراهيم العموش، مرجع سابق، ص١٤٠.

ثالثا: التزامات الوكيل الأخرى

ورد النص على هذه الالتزامات في قانون الوكلاء والوسطاء التجاريين وأهمها:

١- التسجيل في سجل الوكلاء التجاريين.

٢- الإشارة إلى رقم التسجيل في جميع المراسلات والعلامات التجارية.

٣- أن يحوِّل إلى المملكة بواسطة بنك مرخص جميع العمولات التي تستحق له في الخارج على الصفقات التي تم عقدها بواسطته.

المطلب الرابع: التزامات الموكل

أولا: الالتزام بدفع العمولة

يلتزم الموكل بدفع العمولة المتفق عليها نظير قيام الوكيل بالعمولة بالعمل المكلف به، وعند عدم الاتفاق عليها تحدد بحسب عُرف المحل الذي تم فيه التعاقد.

وقد عالج المشرِّع الأردني أحكام استحقاق العمولة في المادة ٩٣ من قانون التجارة الأردني والتي بينت أن العمولة تُستحق بمجرد انعقاد العملية وإن لم يقم المتعاقد الآخر بالالتزامات التي أخذها على عاتقه، إلاَّ إذا كان عدم القيام بها ناتجا عن خطأ ارتكبه الوكيل بالعمولة.

وتُستحق العمولة أيضا إذا حال دون إتمام العملية سبب يُعزى إلى الموكل، أما في العمليات التي حالت دون إتمامها أسباب أخرى فلا يحق للوكيل بالعمولة مقابل سعيه سوى المطالبة بالتعويض الذي يفرضه عُرف المحل.

ثانيا: الالتزام بدفع النفقات

يلتزم الموكل بأن يدفع للوكيل بالعمولة جميع ما أنفقه من أجل تنفيذ الوكالة التنفيذ المعتاد كمصاريف الشحن أو الإيداع، كذلك يلتزم الموكل بأن يدفع للوكيل فوائد هذه المبالغ من يوم الاتفاق.

ويتقرر للوكيل بالعمولة في سبيل تمكينه من استيفاء عمولته والنفقات ضمانات تجعل له مركزا يميزه عن غيره من دائني الموكل وهذه الضمانات هي:

1- حق الامتياز:

يشكل الامتياز حقا للوكيل بالعمولة بمقتضى المادة ٩٦ من قانون التجارة الأردني وهو ضمان يمكن الوكيل من ثمن هذه البضاعة، وهذا الضمان تقرر على النحو التالي:

أ- للوكيل بالعمولة امتياز على قيمة البضاعة المرسلة إليه والمخزونة أو المودعة لأجل استيفاء جميع القروض والسلف والمدفوعات التي قام بها سواء كان قبل تسلمه البضائع أم في مدة وجودها في حيازته [1].

ب- ينشأ الامتياز بمجرد إرسال البضائع أو خزنها أو إيداعها [2] ويدخل مبلغ الدين الأصلي مع الفوائد والعمولات والنفقات في الامتياز و يحق للوكيل بالعمولة أن يستوفي من ثمن البضاعة قيمة دينه قبل دائني الموكل إذا كانت البضاعة قد بيعت وسلمت لحساب الموكل.

2- حق الحبس:

يجوز أن يقوم الوكيل بحبس البضاعة التي تحت يده لحين وفاء الموكل بالتزاماته ويجوز له كذلك حبس المبالغ الموجودة تحت يده إلى أن يفي الموكل بالديون الناشئة عن

---

[1] المادة ١/٩٦ من قانون التجارة الأردني.
[2] المادة ٢/٩٦ من قانون التجارة الأردني.

عقد الوكالة والمصروفات بالإضافة إلى العمولة وأيضا التعويض عـن الضـرر الـذي أصـابه بمناسبة تنفيذه الوكالة إذا كان بدون خطأ منه، وذلك تطبيقا لنص المـادة ٣٨٧ مـن القـانون المدني.

المطلب الخامس: انقضاء الوكالة بالعمولة

إن أسباب انقضـاء الوكالـة بالعمولـة هـي ذات أسباب انقضاء الوكالة وفقا للقواعد العامة، وهي:

١- إتمام العمل المكلف به الوكيل بالعمولة أو استحالة تنفيذه.

٢- انتهاء الأجل المحدد بالوكالة ما لم يتم تجديدها.

٣- وفاة الموكل أو الوكيل.

٤- خروج الموكل أو الوكيل عن الأهلية.

٥- عزل الوكيل من قبل الموكل.

٦- اعتزال الوكيل.

المبحث الرابع: عقد السمسرة

سيكون حديثنا عن عقد السمسرة في ثلاثة مطالب نناقش في الأول تعريف ذلك العقد وفي الثاني التزامات السمسار وفي الثالث أجرة السمسار.

المطلب الأول: تعريف عقد السمسرة

السمسرة كما تعرفها المادة ٩٩ من قانون التجارة الأردني بأنها: ((عقـد يلتـزم بـه فريـق يدعى السمسار لأن يرشد الفريق الآخر إلى فرصة لعقد اتفاق ما أو أن يكـون وسـيطا لـه في مفاوضات التعاقد، وذلك مقابل أجر)).

يتضح من هذا التعريف أن السمسار لا يكون طرفا في العقد الذي يتوسط في إبرامه ولا يكون مسؤولا عن التزامات هذا العقد بعكس الوكيل بالعمولة الذي يبرم العقد باسمه الخاص ولكن لحساب من وكله، والذي يُسأل في مواجهة من تعاقد معهم كما لو كان العمل يختص به شخصيا.

المطلب الثاني: التزامات السمسار

١- القيام بالعمل المكلف به من قبل العميل:

إن العمل الأساسي الذي يقوم به السمسار في إرشاد العميل إلى فرصة التعاقد أو أن يكون وسيطا له في مفاوضات التعاقد، وحتى ينجز السمسار هذه المهمة عليه أن يبذل في تنفيذ عقد السمسرة العناية والحرص التي يبذلها السمسار العادي.

٢- التأكد من أهلية وملاءة عميله:

نصت على ذلك المادة ١٠٣ من قانون التجارة الأردني على أنه: ((لا يحق للسمسار أن يتوسط لأشخاص اشتهروا بعدم ملاءتهم أو يعلم بعدم أهليتهم)) ومن باب أولى يلتزم السمسار بأن لا يقدّم لعميله متعاقدا آخر يعلم بعدم ملاءته.

٣- أن لا يعمل لمصلحة الطرف الآخر ضد مصلحة عميله:

نصّت على ذلك المادة ١٠٢ من قانون التجارة الأردني على أنه: ((يفقد السمسار كل حق في الأجر وفي استرجاع النفقات التي صرفها إذا عمل لمصلحة المتعاقد الآخر بما يخالف التزاماته أو إذا حمل هذا المتعاقد الآخر على وعده بأجر ما في ظروف تمنع فيها قواعد حُسْن النية من أخذ هذا الوعد)).

٤- تسجيل العقود التي يتوسط في إبرامها وحفظ الوثائق والعينات:

نصّت على ذلك المادة ١٠٤ من قانون التجارة الأردني على أنه: ((يجب على السمسار أن يسجل جميع المعاملات التي عُقدت بواسطته مع نصوصها وشروطها الخاصة وأن يحفظ الوثائق المختصة بها ويعطي عن كل ذلك صورة طبق الأصل لكل من يطلبها من المتعاقدين)). ونصّت الفقرة الثانية من المادة ذاتها على أنه: ((في البيوع بالعينة يجب عليه أن يحتفظ بالعينة إلى أن تتم العملية)).

٥- أن لا يتوسط لنفسه:

لا يجوز للسمسار أن يأخذ العملية لنفسه بحيث يشتري أو يبيع لنفسه ما كان عميله كلّفه بشرائه أو بيعه، ومثل هذا الإجراء من جانب السمسار يكون موقوفا على إجازة العميل.

٦- ضمان تنفيذ المتعاقد الآخر لشروط العقد:

نصّت على ذلك المادة ١٩ من قانون الوكلاء والوسطاء التجاريين والتي تُطبق على من يتعاطون أعمال الوساطة والوكالة في عمليات الاستيراد والتصدير، وتكون مسؤوليته بمقدار الفائدة التي حققها.

٧- على السمسار أن يُسجّل في السجل الخاصة بالسماسرة وأن يذكر رقم تسجيله كوسيط تجاري في جميع مراسلاته التجارية.

والسمسار غير المسجل لا تُسمع شهادته في النزاع الذي يحدث بين أطراف العقد الذي توسط في إبرامه، ولا تسمع المحاكم الدعوى التي يرفعها للمطالبة بأجرته، وعلى السمسار أن يحوّل إلى المملكة جميع العمولات التي تُستحق له في الخارج على الصفقات التي توسط في إبرامها.

المطلب الثالث: أجرة السمسار

عالج المشرّع الأردني في قانون التجارة الأردني كيفية تحديد أجرة السمسار ومتى تستحق الأجرة، حيث نصّت المادة ١/١٠٠ على أنه: ((إذا لم يكن أجر السمسار معينا بالاتفاق أو بموجب تعريفة رسمية فيحدد وفقا للعرف أو تقدر المحكمة قيمته بحسب الظروف)).

وللمحكمة سلطة تخفيض الأجر دون رفعه إذا ظهر أن الأجر المتفق عليه لا يتناسب مع ماهية العملية والجهود التي تستلزمها فيحق للمحكمة أن تخفضه إلى مقدار الأجر العادل للخدمة المؤداة[1].

ويستحق السمسار الأجر بمجرد أن تؤدي المعلومات التي أعطاها أو المفاوضة التي أجراها إلى عقد الاتفاق[1]، وإذا انعقد الاتفاق معلقا على شرط واقف فلا يستحق الأجر إلّا بعد تحقيق الشرط[2]، وإذا اشترط إرجاع النفقات التي صرفها السمسار فترجع له، وإن لم يتم الاتفاق[3].

---

[1] المادة ٢/١٠٠ من قانون التجارة الأردني.
[1] المادة ١/١٠١ من قانون التجارة الأردني.
[2] المادة ٢/١٠١ من قانون التجارة الأردني.
[3] المادة ٣/١٠١ من قانون التجارة الأردني.

الباب الثاني

٢

الشركات
التجارية

الفصل الأول
الشركات

تمهيد:

إن الفهم والدراية بالشركات التي أشار إليها قانون الشركات الأردني ـ بالمواد يقتضي ـ منا التمهيد لها لذلك بمقدمة نتعرف من خلالها على المقصود بالشركة وأركانها وما هي أنواع الشركات في التشريع الأردني موضحين المقصود بالشخصية الاعتبارية للشركة.

المبحث الأول: التعريف بالشركة وأركانها

لم يتطرق قانون الشركات الأردني لتعريف الشركة مكتفيا بالإشارة في معرض تنظيمه لأحكام هذه الشركات إلى أن الشركة عبارة عن عقد وقد أوضحت المادة ٥٨٢ من القانون المدني الأردني بأنه يقصد بالشركة: ((عقد يلتزم بمقتضاه شخصان أو أكثر بأن يساهم كل منهم في مشروع مالي بتقديم حصته من مال أو من عمل لاستثمار ذلك المشروع واقتسام ما ينشأ عنه من ربح أو خسارة)).

ويتضح من هذا التعريف أن الشركة تحوي اتفاق أكثر من شخص للمساهمة في مشروع مالي بقصد اقتسام ما ينتج من الربح أو الخسارة فجوهر فكرة الشركة يتمثل في اجتماع عدة أشخاص للقيام بعمل معين واقتسام ما ينتج عن هذا العمل بينهم وبالتالي فإن أركان الشركة تتمثل في:

أولا: الشركة عقد

إن أساس تكوين الشركة هو العقد وهو ما أخذ به القانون المدني الأردني بالمادة ٥٨٢ ـ كما سبق وأسلفنا ـ وأما المقصود بالعقد فهو: ((اتفاق إرادتين أو أكثر لإحداث أثر قانوني سواء أكان هذا الأثر إنشاء التزام أو نقله أو تعديله أو إنهاءه))[1].

---

[1] المادة ٨٧ من القانون المدني الأردني.

وبما أن الشركة عقد فلا بد أن تتوافر فيه الأركان العامة للعقد وهي التراضي والأهلية ومشروعية المحل والسبب ولا يتسع المجال هنا لشرح هذه الأركان بالتفصيل ومكتفيا بتعداد أركان ذلك العقد.

ثانيا: نية المشاركة

يتضح هذا الركن من خلال نص المادة ٥٨٢ من القانون المدني حيث قصد بنية المشاركة انصراف إرادة كل شريك إلى التعاون الإيجابي لتحقيق الغرض من تكوين الشركة على قدم المساواة بينهم زمن خلال مظاهر هذا التعاون الإيجابي تقديم الحصص في رأس المال وإدارة المشروع المالي والإشراف على سيره، كذلك تتضمن نية المشاركة ضرورة الاتفاق على اقتسام أرباح الشركة بالنسبة المتفق عليها بين الشركاء في شركات الأشخاص عموما أم حسب اقتراح مجالس الإدارة والهيئات العامة في شركات الأموال.

ثالثا: تعدد الشركاء

الشركة عقد بين شخصين أو أكثر لذلك كان من الطبيعي أن هذه الشركة لا تقوم بأقل من شخصين كقاعدة عامة نقول ذلك لأن المشرع الأردني أجاز بالمادة ٥٣/ب من قانون الشركات الأردني لوزير الصناعة والتجارة بناء على تنسيب مبرر من المراقب الموافقة على تسجيل شركة ذات مسؤولية محدودة تتألف من شخص واحد يسميها الفقه عادة ((بشركة الشخص الواحد)) فضلا عن أن المادة ٧٧ من ذات القانون توجب أن لا يقل عدد الشركاء في شركة التوصية بالأسهم عن خمسة وفيما عدا ذلك لا يجيز القانون أن يقل عدد الشركاء عن اثنين كحد أدنى هذا من جهة ومن جهة أخرى فإن الحد الأعلى لكل شركة يكون متوقفا على نوع الشركة حيث أن سياسة

المشرع في ذلك تختلف من شركة لأخرى فنجده في شركة التضامن يمنع أن يتجاوز عدد الشركاء عن عشرين شخصا إلا إذا طرأت الزيادة على ذلك نتيجة للإرث أما في شركة التوصية البسيطة فلا يوجد فيها نصا يبين الحد الأعلى للشركاء فيها ومع ذلك فإن ما ينطبق على شركة التضامن ينطبق على شركة التوصية البسيطة إعمالا لنص المادة ٤٨ من قانون الشركات أما في باقي الشركات (الشركة ذات المسؤولية المحدودة، التوصية بالأسهم، المساهمة العامة) فلم يضع المشرع لعدد المساهمين والشركاء فيها حدا أعلى.

المبحث الثاني: الشخصية الاعتبارية للشركة
(الشخصية المعنوية)

أوضحت المادة الرابعة من قانون الشركات بأن كل شركة تعتبر بعد تأسيسها وتسجيلها على الوجه المحدد قانونا شخصا اعتباريا أردني الجنسية يكون مركزها الرئيسي في المملكة.

والقول بأن الشركة شخص اعتباري يعني قابليتها لاكتساب الحقوق وتحمل الالتزامات الأمر الذي يجعلها شخصا قانونيا مستقلا بذاته له أهلية وذمة مالية مستقلة عن ذمم الشركاء المكونين لها وهذا الكلام ينطبق على سائر الشركات باستثناء شركة المحاصة حيث أكدت المادة ٤٩/ب من قانون الشركات الأردني ذلك بقولها: ((لا تتمتع شركة المحاصة بالشخصية الاعتبارية ...)).

وعلى أي حال فإنه يترتب على اكتساب الشركة الشخصية الاعتبارية الآثار والنتائج التالية:

١- تصبح الذمة المالية للشركة مستقلة عن الذمة المالية للشركاء فيها وبالتالي تكون الشركة مسؤولة عن الوفاء بديونها كقاعدة عامة كما تكون عقاراتها وأموالها مملوكة للشركة لا للشركاء [1].

---

[1] المادة ٥١/٢/أ من القانون المدني الأردني.

٢- تصبح للشركة شخصية مستقلة عن الشركاء(٢).

٣- للشركة التي اكتسبت الشخصية الاعتبارية أهلية للتقاضي حيث يكون باستطاعة الشركة مقاضاة الغير كما يمكن للغير أن يقاضيها(٣).

٤- الشركة لا تنحل بوفاة أحد الشركاء أو إفلاسه أو انسحابه وذلك كقاعدة عامة(٤).

٥- للشركة اسم خاص يميزها عن غيرها تستمده من غاياتها في شركات الأموال ومن أسماء الشركاء في شركات الأشخاص بحيث لا يجوز قانونا أن يكون أسم الشركة مماثلا لاسم شركة أخرى(١).

٦- يكون للشركة موطن رئيسي وجنسية حيث يكون موطنها مكان مركزها الرئيسي(٢).

المبحث الثالث: أنواع الشركات في الأردن والقوانين التي تحكمها

المطلب الأول: أنواع الشركات في الأردن

الشركات بالأردن تقسم لقسمين رئيسيين: شركات مدنية خاضعة لأحكام القانون المدني ونصوص مجلة الأحكام العدلية التي لا تتعارض مع أحكام القانون المدني، وشركات تجارية خاضعة لأحكام قوانين التجارة بصفة عامة وقانون الشركات بشكل أساسي.

---

(٢) المادة ٤٠ من قانون الشركات الأردني.
(٣) المادة ٥١/٢/ب/جـ من القانون المدني الأردني.
(٤) هناك بعض الشركات تنقضي بوفاة أو إفلاس أحد الشركاء كشركة المحاصة.
(١) أشارت لذلك المواد ١٠/٥/١أ، ٥٥،٤٢، ٧٩، ٩٠/٦٠ من قانون الشركات الأردني.
(٢) المادة ٥١/٢/د من القانون المدني الأردني.

وتجوز الإشارة إلى أن تجارية أي شركة يتوقف على موضوعها فإن كان الموضوع تجاريا كانت الشركة تجارية وقد أشارت لذلك المادة ٩/١/ب من قانون التجارة الأردني.

أولا: الشركات المدنية

قسم القانون المدني الشركات المدنية لثلاثة أنواع هي:

١- شركات الأعمال حيث عرفتها المادة ٦١١ من القانون المدني الأردني بأنها: ((عقد يتفق بمقتضاه شخصان أو أكثر على التزام العمل وضمانه للغير لقاء أجر سواء أكانوا متساوين أو متفاضلين)).

٢- شركات الوجوه حيث تقول المادة ٦١٩ من القانون المدني عنها بأنها: ((عقد يتفق بمقتضاه شخصان أو أكثر على شراء مال نسيئة بمالهم من اعتبار ثم بيعه على أن يكونوا شركاء في الربح)).

٣- شركات المضاربة حيث عرفتها المادة ٦٢١ من القانون المدني بقولها أنها: ((عقد يتفق بمقتضاه رب المال على تقديم رأس المال والمضارب بالسعي والعمل ابتغاء للربح)).

ولا يتسع المجال هنا للتفصيل بأحكام هذه الشركات مكتفين بما عرفناها به مركزين جل اهتمامنا على موضوع دراستنا وهي الشركات التجارية التي أشار إليها قانون الشركات الأردني.

ثانيا: الشركات التجارية

حددت المادة السادسة من قانون الشركات الأردني الأشكال التي يمكن أن تتخذها الشركات التجارية والتي يجب تسجيلها لدى مراقب الشركات وهي:

١- شركة التضامن.

٢- شركة التوصية البسيطة.

٣- الشركة ذات المسؤولية المحدودة.

٤- شركة التوصية بالأسهم.

٥- الشركة المساهمة العامة.

إلّا أن المشرع عاد وفي المواد ٤٩-٥٢ وتحدث عن شركة المحاصة كأحد الشركات التجارية دون أن يخضعها لأحكام وإجراءات التسجيل والترخيص.

هذا وتجدر الإشارة إلى أن المادة السابعة من قانون الشركات الأردني قد أوضحت بأن الشركات التي تُؤسس في المملكة بموجب اتفاقيات تبرمها الحكومة مع أي دولة أخرى وكذلك الشركات العربية المشتركة المنبثقة عن الجامعة العربية أو المؤسسات أو المنظمات التابعة لها تسجل في سجل خاص لدى مراقب الشركات، في حين تسجل الشركات التي تعمل في المناطق الحرة في السجلات التي تعدها مؤسسة المناطق الحرة لهذه الغاية وبالتنسيق مع مراقب الشركات وعلى أن ترسل المؤسسة صورة عن تسجيل هذه الشركات للمراقب لتوثيق التسجيل الخاص بالمستثمرين في هذه المناطق.

كما أوجب الفقرة جـ من المادة السابعة من قانون الأردني وجوب تسجيل الشركات المدنية التي تتخذ أحد الأشكال التجارية لدى مراقب الشركات بسجل خاص يسمى سجل الشركات المدنية وعلى أن تبقى خاضعة لأحكام القانون المدني وأحكام القوانين الخاصة بها وعقودها وأنظمتها الداخلية.

وبكافة الأحوال فإنه يمكن تقسيم الشركات التجارية لثلاثة أنواع[1]:

١- شركات الأشخاص.

٢- شركات الأموال.

٣- الشركة ذات الطبيعة المختلطة.

وسنكتفي هنا بهذا المجال بالإشارة إلى تعريف كل نوع من هذه الأقسام:

١- شركات الأشخاص: يمكن تعريف هذه الشركات بأنها شركات تتكون من عدد محدود مـن الشركاء يعرف كل منهم الآخر ويثق به تربطهم بالغالب رابطة صداقة أو قرابـة ويضم هذا النوع شركة التضامن، والتوصية البسيطة والمحاصة حيث يجمع بين هذه الشركات خصائص وقواعد مشتركة تستند إلى الاعتبار الشخصي الذي تقوم عليه كل شركة منها[2].

٢- شركة الأموال: وهذا النوع تمثله الشركة المساهمة العامة باعتبارها النموذج الأمثل عليـه ومثل هذه الشركة تتكون من شركاء لا يجمعهم سـوى الاعتبار المـالي بحيـث لا يكـون لشخص الشريك فيها أي اعتبار.

٣- الشركات المختلطة: وهـذه الشركات تجمـع في الواقع بين خصائص شركات الأشخاص وشركات الأموال ومن الأمثلة عليها الشركات ذات المسؤولية المحدودة وشركة التوصية بالأسهم.

---

[1] سميحة القليوبي، الشركات التجارية، ص٢٣٣.
[2] عزيز العكيلي، شرح قانون الشركات الأردني، ص١٧١.

المطلب الثاني: القواعد والقوانين التي تحكم الشركات التجارية في الأردن

حددت المادة الثالثة من قانون الشركات الأردني تلك القواعد والقوانين بقولها: ((تسري أحكام هذا القانون على الشركات التي تمارس الأعمال التجارية وعلى المسائل التي تناولتها نصوصه فإذا لم يكن فيها ما ينطبق على أي مسألة من تلك المسائل فيرجع فيها إلى قانون التجارة فإن لم يوجد فيه يرجع إلى القانون المدني فإن لم يوجد فيطبق بشأنها العرف التجاري وإلاّ فللقاضي أن يسترشد بالاجتهاد القضائي والفقهي وقواعد العدالة)).

يتضح من النص السابق بأن الأحكام المنظمة للشركات التجارية لدينا بالأردن يحكمها قوانين متفرقة حيث رتب المشرع أولوية بينها في التطبيق فجعل الصدارة للنصوص القانونية الواردة في قانون الشركات لسنة ١٩٩٧ فإن لم توجد مثل هذه النصوص طبقت قواعد قانون التجارة رقم ١٢ لسنة ١٩٦٦ والقوانين المكملة له فإن انعدمت من تلك النصوص كان على القاضي اللجوء لتطبيق نصوص القانون المدني فإن عجزت عن ذلك كان على القاضي تطبيق أحكام العرف التجاري وإلاّ تعين عليه الاسترشاد بالاجتهاد القضائي والفقهي وقواعد العدالة حيث جاءت جميعها بمرتبة واحدة دون تفضيل فيما بينها حتى لا يترك القاضي مسألة معينة بدون أن يتوصل فيها إلى قرار أو حكم.

الفصل الثاني
شركة التضامن

تمهيد:

تعتبر شركة التضامن من أهم أنواع شركات الأشخاص التي تقوم على الاعتبار الشخصي ـ حيث يعد الضابط المميز لهذا النوع عن غيرها من الشركات، وتمتاز هذه الشركة بسهولة إجراءات تأسيسها وملاءمتها لمباشرة المشروعات التجارية الصناعية الصغيرة والمتوسطة لذلك فهذه الشركة الأكثر انتشارا في المملكة الأردنية الهاشمية.

وقد نظم المشرع الأردني شركة التضامن بالمواد ٩-٤٠ من قانون الشركات رقم ٢٢ لسنة ١٩٩٧ موضحا فيها خصائص هذه الشركة وطرق تأسيسها وإدارتها وكيفية توزيع أرباحها وخسائرها وطرق انقضاء وفسخ وتصفية هذه الشركة.

المبحث الأول: التعريف بشركة التضامن وخصائصها وتكوينها

المطلب الأول: التعريف بالشركة وخصائصها

لم يتضمن قانون الشركات الأردني تعريفا يجمع بثناياه جميع الخصائص التي تمتاز بها شركة التضامن إلاّ أنه يمكن ومن خلال النصوص القانونية المنظمة لهذه الشركة تعريف هذه الشركة بأنها: شركة تتألف من أشخاص طبيعيين لا يقل عددهم عن اثنين ولا يزيد عن عشرين بحيث تعمل تحت عنوان معين للقيام بأعمال تجارية ويكون الشركاء فيها مسؤولين بصفة شخصية وعلى وجه التضامن عن التزامات وديون الشركة في جميع أموالهم ويكتسب الشركاء فيها صفة التاجر ولا تكون حصص الشركاء قابلة للانتقال للغير إلاّ بموافقة الشركاء.

يتضح من خلال التعريف السابق بأن الخصائص التي تمتاز بها شركة التضامن تتمثل بالآتي:

1- إن هذه الشركة تتكون من عدد محدود من الشركاء:

لقد بينت المادة 9/2 من قانون الشركات الأردني بأن الحد الأعلى لعدد الشركاء في شركة التضامن يجب أن لا يزيد على عشرين شخصا إلّا إذا طرأت الزيادة عن ذلك نتيجة للإرث.

2- إن لهذه الشركة عنوانا معينا يتألف من أسماء الشركاء فيها أو بعضهم:

لقد بين القانون بأن عنوان شركة التضامن يجب أن يتألف من أسماء جميع الشركاء في هذه الشركة أو لقبه أو كنيته أو من اسم واحد أو أكثر منهم أو لقبه على أن تضاف إلى العنوان في هذه الحالة إلى اسمه أو أسمائهم عبارة ((وشركاه، أو وشركاهم)) وذلك حسب مقتضى الحال أو ما يفيد هذا المعنى[1].

كذلك فقد أوجب القانون أن يتفق عنوان الشركة مع هيئتها القائمة فإذا ما خرج شريك منها وجب حذف اسمه من عنوانها[2] إلّا أنه إذا توفي بعض الشركاء فيها وكان عنوان الشركة مسجلا بأسمائهم فلورثتهم وللشركاء الباقين بموافقة المراقب الاحتفاظ بعنوان الشركة واستعماله إذا تبين أن لهذا العنوان شهرة تجارية[3] كما تجدر الإشارة إلى أن عنوان الشركة يعتبر من البيانات التي يوجب المشرع قيدها في المسجل الخاص بالشركات ويوجب القانون شهر كل ما يطرأ على ذلك العنوان من تعديل[4].

---

[1] المادة 10/أ من قانون الشركات الأردني.
[2] المادة 10/أ من قانون الشركات الأردني.
[3] المادة 10/ج من قانون الشركات الأردني.
[4] أشارت لذلك المواد 11،13،14 من قانون الشركات الأردني.

٣- إن الشريك في هذه الشركة يكتسب صفة التاجر:

نصت المادة ٩/جـ من قانون الشركات الأردني على ذلك بقولها: ((يكتسب الشريك في شركة التضامن صفة التاجر ويعتبر ممارسا لأعمال التجارة باسم الشركة)).

٤- الشركاء في هذه الشركة مسؤولون مسؤولية شخصية وتضامنية عن التزامات وديون الشركة:

وقد نصت المادة ٢٦/١ من قانون الشركات الأردني على ذلك بقولها: ((مع مراعاة أحكام المادة ٢٧ من هذا القانون يعتبر الشريك في شركة التضامن مسؤولا بالتضامن والتكافل مع سائر شركائه عن الديون والالتزامات التي ترتبت على الشركة أثناء وجوده شريكا فيها ويكون ضامنا بأمواله الشخصية لتلك الديون والالتزامات وتنتقل هذه المسؤولية والضمانة إلى ورثته بعد وفاته في حدود شركته)).

٥- عدم قابلية انتقال حصة الشريك فيها للغير إلّا بموافقة الشركاء:

نصت المادة ٢٩ من قانون الشركات الأردني على أنه: ((يجوز ضم شريك أو أكثر إلى شركة التضامن بموافقة جميع الشركاء فيها إلّا إذا نص عقد الشركة على غير ذلك ...))

ويفهم من النص السابق بأن قاعدة عدم قابلية انتقال الحصص للغير إلّا بموافقة جميع الشركاء الآخرين ليست من النظام العام إذ يمكن أن ينص في عقد الشركة على جواز انتقال الحصص بشروط معينة كأن ينص على أغلبية معينة.

المطلب الثاني: تأسيس شركة التضامن (تكوينها)

يخضع تكوين شركة التضامن لنوعين من الشروط: شروط موضوعية وشروط شكلية.

أولا: الشروط الموضوعية

سبق أن أوضحنا بأن الشركة عقد بين الشركاء يلزم لانعقاده توافر الأركان والشروط الموضوعية العامة اللازم توافرها في أي عقد إذ لا بد من توافر التراضي والأهلية في أطرافه ومشروعية المحل والسبب [1].

ثانيا: الشروط الشكلية

وهذه الشروط حددها المشرع الأردني بالمواد ١١،١٢،١٣،١٤ من قانون الشركات الأردني وهي عبارة عن:

١- شروط تتعلق بتنظيم عقد الشركة (الكتابة):

لم يشترط قانون الشركات صراحة بأن يكون عقد الشركة مكتوبا ولكن يظهر من خلال النصوص القانونية المنظمة لطلب تأسيس الشركة ضرورة توقيع الشركاء على عقد الشركة مما يعني أنه لا بد أن يكون عقد الشركة مكتوبا ليصار فيما بعد لتسجيله حسب الأصول القانونية.

وقد حدد القانون بالمادة ١١/أ من قانون الشركات الأردني البيانات التي يجب أن يشتمل عليها عقد التأسيس وهي:

١- عنوان الشركة واسمها التجاري إن وجد.

٢- أسماء الشركاء وجنسية كل منهم وعمره وعنوانه.

٣- المركز الرئيسي للشركة.

---

[1] د. أحمد زيادات، د. إبراهيم العموش، مرجع سابق، ص١٦١.

٤- مقدار رأسمال الشركة وحصة كل شريك فيه.

٥- غايات الشركة.

٦- مدة الشركة إذا كانت محدودة.

٧- اسم الشريك المفوض أو أسماء الشركاء المفوضين بإدارة الشركة والتوقيع عنها.

٨- الوضع الذي ستؤول إليه الشركة في حالة وفاة شريك فيها أو إفلاسه أو الحجر عليه أو وفاة الشركاء جميعا.

٢- شروط تتعلق بالتسجيل والموافقة والنشر:

لقد أوجبت المواد ١٣،١١، ١٤ من قانون الشركات الأردني على الشركاء الذين يرغبون بتأسيس شركة تضامن تقديم طلب بذلك لمراقب الشركات على نموذج خاص معد لهذه الغاية مرفقا به النسخة الأصلية من عقد الشركة موقعين من الشركاء جميعا كما يرفق بهذا الطلب بيان يوقعه كل شريك أمام المراقب أو أمام من يفوضه بذلك ويجوز توقيع هذا البيان أمام الكاتب العدل أو أحد المحامين المجازين.

وبعد ذلك يكون لمراقب الشركات في وزارة الصناعة والتجارة النظر في طلب الشركاء فله قبول أو رفض ذلك الطلب وعلى أن يتم ذلك خلال خمسة عشر يوما من تاريخ تقديم الطلب إليه، فإن اختار رفض الطلب لوجود ما يخالف قانونية بعقد تأسيس تلك الشركة فلا يكون ذلك القرار قطعيا وإنما يحق للشركاء الاعتراض عليه لدى وزير الصناعة والتجارة خلال ٣٠ يوما من تاريخ تبلغهم القرار فإن كان قرار الوزير برد الاعتراض وتأييد قرار المراقب بالرفض جاز للشركاء الطعن بقرار الوزير لدى محكمة العدل العليا خلال ثلاثين يوما من تاريخ تبليغهم ذلك القرار والتي يكون قرارها بذلك قطعيا. وفي حال موافقة المراقب على طلب تسجيل شركة تضامن يقوم بإتمام معاملة التسجيل والنشر عن وجود هذه الشركة بالجريدة الرسمية[1].

ـــــــــــــــــــــــــــ

[1] المادة ١١/ب من قانون الشركات الأردني.

وبعد الانتهاء من إجراءات التسجيل يقوم مراقب الشركات بإصدار شهادة تسجيل للشركة[٢] علما بأنه لا يجوز لشركة التضامن المباشرة بأعمالها إلّا بعد القيام بعملية التسجيل ودفع الرسوم المتوجبة عليها لقاء ذلك وبعد قيام المراقب بالإعلان عـن تسجيل الشركة في الجريدة الرسمية ويجب أن يتضمن ذلك الإعلان كافة المعلومات الأساسية عن الشركة والتي وردت في عقد تأسيسها[٣].

وجميع الإجراءات المشار إليها سابقا الموافقة والتسجيل والنشر تكون مطلوبـة في حـال رغبة الشركاء بتعديل أو تغير أي من البيانات الأساسية في عقد الشركة وعلى أن يتـم ذلك خلال ثلاثين يوما من تاريخ وقوع ذلك التعـديل[٤] باستثناء التعديل أو التغير في عنـوان الشركة إذ توجب المادة ١٣ مـن قانون الشركات الأردني عـلى الشركة الطلب مـن المراقب تسجيل ذلك التغيير خلال سبعة أيام من إجرائه.

ومع ذلك يبقى من المتصور أن يباشر الشركاء في العمل دون الحصـول عـلى الترخيص المطلوب مما يثير الكثير من المشاكل القانونية لو ترك الأمر بدون تنظيم لـذلك قام المشـرع الأردني وبالمواد ١٥، ٢٨١، ٢٨٢ ببيان أثر قيام شركة تضامن وإجراء أعمال أو تصرفات مع الغير قبل تسجيل هذه الشركة لدى مراقب الشركات حسب الأصول وهـذه الآثار إما أن تكون أثار مدنية أو آثار جزائية[١]:

أ- الآثار المدنية: نصت عليها المادة ١٥ من قانون الشركات الأردني بقولها: ((إن التخلف عـن التقيد بإجراءات التسجيل المنصوص عليها في المواد ١١،١٣، ١٤ من هذا القانون لا يمنع من تقرير وجود الشركة فعلا أو تقرير التغيير الطارئ عليها لمصلحة الغير أو مـن تقرير بطلان الشركة أو التغيير لمصلحة الغير ولا يستفيد من

[٢] المادة ١١/جـ من قانون الشركات الأردني.

[٣] المادة ١١/د من قانون الشركات الأردني.

[٤] المادة ١٤ من قانون الشركات الأردني.

[١] د. عزيز العكيلي، مرجع سابق، ص٢٠٩-٢١١.

ذلك التخلف أي من الشركاء ويعتبر كل شريك متضامن مع الشركة وباقي الشركاء تجاه الغير في تحمل أي ضرر ينتج عن ذلك)).

مما تقدم يتضح أن من حق الغير وعلى ضوء مصلحته إما التمسك بعدم وجود الشركة التي لم تسجل رسميا حسب الأصول أو على العكس التمسك بوجودها كما يسري الحكم ذاته في حالة عدم قيد ما يطرأ من تغيير أو تعديل على عقد الشركة إذ يستطيع الغير التمسك بوجود التغيير أو عدم وجوده تبعا لمصلحته ويعد في حكم الغير دائن الشركة وكذلك دائن الشريك الشخصي. ويكون جميع الشركاء مسؤولين ومتضامنين مع الشركة من تحمل أي ضرر يصيب الغير نتيجة تخلف الشركاء عن تسجيل الشركة حسب الأصول القانونية.

ب- الآثار الجزائية: نصت عليها المادتين ٢٨١، ٢٨٢ حيث تعاقب المادة ٢٨١ كل شريك في شركة التضامن تخلف عن إجراء قيد أي تغيير طارئ على عقد الشركة بغرامة مقدارها دينار واحد عن كل يوم استمرت فيه المخالفة بعد انقضاء شهر من تاريخ حدوث هذا التغيير.

أما المادة ٢٨٢ فهي تعاقب الشركة عن كل مخالفة لأي حكم من أحكام هذا القانون أو أي نظام أو أي أمر صادر بمقتضاه ما لم ينص القانون على عقوبة خاصة لها يعاقب مرتكبها بغرامة لا تقل عن مائة دينار ولا تزيد على ألف دينار.

المبحث الثاني: إدارة شركة التضامن

المطلب الأول: ولاية الإدارة

سبق أن بينا أن أي شركة بعد إتمام إجراءات تأسيسها تكون مكتسبة للشخصية الاعتبارية المستقلة عن أشخاص الشركاء المكونين لها غير أن هذا الشخص المعنوي لا يمكنه ممارسة حقوقه وتنفيذ التزاماته بنفسه وإنما لا بد أن يقوم شخص طبيعي عنه بهذه المهام باسم الشركة ولحسابها ومثل هذا الشخص يدعى المدير أو المفوض بالإدارة، وهذا الشخص قد يكون من الشركاء كما يمكن أن يكون من الغير حيث نصت المادة ١٧ من قانون الشركات الأردني على أنه: ((يحق لكل شريك أن يشترك في إدارة شركة التضامن ويحدد عقد الشركة أسماء الشركاء المفوضين بإدارتها والتوقيع عنها وصلاحياتهم وعلى الشخص المفوض أن يقوم بأعمال الشركة وفقا لأحكام هذا القانون والأنظمة الصادرة بموجبة وفي حدود الصلاحيات المفوضة إليه والحقوق الممنوحة له بعقد الشركة ولا يجوز له تقاضي مكافأة أو أجر عن عمله في إدارة الشركة إلّا بموافقة باقي الشركاء)).

لذلك سنبحث في هذا المطلب مسائل عديدة مثل تعين المدير وعزله وسلطاته ومدى مسؤولية ومسؤوليته قبل الشركة عن أعماله.

الفرع الأول: تعيين المدير أو المديرين وعزلهم

يفهم من خلال نص المادة ١٧ من قانون الشركات الأردني بأنه: ((بأن عقد التأسيس لشركة التضامن يجب أن يكون مشتملا على أسماء المديرين المأذونين في الإدارة وفي التوقيع عن الشركة من الشركاء))، إلّا أن تلك المادة لا تمنع أن يكون المدير أو المديرين من غير الشركاء.

وتجدر الإشارة إلى أن الشركاء في شركة التضامن يفضلون عادة أن يكون المدير من بينهم كونه أكثر حرصا من غيره على مصلحة الشركة نظرا لطبيعة مسؤوليته عن ديون والتزامات الشركة ويكون تعيين المدير لأجل معلوم ومحدد أو غير محدد فإن كان الأجل غير محدد أعتبر المدير معينا لمدة بقاء الشركة ما لم ينص في عقد التأسيس على غير ذلك أو يعزل من قبل الشركاء أو المحكمة أما إذا كان تعيين المدير في عقد التأسيس لأجل محدد جاز للشركاء تمديد هذه المدة باتباع الإجراءات المطلوبة لتعديل عقد التأسيس[1].

وسواء كان تعيين المدير لأجل معلوم أو غير ذلك كان له أن يستقيل من إدارة الشركة شريطة اختيار الوقت المناسب لذلك وأن يكون ذلك لسبب وعذر مقبول وإلّا كان مسؤولا قبل الشركة عن تعويض كافة الأضرار التي قد تلحق بها بسبب استقالته، وقد أجاز قانون الشركات الأردني عزل الشخص المفوض بإدارة شركة التضامن إذا كان شريكا فيها ومعينا في عقد الشركة بتلك الصفة أو بعقد خاص بموافقة جميع الشركاء أو بناء على قرار يصدر بأكثرية تزيد على نصف عدد جميع الشركاء ما لم ينص عقد الشركة على غير ذلك[2].

كما أجاز القانون عزل الشريك المفوض بقرار يصدر من المحكمة المختصة بناء على طلب أحد الشركاء إذا رأت المحكمة سببا مشروعا يبرر هذا العزل[3].

الفرع الثاني: سلطات المدير المفوض وواجباته ومسؤولياته

بينت المادة ١٧ من قانون الشركات بأن على الشخص المفوض بإدارة شركة التضامن أن يقوم بأعمال الشركة وفقا لأحكام هذا القانون والأنظمة الصادرة بموجبه وفي حدود الصلاحيات المفوضة إليه والحقوق الممنوحة له بعقد الشركة.

---

[1] عزيز العكيلي، مرجع سابق، ص٢١٤.
[2] المادة ٢٠/أ من قانون الشركات الأردني.
[3] المادة ٢٠/ب من قانون الشركات الأردني.

وعلى ذلك، فإن أغراض الشركة المحددة في عقد التأسيس هي المحور الذي تتحدد على ضوئه سلطات المدير في إدارة الشركة، فيحق له القيام بجميع الأعمال القانونية التي تحقق أغراض الشركة سواء أكانت من أعمال الإدارة أم من أعمال التصرف وبذلك تخرج عن نطاق سلطاته القيام بأعمال تتعارض أو تتجاوز أغراض الشركة، كالتنازل عن حقوق الشركة لدى الغير أو بيع المحل التجاري الذي يتولى إدارته[4].

والقانون يفرض على الشخص المفوض في سبيل تحقيق الغايات التي أنشأت من أجلها الشركة القيام ببعض الواجبات نصت عليها المادتين ١٨، ١٩ من قانون الشركات الأردني، وهذه الواجبات هي:

١- على الشخص المفوض بإدارة شركة التضامن سواء كان شريكا فيها أو لم يكن العمل لصالحها بكل أمانة وإخلاص وأن يحافظ على حقوقها ويراعي مصالحها.

٢- كذلك على الشخص المفوض أن يقدم للشركاء فيها حسابات صحيحة عن أعمال الشركة ومعلومات وبيانات وافية عنها بصورة دورية مناسبة، وكلما طلب الشركاء أو أي منهم مثل تلك الحسابات والمعلومات والبيانات منه.

٣- يترتب على الشخص المفوض بإدارة شركة التضامن أن يقدم للشركاء فيها خلال مدة لا تزيد على ثلاثة اشهر من انتهاء عمله في إدارة الشركة سواء طلبوا منه ذلك أو لم يطلبوا ما يلي:

أ- حسابا عن كل منفعة نقدية أو عينية أو حقوق حصل عليها أو حازها من أي عمل يتعلق بالشركة قام به أو مارسه في سياق إدارته للشركة واحتفظ لنفسه بتلك المنفعة بما في ذلك أي منافع من ذلك القبيل حصل عليها نتيجة لاستغلاله اسم الشركة أو علاماتها التجارية أو شهرتها، كما يترتب عليه رد تلك المنافع للشركة بكامل

---

[4] د. أحمد زيادات، د. إبراهيم العموش، مرجع سابق، ص١٧٤.

مقدارها أو قيمتها وضمان الضرر الذي لحق بالشركة من جراء ذلك بما في ذلك الفوائد والنفقات والمصاريف التي تكبدتها الشركة.

ب- حسابا عن أي أموال أو موجودات تعود للشركة أقدم على وضعها تحت حيازته أو تصرفه واستعمالها أو استغلالها أو بقصد استغلالها لمنفعته الشخصية، وأن يعيد تلك الأموال والموجودات للشركة وضمان قيمة ما لحق بها من تلف وخسارة وتعويض الشركة عما تكبدته من عطل وضرر وما فاتها من ربح.

وتجدر الإشارة إلى أن الشخص المفوض بإدارة شركة التضامن يتحمل مسؤولية أي ضرر يلحقه بالشركة أو يلحق بها بسبب إهماله أو تقصيره وتسقط هذه المسؤولية بانقضاء خمس سنوات على انتهاء عمله في إدارة الشركة لأي سبب من الأسباب[1]، وذلك باستثناء الأفعال المنصوص عليها في المادة ١٩ من قانون الشركات والمشار إليها في البند الثالث من واجبات الشخص المفوض، كما أنه ليس ما في تلك الأفعال ما يمنع من تحميل مرتكبها مسؤولية جزائية بمقتضى أي قانون آخر[2].

وقد يكون لشركة التضامن أكثر من مدير، ففي مثل هذه الأحوال عادة ما يحدد عقد التأسيس سلطات كل واحد منهم، وبالتالي لا يكون هناك أية إشكاليات بين المدراء، ومع ذلك فمن المتصور أن يسكت عقد التأسيس عن تحديد سلطات هؤلاء المدراء، ففي مثل هذه الحالة وإزاء سكوت قانون الشركات عن معالجتها بشكل صريح، كان لا بد من إعمال نص المادة ١٧/ب من ذات القانون والتي بينت بأن كل شريك مفوض بإدارة شركة التضامن والتوقيع عنها يعتبر وكيلا عن الشركة بحيث تكون هذه الشركة ملتزمة بالأعمال التي يقوم بها بالنيابة عنها وبالآثار المترتبة على هذه الأعمال. أما إذا كان الشريك غير مفوض وقام بأي عمل باسم الشركة فتلتزم الشركة

---

[1] المادة ١٨/ب من قانون الشركات الأردني.

[2] المادة ١٩/ب من قانون الشركات الأردني.

تجاه الغير حسن النية بهذا العمل، وتعود على هذا الشريك بالمطالبة بالتعويض عـن جميـع الخسائر والأضرار التي قد تلحق بها من جراء هذا العمل.

المطلب الثاني: مسؤولية الشركة عن أعمال المفوض بالإدارة وتوزيع الأرباح والخسائر

الفرع الأول: مسؤولة الشركة عن أعمال المفوض بالإدارة

نصت المادة ١٧/ب من قانون الشركات الأردني علـى أن: ((كـل شريـك مفـوض بـإدارة شركة التضامن والتوقيع عنها يعتبر وكيلا عن الشركة تلتزم الشركة بـالأعمال التـي يقـوم بهـا بالنيابة عنها وبالآثار المترتبة على هذه الأعمال)).

يتضح من النص السابق بأن هناك مسؤولية عقدية للشركة في مواجهة الغير عن العقود التي أبرمها المفوض مع الغير باسم الشركة ونيابة عنهـا، وحتـى تقـوم المسـؤولية العقديـة للشركة لا بد أن تكون العقود التي أبرمها المفوض قد تمت باسم الشركة ولحسابها.

كذلك فإن الشركة أيضا هي المسؤولة عن أخطاء المفوض بإدارتها فيما إذا ألحقت بالغير أضرار كما لو ارتكب عملا من أعمال المنافسة غير المشروعة تمامـا كمـا لـو كانـت الشركة هـي التي قامت بذلك العمل وتبنى المسؤولية في هذه الحالة على المسـؤولية التقصيرية المـذكورة بالمادة ٢٥٦ من القانون المدني الأردني.

الفرع الثاني: توزيع الأرباح والخسائر

بينت المادة ١٦ من قانون الشركات الأردني بأن عقد شركة التضامن يحدد حقوق الشركاء والالتزامات المترتبة عليهم بحيث إذا لم ينص العقد على آلية توزيع الأرباح والخسائر كان على الشركاء توزيعها فيما بينهم كل بنسبة حصته في رأسمالها.

وقد أجاز القانون للشركاء في شركة التضامن الاتفاق على تغيير أو تعديل حقوقهم والالتزامات المترتبة عليهم تجاه بعضهم بموجب عقد الشركة أو في أي وثيقة أخرى شريطة الخضوع في ذلك لأحكام التسجيل والنشرـ في الجريدة الرسمية المنصوص عليها في قانون الشركات.

المبحث الثالث: مركز ومسؤولية الشريك في شركة التضامن

المطلب الأول: المسؤولية التضامنية للشريك

الفرع الأول: القاعدة العامة

رأينا أن من الخصائص التي تمتاز بها هذه الشركة عن غيرها من الشركات بأن مسؤولية الشريك فيها عن التزامات وديون الشركة لا تقف عند حدود مساهمته في رأسمالها بـل تتعـدى ذلك إلى أمواله الخاصـة، حيث يكون ضامنا بأمواله الشخصية لتلك الـديون والالتزامات بحيث تنتقل هذه المسؤولية ولورثته بعد وفاته في حدود تركته[1].

وبذلك يضيف المشرع ضمانا إضافيا لمصلحة دائني الشركة عوضا عـن أمـوال الشركة ذاتها، وذلك يعني أن الشركاء مسؤولين عن ديون الشركة والتزاماتها قبل الـدائنين وبالتـالي، يجوز لأي من دائني الشركة مطالبة جميع الشركاء فيها مجتمعين بدينه

---

[1] المادة ٢٦/أ من قانون الشركات الأردني.

على الشركة، كما يكون له أن يطالب بـه أي شريك دون أن يستطيع هـذا الأخير الـدفع، بوجوب الرجوع على الشركاء الآخرين أو تقسيم الدين بينه وبين بقية الشركاء[1].

ولكن تجدر الإشارة بأن القانون لا يجيز لـدائني شركـة التضامن التنفيـذ علـى الأمـوال الخاصة للشركاء فيها لتحصيل دينهم منها إلّا بعد قيامهم بالتنفيذ على أموال الشركة، فإن لم تكن هذه الأموال كافية للوفاء بدينهم كان لهم بعد ذلك الرجوع بما تبقى منه على الأمـوال الخاصة للشركاء[2].

الفرع الثاني: إعفاء أحد الشركاء من المسؤولية

من المسلم به بأن القواعد الخاصة بالمسؤولية التضامنية والشخصية للشركـاء فـي شركـة التضامن تكون متعلقة بالنظام العام، لذا فإن كل شرط يعفي الشريك مـن هـذه المسؤوليـة يعتبر باطلا في مواجهة الغير[3].

المطلب الثاني: مسؤولية الشريك المنسحب

أولا: أجاز قانون الشركات بالمـادة ٢٨ منـه لكـل شريـك فـي شركـة التضامن الانسحاب مـن الشركة بإرادته المنفردة إذا كانـت الشركة غيـر محـددة المـدة، لكـن فـي هـذه الحالـة يترتب على ذلك ما يلي:

١- ضرورة إبلاغ مراقب الشركات والشركاء الآخرين في الشركة إشعارا خطيا بالبريد المسجل يتضمن رغبته بالانسحاب من الشركة[4].

---

[1] د. أحمد زيادات، د. إبراهيم العموش، مرجع سابق، ص١٧٧.
[2] المادة ٢٧ من قانون الشركات الأردني.
[3] د. عزيز العكيلي، مرجع سابق، ص٢٠١.
[4] المادة ١/أ/٢٨ من قانون الشركات الأردني.

٢- يبقى الشريك المنسحب مسؤولا بالتضامن والتكافل مع الشركاء الباقين في الشركة عـن الديون والالتزامات التي ترتبت عليها قبل انسحابه منها ويعتبر ضامنا لها بأمواله الشخصية مع باقي الشركاء[1].

٣- يكون الشريك المنسحب مسؤولا تجاه الشركة والشركاء الباقين فيها عن أي عطل أو ضرر لحق بها أو بهم بسبب انسحابه من الشركة والتعويض عن ذلك[2].

ثانيا: أما إذا كانت شركة التضامن لمدة محددة فلا يجوز لأي شريك فيها الانسحاب منها خلال تلك المدة إلاّ بقرار من المحكمة[3].

المطلب الثالث: مسؤولية الشريك المنضم

أجاز قانون الشركات لكل شريك في شركة التضامن أن يتنازل عـن جـزء مـن حصصه لشريك جديد في الشركة كما أجازت للشركاء ضم شريك أو أكثر إليها شريطة موافقـة جميـع الشركاء إلاّ إذا نص عقد الشركة على غير ذلك، وبحيث يصبح الشريك الجديد مسؤولا عـن الـديون والالتزامـات التـي ترتبـت عـلى الشركـة بعـد انضـمامه إليهـا وضامنا لهـا بأمواله الخاصة[4].

المطلب الرابع: انتقال حصة الشريك إلى الورثة في حالة وفاة الشريك

ذكرنا سابقا بأن أحد البيانات التي يجب على الشركاء ذكرها في عقد التأسيس هـو بيـان الوضع الذي ستؤول إليه الشركة في حالة وفاة أي شريك فيها أو وفاة الشركاء جميعا، فإذا لم يمنع عقد الشركة أو أي عقد آخر وقعه جميع الشركاء قبل وفاة أحد

---

[1] المادة ٢٨/١/٢ من قانون الشركات الأردني.
[2] المادة ٢٨/١/٣ من قانون الشركات الأردني.
[3] المادة ٢٨/ب من قانون الشركات الأردني.
[4] المادة ٢٩ من قانون الشركات الأردني.

الشركاء من استمرارها رغم وفاة أحد الشركاء فإن هذه الشركة تبقى قائمة وبحيث يستمر وجودها في حالة وفاة أحد الشركاء فيها[5].

وينضم من يرغب من ورثة الشريك المتوفى إلى الشركة بنسبة ما آل إليه من حصة مورثه بصفة شركاء متضامنين إذا كانوا ممن تتوفر فيهم الشروط الواجب توفرها أصلا في الشريك المتضامن وفقا لأحكام القانون[1].

أما إذا كان من بين ورثة المتوفى قاصرا أو فاقدا للأهلية القانونية فينضم إلى الشركة بصفة شريك موصي وتتحول عندها الشركة حكما إلى شركة توصية بسيطة[2].

المطلب الخامس: اكتساب صفة التاجر

نصت على ذلك المادة ٩/جـ من قانون الشركات الأردني، بحيث يعتبر جميع الشركاء في هذه الشركة مكتسبين لصفة التاجر سواء تدخلوا في إدارتها أم لم يتدخلوا، ولهذا كان من الطبيعي أن يشترط القانون فيمن يود الاشتراك في شركة تضامن أن يكون متمتعا بالأهلية اللازمة لممارسة الأعمال التجارية، فكان من المنطقي أيضا أن لا يجيز المشرع بمقتضى المادة ١٠/ب من قانون الشركات الأردني لأي شخص الاشتراك في شركة تضامن إلّا إذا كان قد أكمل الثامنة عشرة من عمره على الأقل.

[5] المادة ٣٠/أ/١ من قانون الشركات الأردني.
[1] المادة ٣٠/أ/٢ من قانون الشركات الأردني.
[2] المادة ٣٠/أ/٣ من قانون الشركات الأردني.

المطلب السادس: أثر الإفلاس لكل من الشركة والشركاء على الآخر

أولا: أثر إفلاس أحد الشركاء على شركة التضامن

في حالة إفلاس أحد الشركاء في شركة التضامن يكون لدائني الشركة حق الامتياز في طابق إفلاسه على ديونه الخاصة ولا يترتب على إشهار إفلاس أحد الشركاء في شركة التضامن إشهار إفلاس تلك الشركة، وإنما يترتب على ذلك انقضاء الشركة ما لم يقرر باقي الشركاء استمرارها بينهم وفقا لعقد الشركة[3].

ثانيا: أثر إفلاس الشركة على الشركاء المتضامنين

أما في حالة إفلاس الشركة فإنه يشهر إفلاس الشركاء فيها، وذلك لكونهم مسؤولون مسؤولية تضامنية وشخصية عن ديون الشركة[1].

المطلب السابع: واجبات الشريك في شركة التضامن

حظرت المادة ٢١ من قانون الشركات الأردني على الشريك في شركة التضامن القيام بأي عمل من الأعمال التالية دون موافقة خطية مسبقة من باقي الشركاء:

١- عقد أي تعهد مع الشركة للقيام بأي عمل لها مهما كان نوعه.

٢- عقد أي تعهد أو اتفاق مع أي شخص إذا كان موضوع التعهد أو الاتفاق يدخل ضمن غايات الشركة وأعمالها.

٣- ممارسة أي عمل أو نشاط ينافس به الشركة سواء مارسه لحسابه الخاص أو لحساب غيره.

[3] المادة ٣٢/هـ من قانون الشركات الأردني.
[1] المادة ٣١ من قانون الشركات الأردني.

٤- الاشتراك في شركة أخرى تمارس أعمالا مماثلة أو مشابهة لأعمـال الشركـة أو القيام بـإدارة مثل تلك الشركات، ولا يشمل ذلك مجرد المساهمة في الشركات المساهمة العامة.

المبحث الرابع: انقضاء شركة التضامن وفسخها

المطلب الأول: انقضاء شركة التضامن بحكم القانون

أوضحت المادة ٣٢ من قانون الشركات الأردني الحالات التي تنقضي بها شركة التضامن، وهي:

١- باتفاق الشركاء جميعهم على حل الشركة أو دمجها في شركة أخرى:

من حق الشركاء في أي وقت حـل شركة التضامن وإن لم ينتـه أجلهـا شريطة موافقـة جميع الشركاء على ذلك، كذلك الحال فإن اتفاق الشركاء جميعا على دمجها في شركة أخـرى من شأنه أن يؤدي لانقضاء شركتهم.

٢- بانتهاء المدة المحددة للشركة سواء كانت المدة الأصلية لها أو التي مددت إليهـا باتفـاق جميع الشركاء:

لم يشترط القانون على الشركاء في شركة التضامن تحديـد مـدة عمـل الشركة في عقـد تأسيسها وإنما ترك ذلك لإرادة الشركاء، فإن شاءوا حددوا للشركة مدة معينة تنقضي الشركة بانتهاء هذه المدة ما لم يتفق الشركاء قبل انقضاء تلك المدة على تمديدها.

٣- بانتهاء الغاية التي أسست من أجلها:

فإن كان الغرض من تأسيس الشركة القيام بأعمال معينة يجوز للشركاء تحديد مـدتها بانتهاء هذا العمل، و ذلك يجوز للشركاء قبل الانتهاء من تلك الأعمال الاتفاق على استمرار الشركة للقيام بأعمال جديدة.

٤- ببقاء شريك واحد فيها:

الأصل في الشركات أن يتعدد الشركاء فيها، والقانون الأردني يحـدد عـدد الشركاء لشركة التضامن باثنين كحد أدنى، فإن انخفض العدد عن اثنين لأي سـبب مـن الأسـباب فـلا يـؤدي ذلك لفسخ الشركة مباشرة وإنما يكون عـلى الشريـك البـاقي إدخـال شريـك جديد أو أكـثر للشركة عوضا عن الشريك المنسحب وذلك خلال ثلاثة اشهر مـن تاريخ الانسحاب، فإن لم يقم بذلك خلال تلك المدة تنفسخ الشركة حكما[1].

٥- بإشهار إفلاس الشركة وفي هذه الحالة يترتب على إفلاس الشركة إفلاس الشركاء:

إن توقفت شركة التضامن عن دفع ديونها التجارية أو قامت بدعم الثقـة المالية بهـا بوسائل يظهر بجلاء أنها غير مشروعة جاز شهر إفلاسها، وإفلاس الشركة لا يتم إلاّ بحكم من المحكمة المختصة بناء على طلب ممثلها القانوني أو أحد الـدائنين، كـما يجـوز للمحكمـة أن تقضي بإشهار إفلاس الشركة من تلقاء ذاتها ويترتب على إشهار إفلاس الشركة إشهار إفلاس الشركاء.

---

[1] المادة ٢٨/د من قانون الشركات الأردني.

٦- بإشهار إفلاس أحد الشركاء فيها أو بالحجر عليه ما لم يقرر باقي الشركاء جميعهم استمرار الشركة بينهم:

إن صدور حكما قضائيا بإشهار إفلاس أحد الشركاء أو بالحجر عليه من شأنه أن يؤدي لانقضاء هذه الشركة حكما ما لم يقر باقي الشركاء استمرار الشركة بينهم رغم ما حصل مع شريكهم المفلس أو المحجور عليه.

٧- بفسخ الشركة بحكم قضائي:

تعرض قانون الشركات بالمادة ٣٣ منه لحالات فسخ الشركة بحكم قضائي وهذه الحالات سنأتي لتوضيحها بالمطلب الثاني من هذا المبحث.

٨- بشطب تسجيل الشركة بقرار من المراقب بمقتضى أحكام قانون الشركات:

بينت المادة ٣٤/أ من قانون الشركات الأردني الحالات التي يجوز فيها للمراقب شطب تسجيل شركة التضامن، وهي:

أ- إذا توقفت الشركة عن ممارسة أعمالها فعلى الشريك المفوض أو أي شريك فيها تبليغ المراقب بذلك خلال مدة لا تزيد على ثلاثين يوما من تاريخ توقفها.

ب- وكذلك إذا وصل لعلم المراقب أن الشركة متوقفة عن ممارسة أعمالها فله أن يمهل الشركة للعودة لممارسة تلك الأعمال خلال مدة يحددها لها كما يجوز له مباشرة شطب تسجيل الشركة وإعلان ذلك في الجريدة الرسمية وفي إحدى الصحف المحلية لمرة واحدة على الأقل على نفقة الشركة.

وفي جميع الأحوال يجوز لأي متضرر من قرار المراقب بإلغاء تسجيل شركة التضامن أن يطعن فيه لدى محكمة العدل العليا خلال ثلاثين يوما من تاريخ نشر القرار

في الجريدة الرسمية ويعتبر الحكم الذي تصدره المحكمة في هذه الحالة قطعيا ويترتب على المراقب نشره في الجريدة الرسمية بعد تبليغه له.

المطلب الثاني: فسخ شركة التضامن

أشارت المادة ٣٣/١أ إلى الحالات التي يجوز فيها فسخ الشركة بناء على دعوى يقدمها أحد الشركاء للمحكمة وهذه الحالات هي:

١- إذا أخل أي شريك بعقد الشركة إخلالا جوهريا مستمرا أو ألحق ضررا جسيما بها نتيجة ارتكابه خطأ أو تقصيرا أو إهمالا في إدارة شؤونها أو في رعاية مصالحها أو المحافظة على حقوقها. فالإخلال بعقد الشركة الذي يترتب عليها الفسخ لا بد أن يكون مستمرا ويلحق ضررا جسيما بالشركة كتخلف أحد الشركاء عن دفع القسط المتبقي من حصته في رأسمال الشركة، وكذلك الحال فيما لو نتج عن إهمال أو تقصير أحد الشركاء ضررا جسيما بالشركة كبيع منتجات الشركة بسعر زهيد يقل كثيرا عن سعر السوق.

٢- إذا لم يعد ممكنا استمرار الشركة في أعمالها إلّا بخسارة لأي سبب من الأسباب، إن الغرض الأساسي من إنشاء هذه الشركة هو تحقيق ربح، فإذا أصبح من المتعذر استمرار الشركة إلّا بخسارة كان لأي من الشركاء التقدم للمحكمة بطلب فسخ هذه الشركة.

٣- إذا خسرت الشركة جميع أموالها أو جزءا كبيرا منها بحيث أصبحت الجدوى منتفية من استمرارها لا إلزام الشركاء في البقاء بشركة منهارة أو معرضة للانهيار خاصة أن الشركاء في شركة التضامن مسؤولون عن ديون والتزامات الشركة بأموالهم الشخصية وبصورة تضامنية مع الشركة.

٤- إذا وقع أي خلاف بين الشركاء وأصبح معه استمرار الشركة متعذرا، كما نعلم بأن هذه الشركة تقوم أساسا على الاعتبار الشخصي بين الشركاء، فإذا حدث

خلاف بينهم لأي سبب من الأسباب يصبح معه استمرار الشركة متعذرا جاز في هذه الحالة الطلب من المحكمة بفسخ هذه الشركة.

٥- إذا أصبح أي من الشركاء عاجزا بشكل دائم عن القيام بأعماله تجاه الشركة أو الوفاء بالتزاماتها.

وقد بينت المادة ٣٣/ب من قانون الشركات الأردني أن للمحكمة سلطة تقديرية في اتخاذ القرار الذي تراه مناسبا عند نظرها لدعوى فسخ شركة تضمن بقولها: ((للمحكمة في أي حالة من الحالات المنصوص عليها في الفقرة أ من هذه المادة إما أن تقرر فسخ الشركة أو أن تقرر بقائها واستمرارها في العمل بعد إخراج شريك أو أكثر منها إذا كان ذلك حسب تقديرها سيؤدي إلى استمرار الشركة في أعمالها بصورة طبيعية يحقق مصلحة الشركة والشركاء الباقين فيها وتحفظ حق الغير)). وهذا النهج من المشرع الأردني يلاقي استحسانا لدى الفقه[1] حيث أن إعطاء المحكمة سلطة تقديرية بخصوص القرار الذي ستتخذه في دعوى الفسخ يسمح ببقاء الشركات الناجحة والمزدهرة بإخراج الشريك العاجز عن القيام بأعماله في مواجهتها حفاظا على مصلحة الشركة والشركاء الباقين والغير.

المبحث الخامس: تصفية شركة التضامن

إذا ما توافرت أي من الحالات التي نص عليها القانون بانقضاء أو فسخ شركة التضامن فإن هذه الشركة حتما ستنقضي ـ وينحل عقدها حيث تدخل الشركة بعد ذلك مرحلة التصفية والتي تهدف لتسوية العلاقات القانونية التي نشأت عن الوجود القانوني للشركة حيث يقصد الفقه[2] بالتصفية مجموعة الأعمال والإجراءات التي تتخذ

---

[1] د. أحمد زيادات و د. إبراهيم العموش، مرجع سابق، ص١٩٥.
[2] د. عزيز العكيلي، مرجع سابق، ص٢٤٠.

لاستيفاء حقوق الشركة وسداد ديونها وحصر موجوداتها بقصد تحديد صافي أموال الشركة التي توزع بين الشركاء بطريق القسمة.

وتجدر الإشارة إلى أن المادة ٣٥/ب من قانون الشركات الأردني تحتفظ لشركة التضامن الموجودة تحت التصفية بشخصيتها الاعتبارية إلى أن تتم تصفيتها وذلك بالقدر وإلى المدى اللازمين للتصفية ولإجراءاتها، وتنتهي سلطة المدير المفوض بإدارة أعمال الشركة في هذه الحالة سواء كان من الشركاء أو من غيرهم، وتنتقل معظم تلك الصلاحيات لشخص يدعى (المصفي).

لذلك علينا الآن البحث في الأحكام الخاصة بالمصفي والتي نصت عليها المواد ٣٥-٤٠ من قانون الشركات الأردني، من حيث تعيينه وتحديد أتعابه وعزله وسلطاته ومدى مسؤوليته وواجباته والإجراءات التي يتبعها في التصفية وفي تقسيم الأرباح والخسائر وما تبقى من أموال.

المطلب الأول: تعيين المصفي وتحديد أتعابه وعزله

أشارت المادة ٣٥ من قانون الشركات الأردني إلى أن شركة التضامن تعتبر في حالة تصفية بعد انقضائها لأي سبب من الأسباب بما في ذلك شطب تسجيلها حيث تتم التصفية وفقا لنصوص عقد الشركة أو أي وثيقة موقعة من جميع الشركاء، فإذا لم يوجد بينهم مثل ذلك الاتفاق فيتبع في تصفية الشركة وتقسيم أموالها بين الشركاء أحكام قانون الشركات.

كما بينت المادة ٣٥/ب من قانون الشركات الأردني بأن سلطات المديرين المفوضين بإدارة شركة التضامن تنتهي في دور التصفية سواء كان من الشركاء أو غيرهم فلا تعود لهم صفة في تمثيل الشركة وإنما يتولى ذلك شخص يدعى (المصفي) والذي توكل إليه مهمة إجراء العمليات اللازمة لتصفية الشركة.

فإذا كانت تصفية شركة التضامن اختيارية باتفاق جميع الشركاء فيعين المصفي عادة من قبل الشركاء في عقد تأسيس الشركة، أو في اتفاق لاحق وتحدد أجوره من قبلهم، فإن اختلفوا على ذلك فيتم تعيين المصفي وتحديد أجوره من قبل المحكمة بناء على طلب الشركاء أو أي منهم، أما إذا كانت الشركة قد انقضت بحكم القانون أو بقرار قضائي فيتم تعيين المصفي وتحديد أجوره من قبل المحكمة[1]، ولا يشترط القانون في أن يكون المصفي من بين الشركاء، فقد يكون من بين الشركاء أو من الغير، وكذلك الحال فإن قانون الشركات لم يحدد حالات معينة لعزل المصفي فتبقى هذه المسألة خاضعة لحكم القواعد العامة وبذلك يجوز عزله من قبل السلطة التي عينته، كما يجوز ذلك للمحكمة حتى ولو تم تعيينه من قبل الشركاء[2].

المطلب الثاني: سلطات المصفي وواجباته

عادة ما يعين عقد تأسيس الشركة أو قرار تعيين المصفي اختصاصات وواجبات المصفي ولكن إذا لم تحدد تلك الواجبات كان لمصفي أن يقوم بجميع الأعمال التي تقتضيها تصفية حقوق الشركة وديونها وقد أشار المشرع الأردني إلى بعض تلك الواجبات وما يرد عليها من قيود في المواد ٣٧-٤٠ من قانون الشركات وهذه هي:

١- توجب المادة ٣٧/أ من ذلك القانون على المصفي لشركة التضامن أن يبدأ عمله بإعداد قائمة تتضمن أموال الشركة وموجوداتها وأن يعمل على تحديد ما لها من حقوق على الغير وما عليها من التزامات كما تبين له بأنه لا يحق له أن يتنازل عن أي من هذه الأموال والموجودات والحقوق أو يتصرف بها إلّا بموافقة مسبقة من جميع الشركاء.

---

[1] المادة ٣٦ من قانون الشركات الأردني.
[2] د. عزيز العكيلي، مرجع سابق، ص٢٤١.

٢- كذلك فإن المادة ٣٧/ب من قانون الشركات تمنع المصفي من ممارسة أي عمل جديد من شأنه إحياء الشركة أو تحميلها التزامات جديدة إلاّ ما كان لازما أو ضروريا لإتمام عمل سبق للشركة أن بدأته.

٣- كما أن المادة ٣٨ من قانون الشركات توجب على المصفي التقيد بالإجراءات القانونية والعملية لتصفية شركة التضامن وفقا لأحكام هذا القانون وأي تشريع أخر يرى أنه يترتب عليه تطبيقه بما في ذلك تحصيل الديون المستحقة للشركة وتسديد الديون المستحقة عليها حسب الأولوية القانونية المقررة لها.

المطلب الثالث: إجراءات التصفية

بعد أن يقوم المصفي بحصر موجودات الشركة وتحويلها لنقود عليه استعمال تلك النقود لتسوية التزاماتها وتسديد ديونها الشركة وفق الترتيب التالي:

١- نفقات التصفية وأتعاب المصفي.

٢- المبالغ المستحقة على الشركة للعاملين فيها.

٣- المبالغ المستحقة على الشركة للخزينة العامة.

٤- الديون المستحقة على الشركة لغير الشركاء فيها على أن تراعى في دفعها حقوق الامتياز.

٥- القروض التي قدمها الشركاء للشركة ولم تكن جزء من حصصهم في رأس مالها.

وبعد تسديد تلك الديون يصار لتقسيم ما تبقى من أموال الشركة بين الشركاء علما بأنه لا يوجد بالقانون ما يشير إلى أن من واجبات المصفي القيام بعملية تقسيم الأرباح والخسائر وبالتالي فإن دور المصفي يكون منتهيا بتسليم الشركاء في تلك الشركة المبالغ المتبقية منها بعد سداد الديون والالتزامات عليها حيث ينال كل شريك من الربح ويتحمل من الخسارة حسب النسبة المتفق عليها والمحددة في عقد الشركة فإذا

لم ينص العقد على هذه النسبة فيتم توزيع الأرباح والخسائر بنسبة حصة كـل مـنهم في رأسمالها[1].

وتجدر أخيرا الإشارة إلاّ أن القانون يوجب على المصفي عند الانتهاء مـن تصـفية شركة التضامن أن يقدم لكل شريك فيها حسابا ختاميا عن الأعمال والإجراءات التـي قـام بهـا في سياق التصفية ويقدم ذلك الحساب إلى المحكمة إذا كان المصفي قد عـين مـن قبلهـا حيـث يكون عليه بعد ذلك تبليـغ المراقب في جميع حـالات أسباب التصفية نسخة مـن ذلك الحساب حتى يتمكن المراقب من الإعلان عن تصفية الشركة في الجريدة الرسمية[2].

[1] المادة ٣٩ من قانون الشركات الأردني.
[2] المادة ٤٠ من قانون الشركات الأردني.

الفصل الثالث
شركة التوصية البسيطة

تمهيد:

تعد شركة التوصية البسيطة من شركات الأشخاص القائمة على الاعتبار الشخصي، وقد نظمها المشرع الأردني بالمواد ٤١-٤٨ من قانون الشركات الأردني والتي سنتولى من خلال شرح أحكامها تسليط الضوء على أهم السمات والخصائص التي تمتاز بها هذه الشركة.

المبحث الأول: التعريف بشركة التوصية البسيطة وبيان خصائصها

المطلب الأول: تعريف شركة التوصية البسيطة

بينت المادة ٤١ من قانون الشركات الأردني بأن شركة التوصية البسيطة تتألف من فئتين من الشركاء تدرج أسمائهم وجوبا في عقد الشركة.

الفئة الأولى: الشركاء المتضامنون

وهم الذين يتولون إدارة الشركة وممارسة أعمالها، ويكونوا مسؤولين بالتضامن والتكافل عن ديون الشركة والالتزامات المترتبة عليها في أموالهم الخاصة.

الفئة الثانية: الشركاء الموصون

ويشاركون في رأس مال الشركة دون أن يحق لهم إدارة الشركة أو ممارسة أعمالها أو يكون كل منهم مسؤولا عن ديون الشركة والالتزامات المترتبة عليها بمقدار حصته في رأسمال الشركة.

المطلب الثاني: خصائص شركة التوصية البسيطة

تمتاز شركة التوصية البسيطة بالخصائص التالية:

١- تعتبر هذه الشركة من شركات الأشخاص التي تقوم على مبدأ الثقة والتعاون بين الشركاء[1].

٢- لا يكتسب الشريك الموصي فيها صفة التاجر.

٣- إفلاس الشريك الموصي أو إعساره أو وفاته أو فقدانه الأهلية أو إصابته بعجز دائم لا يؤدي إلى انقضاء الشركة[2].

٤- كقاعدة عامة لا يشترك الشريك الموصي في إدارة شركة التوصية البسيطة حيث تقتصر الإدارة على الشركاء المتضامنون، ومع ذلك فإن اشترك الشريك الموصي بالإدارة لأي سبب كان فإنه يكون مسؤولا عن جميع ديونها والتزاماتها أثناء فترة اشتراكه بإدارتها كأنه شريك متضامن[3].

٥- يستطيع الشريك الموصي أن يتنازل عن حصته للغير بإرادته المنفردة[4].

المبحث الثاني: تكوين شركة التوصية البسيطة

تتألف شركة التوصية البسيطة من عدد من الشركاء لا يقل عن اثنين، وهم على نوعين تدرج أسماؤهم وجوبا في عقد الشركة، وهما الشركاء المتضامنون والشركاء الموصون.

---

[1] د. فوزي محمد سامي، مرجع سابق، ص١٧٦.
[2] المادة ٤٧ من قانون الشركات الأردني.
[3] أشارت لذلك المواد ٤١، ٤٣ من قانون الشركات الأردني.
[4] المادة ٤٤ من قانون الشركات الأردني.

وقد نصت المادة ٤٢ من قانون الشركات الأردني لعام ١٩٩٧م على أنه: ((لا يجوز أن يشتمل عنوان شركة التوصية البسيطة إلاّ على أسماء الشركاء المتضامنون وإذا لم يكن فيها إلاّ شريك واحد متضامن فيجب أن تضاف عبارة "وشركاه" إلى أسمه كما لا يجوز أن يدرج اسم أي شريك موصي في عنوان شركة التوصية البسيطة، فإذا أدرج بناء على طلبه أو بعلمه بذلك، كان مسؤولا عن ديون الشركة والالتزامات المترتبة عليها كشريك متضامن تجاه الغير ممن يكون قد اعتمد في تعامله مع الشركة على ذلك بحسن نية)).

ولم يورد المشرع أحكاما خاصة لتسجيل وترخيص هذه الشركة إلاّ أن المادة ٤٨ من قانون الشركات الأردني قد أوضحت بأنه ((ينطبق على شركة التوصية البسيطة الأحكام التي تطبق على شركة التضامن المنصوص عليها في القانون المذكور وذلك في الحالات والأمور التي لم يرد عليها النص في هذا الباب ومن ذلك بالطبع أحكام التسجيل وبالتالي يجب عند تسجيل شركة التوصية البسيطة التقدم لمراقب الشركات بعقد الشركة متضمن أسماء الشركاء المتضامنون والموصون والبيانات الأخرى التي سبق الإشارة إليها في شركة التضامن.

كما يجب عليهم توقيع عقد الشركة أمام مراقب الشركات أو من يفوضه بذلك خطيا أو أمام كاتب العدل أو أحد المحامين المجازين وبعد ذلك يصدر المراقب قراره حول تسجيل تلك الشركة فإن وافق على تسجيلها والترخيص لها نصل للمرحلة الأخيرة من إجراءات تسجيل شركة التوصية البسيطة وبعد النشر بالجريدة الرسمية تكتسب الشخصية الاعتبارية [1].

---

[1] أنظر تفصيل تلك الإجراءات ص ١٥-١٥١ من هذا الكتاب.

المبحث الثالث: إدارة شركة التوصية البسيطة

إن إدارة شركة التوصية البسيطة مقصورة على الشركاء المتضامنون جميعا كما يمكن تفويض أحدهم بإدارة شؤون الشركة وقد يتم تعيين ذلك المدير في عقد تأسيس الشركة أو يتفق الشركاء المتضامنين على ذلك فيما بعد وهذا ويمكن أن يتولى إدارة الشركة شخصا أجنبيا من غير الشركاء كما هو الحال في شركة التضامن. وقد نصت المادة ٤١ من قانون الشركات الأردني أن الشركاء المتضامنون يتولون إدارة الشركة وممارسة أعمالها، ويكون هؤلاء مسؤولين بالتضامن والتكافل عن ديون الشركة والالتزامات المترتبة عليها في أموالهم الخاصة. وكذلك بينت المادة ٤٣ من قانون الشركات بأنه: لا يجوز للشريك الموصي المساهمة في إدارة شركة التوصية البسيطة أو التدخل في هذه الإدارة أو ممارسة أي عمل من أعمالها وإلّا كان مسؤولا كشريك متضامن عن ديون الشركة والالتزامات المترتبة عليها. وتحقيقا للأحكام المقصودة من المادة لا تعتبر مراقبة الشركاء المتضامنون ومدير الشركة المفوض والاستيضاح منهم عن أعمال الشركة والآراء المقترحة التي تقدم لهم أو لأي منهم مساهمة في إدارة الشركة أو تدخلا فيها أو في عمل من أعمالها.

المبحث الرابع: مركز الشريك الموصي في شركة التوصية البسيطة

أولا: من المعروف أن هذا النوع من الشركات يتألف من نوعين من الشركاء: الأول شركاء متضامنون والثاني شركاء موصون، وهذا ويكون الشركاء المتضامنون مسؤولين مسؤولية شخصية وتضامنية عن ديون الشركة والتزاماتها أمام الغير بينما تكون مسؤولية الشركاء الموصون في شركة التوصية البسيطة طالما لم يتدخلوا في إدارتها محدودة بمقدار مساهمة كل منهم في رأسمال الشركة.

كما لا يجيز القانون أن يشتمل عنوان شركة التوصية البسيطة إلاّ على أسماء الشركاء المتضامنون. وإذا لم يكن هناك إلاّ شريك واحد متضامن فيجب أن تضاف عبارة (وشركاه) إلى اسمه، كما لا يجوز أن يدرج اسم أي شريك موصي في عنوان شركة التوصية البسيطة. وفي حالة إدراج بناء على طلبه أو بعلمه بذلك كان مسؤولا عن ديون والتزامات الشركة التي ترتبت عليها كشريك متضامن تجاه الغير ممن يكون قد اعتمد في تعامله مع الشركة على ذلك بحسن نية^(١).

ثانيا: وقد بينت المادة ٤٣ من قانون الشركات الأردني بأنه: يحق للشريك الموصي أن يطلع على دفاتر شركة التوصية البسيطة وحساباتها والسجلات الخاصة بالقرارات المتخذة في سياق إدارتها، وأن يتداول مع الشركاء المتضامنون أو مع مديري الشركة بشأنها.

ثالثا: وكذلك فقد أوضحت المادة ٤٤ من قانون الشركات الأردني بأنه: يحق للشريك الموصي في شركة التوصية البسيطة التنازل عن حصته بإدارته المنفردة إلى شخص آخر ويصبح هذا الشخص شريكا موصيا في الشركة إلاّ إذا وافق جميع الشركاء المتضامنين على أن يدخل شريكا متضامنا في الشركة.

المبحث الخامس: انقضاء وفسخ شركة التوصية البسيطة وتصفيتها

تنقضي شركة التوصية البسيطة ويفسخ عقدها إذا ما توافرت أي من حالات انقضاء أو فسخ شركة التضامن وذلك إعمالا لنص المادة ٤٨ من قانون الشركات الأردني مع مراعاة الأحكام الخاصة التي تمتاز بها شركة التوصية التضامن خاصة ما أشارت إليه المادة ٤٧ من قانون الشركات بقولها: ((لا تفسخ شركة التوصية

---

^(١) المادة ٤٢ من قانون الشركات الأردني.

البسيطة بإفلاس الشريك الموصي أو إعساره أو وفاته أو فقدان الأهلية أو إصابته بعجز دائم)).

وما قيل عن الانقضاء والفسخ يقال أيضا عن تصفية هذه الشركة وبذلك تنطبق على تصفية شركة التوصية البسيطة كافة الأحكام القانونية المطبقة على تصفية شركة التضامن[1].

_____

[1] أنظر في تفصيل ذلك ص ١٦٥-١٦٨ من هذا الكتاب.

الفصل الرابع
شركة المحاصة

تمهيد:

تعتبر شركة المحاصة من الشركات التجارية القائمة على الاعتبار الشخصي- إلاّ أنها لا تتمتع بالشخصية الاعتبارية عند تأسيسها كما في شركات الأشخاص الأخرى، حيث نظمها المشرع الأردني بالمواد ٤٩-٥٢ من قانون الشركات الأردني، والتي سنتعرف من خلالها على أهم الصفات التي تمتاز بها هذه الشركة والأحكام القانونية المنظمة لها سواء من حيث الإدارة و/أو ملكية الحصص فيها وانقضائها وتصفيتها.

المبحث الأول: تعريف شركة المحاصة وخصائصها

المطلب الأول: تعريف شركة المحاصة

عرفت المادة ٤٩/أ من قانون الشركات الأردني هذه الشركة بقولها: ((شركة المحاصة شركة تجارية تنعقد بين شخصين أو أكثر يمارس أعمالها شريك ظاهر يتعامل مع الغير بحيث تكون الشركة مقتصرة على العلاقة الخاصة بين الشركاء على أنه يجوز إثبات الشركة بين الشركاء بجميع طرق الإثبات)). كما ونصت المادة ٤٩/ب من ذات القانون بأنه: ((لا تتمتع شركة المحاصة بالشخصية الاعتبارية ولا تخضع لأحكام وإجراءات التسجيل والترخيص)).

نلاحظ من النص السابق بأن المشرع الأردني قد أشار لأهم الخصائص والسمات التي تمتاز بها هذه الشركة ومع ذلك فقد بقي التعريف الذي أورده المشرع لهذه الشركة قاصرا عن الإلمام بجميع الخصائص المميزة لها عن غيرها من الشركات.

المطلب الثاني: خصائص شركة المحاصة

وعليه يمكن إيجاز خصائص شركة المحاصة بما يلي:

1- تعتبر من شركات الأشخاص التجارية إلاّ أنها شركة مستترة تمارس أعمالها من خلال شريك ظاهر يتعامل مع الغير بصفته الشخصية بحيث تكون الشركة مقتصرة على العلاقة الخاصة بين الشركاء[١].

2- لا تخضع هذه الشركة لأحكام وإجراءات التسجيل كما هو الحال في الشركات الأخرى وبذلك لا تتمتع شركة المحاصة بالشخصية الاعتبارية ولا بالآثار الناتجة عن اكتساب هذه الشخصية[٢].

3- لا يعتبر الشريك غير الظاهر في شركة المحاصة تاجرا إلاّ إذا قام بالعمل التجاري بنفسه[٣].

4- ليس للغير الحق بالرجوع إلاّ على الشريك الظاهر الذي تعامل معه في شركة المحاصة. ما لم يقر أحد الشركاء فيها بوجود الشركة أو صدر عنه ما يدل للغير على وجودها بين الشركاء وفي هذه الحالة يجوز اعتبار الشركة قائمة فعلا ويصبح الشركاء فيها مسؤولين تجاه ذلك الغير بالتضامن[٤].

5- يحدد عقد شركة المحاصة حقوق الشركاء في الشركة وكذلك الالتزامات المترتبة عليهم تجاه الشركة وكذلك تجاه بعضهم البعض بما في ذلك كيفية توزيع الأرباح والخسائر[٥].

6- يمكن إثبات وجود عقد الشركة بكافة طرق الإثبات كالكتابة والشهادة وغيرها[٦].

---

[١] المادة ٤٩/أ من قانون الشركات الأردني.
[٢] المادة ٤٩/ب من قانون الشركات الأردني.
[٣] المادة ٥٠ من قانون الشركات الأردني..
[٤] المادة ٥١ من قانون الشركات الأردني.
[٥] المادة ٥٢ من قانون الشركات الأردني.
[٦] المادة ٤٩/أ من قانون الشركات الأردني.

المبحث الثاني: إدارة شركة المحاصة ومسؤولية الشركاء واقتسام الربح والخسارة

المطلب الأول: إدارة شركة المحاصة ومسؤولية الشركاء

لما كانت شركة المحاصة من الشركات التي ليس لها شخصية اعتبارية، لذلك لا يتولى إدارتها مدير يعمل باسمها ولحسابها وإنما ينظم الشركاء كيفية إدارتها، وبذلك تكون إدارة شركة المحاصة بناء على اتفاق بين الشركاء، فقد يتفق الشركاء على أن يقوم أحدهم بالعمل كله، أو أن يقوم كل منهم باسمه الشخصي بأعمال معينة من أعمالها، كما يمكن أن يعهدوا بإدارتها لشخص أجنبي عنهم، كما يمكن لهم الاتفاق على أن يمارس تلك الإدارة عدد من الشركاء من بينهم.

وفي جميع الأحوال يعتبر مدير هذه الشركة بالنسبة للغير وكأنه يعمل لنفسه، لذلك كان من المنطقي أن لا يضفي القانون صفة التاجر على الشريك غير الظاهر في هذه الشركة[(1)].

والمدير في شركة المحاصة إنما يتعامل مع الغير أصالة عن نفسه وبالنيابة عن باقي الشركاء وتكون له جميع الصلاحيات والسلطات من أجل تحقيق أهداف الشركة لكن ذلك لا يمنع باقي الشركاء من تحديد صلاحياته وسلطاته خاصة في حالة وجود أكثر من شريك يتولى أعمال الإدارة مع الغير، وبالرغم من قيام أحد الشركاء بالتعاقد مع الغير باسمه الشخصي ـ إلاّ أن نتائج ذلك التعاقد تعود لصالح الشركاء جميعا وذلك من خلال العلاقة التي تربطه بباقي الشركاء، وبذلك يكون عليه تقديم كشف حساب عن أعماله بكل ما يتعلق

[(1)] المادة ٥٠ من قانون الشركات الأردني.

بالشركة، ويكون لكل شريك أن يطلع على دفاتر الشركة ومناقشة كيفية سير العمل وتقديم الاقتراحات حول ذلك العمل.

المطلب الثاني: اقتسام الربح والخسارة بين الشركاء

لقد ورد في المادة ٥٢ من قانون الشركات الأردني على أنه: ((يحدد عقد شركة المحاصة حقوق الشركاء في الشركة والالتزامات المترتبة عليهم تجاه الشركة وتجاه بعضهم بما في ذلك كيفية توزيع الأرباح والخسائر بينهم)).

من النص السابق يتبين بأن العقد يحدد كيفية توزيع الأرباح والخسائر بين الشركاء وتجاه الشركة أما إذا لم يبين عقد الشركة كيفية توزيع الأرباح والخسائر فعندئذ تطبق القاعدة العامة وهي أن يتم توزيع الأرباح والخسائر حسب نسبة حصة كل منهم في رأسمال الشركة.

المبحث الثالث: ملكية الحصص في شركة المحاصة

لأن هذه الشركة لا تكتسب الشخصية الاعتبارية لذلك فلا تتوافر لها الأهلية اللازمة لتملّك الأموال وعليه فإنه يمكن تصور ملكية الحصص في شركة المحاصة بأحد الأشكال التالية[1]:

أولا: حيث يحتفظ كل شريك فيها بملكية الحصة التي يقدمها للشركة ويقوم باستثمار تلك الحصة على أن يقتسم الناتج من استثمارها واستغلالها من ربح أو خسارة مع بقية شركائه.

---

[1] د. أحمد زيادات، د. إبراهيم العموش، مرجع سابق، ص٢٠٩.

ثانيا: أن يحتفظ كل شريك فيها بملكية الحصة التي يقدمها للشركة وعلى أن يقوم بتسليم تلك الحصة لأحد الشركاء ليقوم هذا الأخير بدوره باستثمار جميع الحصص لمصلحة جميع الشركاء ومن ثم اقتسام ما قد ينشأ عن هذا الاستثمار من ربح أو خسارة.

ثالثا: لا يحتفظ كل شريك فيها بملكية الحصة التي يقدمها للشركة فيقوم بنقل ملكية تلك الحصة إلى أحد الشركاء وتسليمها إليه ليقوم بدوره باستثمار جميع الحصص ومن ثم اقتسام ما قد ينشأ عن ذلك الاستثمار من ربح وخسارة.

رابعا: أن يصبح جميع الشركاء في هذه الحصص مالكين لها على الشيوع وذلك بقيام الشركاء فيها باشراك بعضهم في ملكية الحصص التي يملكونها وتسليم جميع الحصص لأحد الشركاء لاستثمارها لصالح جميع الشركاء واقتسام ما قد ينشأ عن ذلك من ربح أو خسارة.

المبحث الرابع: انقضاء شركة المحاصة وتصفيتها

إن طبيعة شركة المحاصة تختلف عن طبيعة الشركات الأخرى، حيث أن هذه الشركة لا تتمتع بالشخصية الاعتبارية المعنوية المستقلة وكذلك لا يتم تسجيلها وإشهارها والإعلان عنها وتكون مستترة وغير ظاهرة للناس، لذلك يعود القرار بانقضاء أو استمرار شركة المحاصة إلى الشركاء أنفسهم أولا سواء كان ذلك الاتفاق ناشئا مع عقد الشركة كأن يتفق الشركاء على مدة معينة تستمر فيها الشركة، وبالتالي تبقى الشركة موجودة ما لم يقرر الشركاء تمديدها وكذلك الحال لو اتفقوا على أن تنتهي هذه الشركة بانتهاء العمل الذي قامت لأجله، وسواء كان الاتفاق ناشئا بعد تأسيس الشركة كاتفاق الشركاء على حل هذه الشركة أما للخسائر التي تعرضت إليها أو لأي سبب آخر.

ولأن هذه الشركة من شركات الأشخاص فهي تنقضي ـ بالأسباب التي تنقضي ـ بها تلك الشركات كوفاة أحد الشركاء أو إفلاسه أو الحجر عليه.

أما إجراءات تصفية شركة المحاصة فهي ليست كما هو الحال في باقي الشركات كونها لا تملك شخصية معنوية لذلك لا تطبق قواعد التصفية التي وردت في قانون الشركات ولكن تتم التصفية في شركة المحاصة بتسوية حساباتها بالطريقة التي اتفق عليها الشركاء حيث يكون على مدير الشركة تقديم كشف حساب عن نشاطات الشركة وأرباحها وخسائرها وبعد انتهاء التسوية وقسمة الأرباح إن وجدت تنقضي الشركة وتنتهي العلاقة بين الشركاء ولا يتم الإعلان عن حل الشركة.

الفصل الخامس
الشركة ذات المسؤولية المحدودة

تمهيد:

تعد الشركة ذات المسؤولية المحدودة من الشركات المتوسطة في صفاتها وأحكامها بين شركات الأشخاص -القائمة على الاعتبار الشخصي- وشركات الأموال -التي لا قيمة فيها للاعتبار الشخصي-، وقد نظم المشرع الأردني هذه الشركة بالمواد ((٥٣-٧٦)) من قانون الشركات والتي سنتولى من خلال شرح أحكامها تسليط الضوء على أهم السمات والخصائص التي تمتاز به هذه الشركة.

المبحث الأول: التعريف بالشركة ذات المسؤولية المحدودة

تعد الشركة ذات المسؤولية المحدودة من الشركات الواسعة الانتشار في الحياة العملية والتي يقبل عليها الأشخاص أصحاب المشروعات الاقتصادية الصغيرة والمتوسطة حيث يحتفظون بإدارتها وفي المقابل تكون مسؤوليتهم فيها محدودة بمقدار حصصهم في رأسمالها[1] وسنتطرق في هذا المبحث إلى تعريف هذه الشركة محاولين استخلاص أهم الخصائص التي تمتاز بها.

المطلب الأول: تعريف الشركة وخصائصها

لم يضع قانون الشركات الأردني تعريفا لهذه الشركة يجمع جميع خصائصها فيه، ومع ذلك فإنه يمكن لنا أن نعرفها بأنها ((شركة تستمد اسمها من غاياتها وتتألف من عدد من الأشخاص لا يقل عددهم عن اثنين وتكون مسؤوليتهم عن ديونها والتزاماتها محدودة بمقدار مساهمة كل منهم في رأسمالها الذي يجب أن لا يقل عن ٣٠ ألف دينار أردني والمقسم لحصص متساوية في القيمة، قيمة الحصة الواحدة دينار واحد على

---

[1] د. عزيز العكيلي، القانون التجاري، ص٣٥٤.

الأقل، إلاّ أن تلك الحصص غير قابلة للتجزئة والتداول كما أنها غير قابلة للطرح للاكتتاب العام))[1].

ويظهر لنا من خلال نصوص قانون الشركات والتعريف السابق للشركة ذات المسؤولية المحدودة بأنها تمتاز بعدة خصائص يتضح لنا ومن خلال التدقيق فيها تحديد مركز الشريك في هذه الشركة، ومن هذه الخصائص:

١- أنها شركة تجارية تتمتع بالشخصية الاعتبارية وبكافة الآثار القانونية الناشئة والمترتبة عن تلك الشخصية والتي سبق الإشارة إليها في الفصل الأول من هذا الباب.

٢- أنها تتألف من عدد من الشركاء لا يقل عددهم عن اثنين -غالبا- إلاّ أن قانون الشركات الأردني الجديد لم يضع حدا أعلى لعدد الشركاء في هذه الشركة ومع ذلك فقد أجاز ذلك القانون لوزير الصناعة والتجارة بناء على تنسيب مراقب الشركات الموافقة على تسجيل شركة ذات مسؤولية محدودة تتألف من شخص واحد[2] يسميها الفقه القانوني عادة بشركة الشخص الواحد.

٣- إن الحد الأدنى لرأسمال الشركة ذات المسؤولية المحدودة هو ثلاثون ألف دينار أردني[3].

٤- إن رأسمال الشركة يقسم لحصص متساوية القيمة، قيمة الحصة الواحدة دينار واحد على الأقل الأمر الذي يترتب عليه تساوي جميع الحصص في الحقوق والأرباح عند التصويت في الهيئة على مختلف الأمور التي تهم الشركة.

---

[1] د. أحمد زيادات، د. إبراهيم العموش، الوجيز في التشريعات التجارية الأردنية، ص٢١١.
[2] المادة ٥٣ من قانون الشركات الأردني.
[3] المادة ٥٤ من قانون الشركات الأردني.

٥- إن هذه الحصص غير قابلة للتداول بالطرق التجارية خلافا لما هو الحال عليه في الأسهم في الشركة المساهمة العامة التي تباع وتُشترى في سوق الأوراق المالية[1] (بورصة عمان)، حيث أن المشرع الأردني في معرض محافظته على بعض خصائص شركات الأشخاص لهذه الشركة قام بوضع قيود على كيفية نقل ملكية حصص أحد الشركاء للغير[2].

٦- إن هذه الحصة غير قابلة للتجزئة[3] على أنه إذا تملكها أكثر من شخص واحد ولأي سبب وجب على الشركاء اختيار واحد منهم ليمثلهم لدى الشركة فإن لم يتفقوا على ذلك خلال ثلاثين يوما من تاريخ اشتراكهم في الحصة فيمثلهم الشخص الذي يختاره من بينهم مدير الشركة أو هيئة المديرين فيها.

٧- إن هذه الحصة لا تطرح للاكتتاب العام[4].

٨- تستمد هذه الشركة اسمها من غاياتها وذلك كما هو الحال في الشركة المساهمة العامة مع وجوب أن يضاف لذلك الاسم عبارة ذات مسؤولية محدودة أو اختصار تلك العبارة بالأحرف (ذ. م. م) فإن كانت الغاية من إنشائها مثلا صناعة الإسفنج فيكون اسمها شركة صناعة الإسفنج ذات المسؤولية المحدودة[5].

٩- إن مسؤولية الشريك فيها محدودة بمقدار مساهمته في رأسمالها فإذا ما عجزت الشركة عن الوفاء بديونها والتزاماتها فلا يكون هناك مجال أما دائني الشركة

---

[1] هكذا جاءت التسمية في المادة الثانية من النظام الداخلي لبورصة عمان الصادر بالاستناد للمادتين ٢٥، ٧٣ من قانون الأوراق المالية رقم ٢٣ لسنة ٩٧.

[2] المادة ٧٣ من قانون الشركات الأردني.

[3] المادة ٥٤/أ من قانون الشركات الأردني.

[4] المادة ٤٥/ب من قانون الشركات الأردني.

[5] المادة ٥٥ من قانون الشركات الأردني.

بالرجوع على الشركاء فيها طالما أن كلا منهم قد قدم حصته كاملة في رأسمالها ومن هنا يظهر اختلاف هذه الشركة مع شركة التضامن[6].

10- إن الشريك في هذه الشركة لا يكتسب صفة التاجر وذلك خلافا على ما هو عليه الحال في شركات الأشخاص والتي يكتسب فيها الشريك المتضامن صفة التاجر[1].

11- إن وفاة أحد الشركاء أو إفلاسه أو الحجز عليه لا يؤدي ذلك لانحلال الشركة وتصفيتها وإنما تنتقل حصص من توفى للورثة الشرعيين وذلك كما هو الشأن في شركات الأموال[2].

المطلب الثاني: مركز الشريك في الشركة ذات المسؤولية المحدودة

رأينا من خلال دراستنا لخصائص هذه الشركة أن جميع الشركاء فيها متساوون بالحقوق والواجبات، ولتوضيح ذلك بصورة جلية كان لا بد من بيان ماهية تلك الحقوق والواجبات، بعبارة أخرى إيضاح المركز القانوني للشريك في هذه الشركة.

1- يكون من حق كل شريك في هذه الشركة حضور اجتماعات الهيئة العامة، حيث يكون لكل حصة يمتلكها صوت واحد، هذا بالإضافة إلى أن جميع الحصص تتساوى في الأرباح[3].

2- كذلك يكون لكل شريك الحق بالاطلاع على السجل الخاص بالشركاء بنفسه أو بواسطة من يفوضه بذلك خطيا[4].

[1] المادة 53/أ من قانون الشركات الأردني.
[1] د. عزيز العكيلي، شرح القانون التجاري الأردني، ص356.
[2] المادة 53/جـ من قانون الشركات الأردني.
[3] المادة 64/جـ من قانون الشركات الأردني.
[4] المادة 71/أ/5 من قانون الشركات الأردني.

٣- كذلك يحق لكل شريك بيع حصصه لأي شريك آخر دون أن يكون مطلوبا منه الحصول على أية موافقة من أحد مع ملاحظة بأنه إذا رغب هذا الشريك بالتنازل عن حصصه لشريك آخر بغير البيع كان عليه الحصول على موافقة المدير أو هيئة المديرين بالشركة على ذلك ما لم ينص نظام الشركة على غير ذلك(٥).

٤- ويرد على حق الشريك الراغب ببيع حصصه لغير الشركاء بعض القيود(١)، إذ يكون عليه قبل ذلك تقديم طلب لمدير الشركة أو هيئة المديرين فيها -حسب واقع الحال- بحيث يتضمن ذلك الطلب السعر الذي يطلبه، وعلى المدير أو هيئة المديرين إخطار باقي الشركاء بشروط التنازل أو الطلب خلال أسبوع من تاريخ تقديم الطلب إليه، بحيث يكون لهم حق الأولوية بشراء تلك الحصة بالسعر المعروض وكذلك يكون على الشريك الراغب بالبيع إبلاغ المراقب وباقي الشركاء بشروط التنازل.

وفي حالة مرور ثلاثين يوما على تقديم الطلب دون أن يبدي أي من الشركاء رغبة بشراء تلك الحصة يكون من حق الشريك الراغب بيع حصته للغير على أن يكون ذلك بالسعر المعروض أو بالسعر المقدر كحد أدنى.

ومع ذلك فإذا تبين للشركاء أن السعر الذي عرضه الشريك الراغب بالبيع يزيد عن السعر العادل للحصة كان للمدير أو هيئة المديرين الاحتجاج خطيا لدى المراقب لمنع بيع هذه الحصة للغير شريطة أن يتم تحرير الاحتجاج خلال خمسة عشر يوما من تاريخ تقديم الطلب وعندئذ يكون على المراقب تعيين مدقق حسابات لتقييم السعر العادل للحصة المعروضة للبيع، ويكون قرار المدقق قطعيا وملزما، وبعد ذلك تعطى أولوية شراء الحصة للشركاء، فإن اعتذروا عن ذلك كان للشريك الراغب بالبيع بيع

(٥) المادة ٧٢ من قانون الشركات الأردني.

(١) المادة ٧٣ من قانون الشركات الأردني.

حصته للغير، فإذا أصبح البيع بعد ذلك متعسرا عندها يجوز للشريك الراغب بالبيع الطلب من المراقب بيع تلك الحصة بالمزاد العلني[2].

5- كذلك الحال في حالة صدور حكم قضائي بالتنفيذ على حصص أحد الشركاء، فإنه يكون لباقي الشركاء الأولوية لشراء تلك الحصة، وفي حال عدم إظهار رغبتهم بالشراء خلال ثلاثين يوما من تاريخ صدور الحكم القطعي فإن تلك الحصة تعرض للبيع بالمزاد العلني[3].

6- ولكن يكون جميع الشركاء مسؤولين عن ديون الشركة بمقدار حصصهم في رأسمالها فإذا ما عجزت الشركة عن الوفاء بديونها والتزاماتها فلا يكون هناك سبيل لدائني الشركة بالرجوع على الشركاء بصفتهم الشخصية طالما أن كل منهم قدم حصته كاملة في رأسمالها ومن هنا يظهر الاختلاف الواضح لهذه الشركة عن شركات الأشخاص.

7- إن إفلاس الشركة ذات المسؤولية المحدودة لا يستتبع إفلاس الشركاء فيها[1].

8- كما أن الشريك في هذه الشركة لا يكتسب صفة التاجر إذا اقتصر مركزه على كونه مجرد شريك خلافا لما هو عليه حال الشريك في شركات التضامن.

من خلال ما سبق يتضح لنا بأن مركز الشريك في الشركة ذات المسؤولية المحدودة يقترب كثيرا من مركز الشريك الموصي في شركة التوصية بالأسهم وذلك من حيث:

1- أن كل شريك فيها مسؤول عن ديون والتزامات الشركة بمقدار حصته في رأسمالها.

2- إن كل شريك فيها لا يعتبر تاجرا لمجرد كونه شريكا في أي منها.

---

[2] المادة 73 من قانون الشركات الأردني.
[3] المادة 74 من قانون الشركات الأردني.
[1] د. فوزي محمد سامي، مرجع سابق، ص207.

٣- يمكن لكل منهما أن يعمل في الشركة التي هو شريك فيها كموظف عادي دون أن يكسبه ذلك صفة التاجر.

٤- لا يشترط القانون عمرا معينا للشريك في هاتين الشركتين حيث يمكن لكل شخص مهما كان عمره الاشتراك في هاتين الشركتين بإرادته الشخصية أو بإرادة وليه أو الوصي عنه أو ممثله القانوني.

٥- كذلك لا يكون الشريك الموصي حق الإدارة والتوقيع إلا أنه يجوز للشريك في الشركة ذات المسؤولية المحدودة أن يشترك في الإدارة والتوقيع إذا تم انتخابه في هيئة المديرين في تلك الشركة، وبغير الانتخاب لا يمكن للشريك في الشركة ذات المسؤولية المحدودة مباشرة الإدارة والتوقيع.

٦- للشريك الموصي أن يتنازل عن حصته بإرادته المنفردة لشخص آخر، إلاّ أنه لا يمكن للشريك في الشركة ذات المسؤولية المحدودة التنازل عن حصته للغير إلاّ ضمن ضوابط وشروط محدودة بقانون الشركات الأردني سبق الإشارة إليها وتوضيحها.

المطلب الثالث: تأسيس الشركة ذات المسؤولية المحدودة

عند تأسيس الشركة ذات المسؤولية المحدودة لا بد من توافر الشروط الموضوعية العامة اللازمة لتأسيس مختلف الشركات من أهلية وتراضي ومحل وسبب فضلا عن الشروط الموضوعية الخاصة كنية المشاركة وتعدد الشركاء والتي سبق لنا الحديث عنها في فصل آخر من هذا الكتاب، إلا أن ما يعنينا الآن في هذا الموضوع هو تلك الشروط الشكلية الخاصة بهذه الشركة والتي أشارت إليها المادة ٥٧/جـ من قانون الشركات الأردني وإجراءات التأسيس لدى مراقب الشركات والمبينة بالمواد ٥٨، ٥٩، ٦٧ من قانون الشركات الأردني.

أولا: الشروط الشكلية المتعلقة بإجراءات التأسيس

أوضحت المادة ٥٧/أ من قانون الشركات الأردني بأنه: على المؤسسين الراغبين بتأسيس مثل هذا النوع من الشركات التقدم بطلب لمراقب الشركات مرفقا به عقد التأسيس ونظام الشركة وذلك مع نماذج معدة سلفا من جهة الإدارة في وزارة الصناعة والتجارة وعلى أن يتم توقيع جميع هذه الوثائق والأوراق أمام المراقب أو من يفوضه بذلك خطيا أو أمام كاتب العدل أو أحد المحامين المجازين، وعليه كان علينا توضيح البيانات التي يجب أن يشتمل عليها كل من عقد التأسيس والنظام الأساسي لهذه الشركة.

١- عقد التأسيس:

أوضحت المادة ٥٧/ب من قانون الشركات الأردني بأن عقد التأسيس لا بد أن يكون مشتملا على البيانات التالية:

أ- اسم الشركة وغاياتها ومركزها الرئيسي، فاشتراط القانون لضرورة إدراج اسم الشركة في جميع أوراقها ومطبوعاتها التي تستخدمها في عقودها وأعمالها كان القصد منه التسهيل في تمييز هذه الشركة عن غيرها من الشركات. أما اشتراط المشرع على الشركاء توضيح غايات هذه الشركة فلعل السبب في ذلك يعود للمحافظة على مصالح الشركاء بالتعرف على نوعية الأعمال التي ترغب الشركة المنوي تأسيسها بمباشرتها وبالتالي فيكونوا على علم بما يودون المشاركة فيه كما أنه في ذلك ضمانا لمصلحة دائني الشركة حيث يساعدهم ذلك في التعرف على مدى ملاءمة أعمال الشركة لحاجة السوق وبالتالي مدى قدرتها على الوفاء لالتزاماتها نحوهم[١].

ب- أسماء الشركاء وجنسية كل منهم وعنوانه، ومثل هذه البيانات يستفاد منها كثيرا لغايات استعلامية وإحصائية للمهتمين وذوي العلاقة بمثل هذا النوع من الشركات.

---

[١] د. أحمد زيادات، د. إبراهيم العموش، مرجع سابق، ص٢١٤.

جـ- مقدار رأس المال وحصة كل شريك، لقد اشترط قانون الشركات الأردني على أن لا يقل رأسمال هذه الشركة عن ٣٠ ألف دينار قسمت لحصص متساوية القيمة، قيمة كل منها دينار واحد على الأقل، حيث أن تحديد حصة كل شريك في هذه الشركة أمر يساعدنا كثيرا في تحديد مدى مسؤولية كل شريك فيها عن ديونها والتزاماتها.

د- بيان الحصص العينية واسم الشريك الذي قدمها وقيمتها التي قدرت بها.

هـ- أية بيانات أخرى إضافية يقدمها الشركاء أو يطلب المراقب تقديمها تطبيقا لأحكام القانون.

٢- النظام الأساسي:

اشترط قانون الشركات الأردني بالمادة ٥٧/جـ في أن يكون النظام الأساسي للشركة ذات المسؤولية المحدودة مشتملا على سائر البيانات الواجب ذكرها في عقد التأسيس بالإضافة لبيانات أخرى مثل:

أ- طريقة إدارة الشركة وعدد أعضاء هيئة المديرين فيها وحدود صلاحية هذه الهيئة في الاستدانة ورهن العقارات التي تمتلكها الشركة وتقديم الكفالات باسمها.

ب- شروط التنازل عن الحصص بهذه الشركة والإجراءات الواجب اتباعها بذلك بما في ذلك بيان الصيغة التي يجب أن يجري بها التنازل.

جـ- كيفية توزيع الأرباح والخسائر على الشركاء.

د- اجتماعات الهيئة العامة للشركة ونصابها القانوني ونصاب اتخاذ القرارات في تلك الاجتماعات والإجراءات الخاصة بكيفية عقد الاجتماعات.

هـ- قواعد إجراءات تصفية هذه الشركة.

و- أية بيانات أخرى إضافية يقدمها الشركاء أو يطلب المراقب تقديمها تنفيذا للقانون.

ثانيا: إجراءات التسجيل لدى مراقب الشركات

بعد أن يستوفي الشركاء الشروط السابقة يقدم طلب التأسيس لمراقب الشركات مرفقا به عقد التأسيس ونظام الشركة، حيث يقوم بعد ذلك المراقب بتدقيق ودراسة طلب التسجيل وبيان مدى اتفاقه مع أحكام القوانين والأنظمة النافذة بالمملكة الأردنية الهاشمية.

وقد بين قانون الشركات الأردني بالمادة ٥٩ بأن على المراقب إصدار قراره بهذا الخصوص خلال خمسة عشر يوما من تاريخ تقديم الطلب إليه، وقد جرت العادة بأنه في حالة وجود أية مخالفة قانونية بعقد التأسيس أو نظام الشركة فإن مراقب الشركات لا يرفض تسجيل هذه الشركة قبل إفهام الشركاء مقدمي الطلب بأن عليهم توفيق أوضاع شركتهم المطلوب تسجيلها بما يتفق وأحكام القانون، فإن أصر الشركاء على طلبهم بدون تعديل جاز لمراقب الشركات رفض طلبهم، وفي هذه الحالة يكون للشركاء حق الاعتراض على قرار المراقب لوزير الصناعة والتجارة والذي يقوم بدوره بدراسة طلب التسجيل وقرار المراقب بشأنه، فإذا تبين للوزير أن طلب التسجيل فيه مخالفة لأحكام القوانين النافذة فإنه يؤيد قرار المراقب برد الطعن به ولا يكون أمام الشركاء بعد ذلك سوى الطعن بقرار الوزير لدى محكمة العدل العليا خلال ثلاثين يوما من تاريخ تبليغهم بقرار الوزير التي تتولى بدورها دراسة طلب التسجيل وبيان مدى اتفاقه مع أحكام القانون وإصدار القرار المناسب بذلك.

أما في الوضع الطبيعي إذا كان طلب التسجيل مستوفيا لجميع الشرائط القانونية ولا يوجد فيه ما يخالف أحكام القانون فإنه يكون على مراقب الشركات الموافقة على طلب التسجيل، وفي هذه الحالة يكون من واجب الشركاء ما يلي:

١- على كل شريك قدم لهم حصص عينية في هذه الشركة المحافظة على تلك الحصص لحين تسجيل هذه الحصص باسم الشركة وذلك تحت طائلة دفع قيمتها وفق السعر

الذي اعتمده المؤسسون في نظام الشركة، كما يكون للمراقب الحق في طلب ما يثبت صحة تقديم الشركاء لمثل هذه الحصص العينية[1].

٢- يكون على الشركاء أن يقدموا لمراقب الشركات ما يثبت دفعهم ما لا يقل عن ٥٠% من رأسمال هذه الشركة على أن يتم تسديد باقي رأس المال خلال سنتين من تاريخ التسجيل، كما يقوم المراقب باستيفاء رسوم التسجيل والطوابع المقررة[2].

وبعد ذلك يتخذ المراقب الإجراءات اللازمة للإعلان عن تسجيل الشركة بالجريدة الرسمية وإصدار شهادة تسجيلها وبالتالي تعتبر من هذه اللحظة شركة قائمة لها شخصيتها المعنوية التي تستطيع من خلالها ممارسة أعمالها. والقانون لا يمنع الشركاء من تعديل عقد تأسيس مثل هذه الشركة ونظامها الأساسي شريطة موافقة أكثرية الشركاء ممن يمتلكون نسبة ٧٥% من الحصص المكونة لرأسمالها الممثلة في الاجتماع[3] على أن لا يكون في ذلك التعديل مخالفة لإحدى القواعد الآمرة بقانون الشركات.

المبحث الثاني: إدارة الشركة ذات المسؤولية المحدودة

المطلب الأول: تعيين المدير أو هيئة المديرين وسلطاتهم

أوضحت المادة ٦٠/أ من قانون الشركات الأردني من هم الأشخاص الذين يحق لهم إدارة هذه الشركة وعددهم بقولها: ((يتولى إدارة مدير أو هيئة مديرين لا يقل عدد أعضائها عن اثنين ولا يزيد عن سبعة وفق ما ينص عليه النظام الأساسي ولمدة لا تزيد على أربع سنوات وتنتخب هيئة المديرين رئيسا لها ونائبا له)).

---

[1] المادة ٥٨ من قانون الشركات الأردني.

[2] المادة ٥٩/ب من قانون الشركات الأردني.

[3] المادة ٦٧/د من قانون الشركات الأردني.

يظهر من خلال النص السابق بأن المشرع الأردني قد حرص على أن يكون المدير لهذه الشركة من أحد الشركاء فيها لعلمه بأن الشريك هو الأكثر حرصا على أسرار الشركة وأعمالها من الغير.

كما بينت المادة ٦٠/ب من ذات القانون بأنه يكون لمدير الشركة أو هيئة المديرين فيها الصلاحيات الكاملة في الإدارة وفي الحدود المذكورة في نظام الشركة حيث تعتبر جميع الأعمال والتصرفات التي يقوم بها المدير باسم الشركة ملزمة لها في مواجهة الغير الذي يتعامل مع الشركة بحسن نية بغض النظر عن أي قيد يرد في نظام الشركة أو عقد تأسيسها، إلاّ أنه ورغم إعطاء القانون للمدير أو هيئة المديرين في هذه الشركة الصلاحيات الكاملة لإدارتها فإن المادة ٦١ من قانون الشركات الأردني تعتبر هذه الهيئة مسؤولين تجاه الشركة والشركاء فيها والغير عن ارتكابهم لأي مخالفة لأحكام قانون الشركات والأنظمة الصادرة بموجبه ولعقد تأسيس الشركة ونظامها والقرارات الصادرة عن هيئاتها العامة أو هيئة المديرين.

المطلب الثاني: واجبات المدير أو هيئة المديرين

يمكن إجمال أهم الواجبات التي فرضها قانون الشركات على المدير أو هيئة المديرين للشركة ذات المسؤولية المحدودة في الآتي:

١- إلزامهم بمسك سجل خاص للشركة تدون فيه بيانات خاصة بهؤلاء الشركاء حددتها المادة ٧١ من قانون الشركات الأردني كاسم وجنسية وعنوان هؤلاء الشركاء وحصة كل شريك فيها فضلا عن ضرورة تزويد مراقب الشركات سنويا بنسخة عن ذلك السجل وكذلك تزويده بأي تعديل أو تغيير يطرأ على تلك البيانات خلال مدة لا تزيد عن ثلاثين يوما من تاريخ وقوع التغيير أو التعديل.

٢- كذلك يكون على المدير أو هيئة المديرين في هذه الشركة إعداد الميزانية السنوية والحسابات الختامية وحساب الأرباح والخسائر على أن تكون جميعها مدققة من

قبل مدقق حسابات قانوني بالإضافة لإعداد تقرير سـنوي عــن أعمـال الشركة وإنجازاتها ومشاريعها المستقبلية وذلك خلال الثلاثة أشهر الأولى من السنة المالية من أجل عرضها على الهيئة العامة في اجتماعها السنوي العادي وكذلك على مراقب الشركات[1].

٣- كذلك يحظر على من يتولى إدارة هذه الشركة تولي وظيفة في شركـة أخـرى ذات غايـات مماثلة أو منافسة لعمل الشركة سواء كان ذلك لحسابه الخاص أو لحساب الغير بـدون موافقة الهيئة العامة بأغلبية لا تقل عن ٧٥% مـن الحصـص المكونة لرأسمـال الشركة وذلك منعا لتعارض المصلحة الشخصية لمدير الشركة مع مصالح الشركة التي يديرها[2].

فإن تخلف من يتولى إدارة هذه الشركة عن الحصول علـى موافقـة الهيئة العامـة كـان على المراقب إمهاله مدة ثلاثين يوما مـن تـاريخ علمـه بـذلك لتوفيـق أوضـاعه وبغير ذلك يعاقب بغرامة لا تقل عن ألف دينار ولا تزيد على عشرة الآلف دينار وإلزامه بالضرر الـذي لحق بالشركة أو الشركاء، وفي حال استمرار المنافسة بعد ذلك يعتبر الـرافض فاقدا لوظيفته ولعضويته من هيئة المديرين[3].

٤- كما يتوجب على مدير الشركة أو أي عضـو مـن أعضـاء هيئـة المـديرين فيهـا رد جميع موجودات الشركة التي بحـوزتهم والتي حازوهـا بحكم مناصبهم بعد تـركهم لتلـك المناصب إلى الشركة وضمان ما قد لحق بها من ضرر نتيجة تقصيرهم[4].

٥- كما يتوجب على مدير الشركة وهيئة المديرين فيها دعوة الهيئة العامة للاجتماع[5].

---

[1] المادة ٦٢ من قانون الشركات الأردني.
[2] المادة ٦٣/أ من قانون الشركات الأردني.
[3] المادة ٦٣/ب من قانون الشركات الأردني.
[4] د. أحمد زيادات، د. إبراهيم العموش، مرجع سابق، ص٢٢٤.
[5] المادة ٦٤/أ من قانون الشركات الأردني.

المبحث الثالث: الهيئة العامة للشركة ذات المسؤولية المحدودة

الهيئة العامة للشركة ذات المسؤولية المحدودة تتكون مـن جميع الشركاء فيها حيث يكون لكل شريك في الشركة ذات المسؤولية المحدودة حضور اجتماعاتها مهما كان عـدد الحصص التي يملكها في رأسمالها كما يكون لـه حـق التصويت في تلك الاجتماعات بعـدد الحصص التي يملكها في الشركة كما فمن حقه أيضا تفويض شريك آخر لتمثيله في اجتماع الهيئة العامة والتصويت نيابة عنه[1].

وتعقد الهيئة العامة لهذه الشركة نوعين من الاجتماعات: يسمى الأول الاجتماع العادي للهيئة العامة، أما الثاني فيسمى الاجتماع غيـر العـادي للهيئة العامة هـذا ويتوجب عـلى المدير أو هيئة المديرين لهذه الشركة في كلا الاجتماعين تبليغ الشركاء لحضور هـذا الاجتماع وذلك من خلال تسليم الدعوة باليد أو إرسالها إليهم بالبريد المسجل[2].

ولا يدعى المراقب لحضور اجتماعات الهيئة العامة في الشركة ذات المسؤولية المحدودة، إلاّ أنه يكون على مدير الشركة أو هيئة المديرين فيها في هذه الحالة تزويد المراقب بنسخة من محضر الاجتماع ومع ذلك يكون للمراقب حضور الاجتماعات العادية للهيئة العامة بناء على طلب المدير أو هيئة المديرين أو بناء على طلب خطي من شركاء يحملون مـا لا يقل عن ١٥% من الحصص المكونة لرأسمال الشركة[3].

[1] المادة ٦٤/جـ من قانون الشركات الأردني.

[2] المادة ٦٤/د من قانون الشركات الأردني.

[3] المادة ٦٤/هـ من قانون الشركات الأردني.

المطلب الأول: الاجتماعات العادية للهيئة العامة

أولا: موعد الاجتماع

يوجب قانون الشركات الأردني بالمادة ٦٤ منه على هذه الشركة أن تعقد اجتماعا واحدا سنويا خلال الأشهر الأربعة الأولى من السنة المالية للشركة حيث تدعى فيه الهيئة العامة للحضور.

ثانيا: النصاب القانوني للاجتماع

يكون الاجتماع قانونيا عند حضور عدد من الشركاء يمثلون أكثر من نصف رأسمال الشركة أصالة أو وكالة، فإن لم يتوافر النصاب رغم انقضاء ساعة زيادة على الوقت المحدد لبدء الاجتماع فيؤجل الاجتماع لموعد آخر ليعقد خلال خمسة عشر يوما من التاريخ المحدد للاجتماع الأول حيث يعاد التبليغ للشركاء الذين لم يحضروا الاجتماع الأول، هذا ويكون الاجتماع الثاني قانونيا أيا كان العدد الذي يحضره ومهما كانت النسبة التي يملكها من يحضر ذلك الاجتماع[1].

وتتخذ الهيئة العامة للشركة ذات المسؤولية المحدودة قراراتها في الاجتماع العادي بأكثرية الحصص من رأسمال الممثلة في الاجتماع ويكون لكل حصة صوت واحد[2].

ثالثا: صلاحيات الهيئة العامة في الاجتماع العادي

وقد حددت المادة ٦٦/أ من قانون الشركات الأردني الأعمال التي يجوز للهيئة العامة العادية مناقشتها في الاجتماع وهي:

---

[1] المادة ٦٥/أ من قانون الشركات الأردني.
[2] المادة ٦٦/ب من قانون الشركات الأردني.

١- مناقشة تقرير المدير أو هيئة المديرين عن أعمال الشركة ونشاطها ومركزها المالي خلال السنة المالية السابقة.

٢- مناقشة ميزانية الشركة وحساب الأرباح والخسائر والمصادقة عليها بعد تقديم مدقق الحسابات لتقريره ومناقشته.

٣- انتخاب مدير الشركة أو هيئة المديرين وذلك وفقا لأحكام القانون والنظام الأساسي للشركة.

٤- انتخاب مدقق حسابات الشركة وتحديد أتعابه.

٥- أية أمور أخرى تتعلق بالشركة وتعرض على الهيئة العامة من قبل الشركاء وهيئة المديرين فيها أو يقدمها أي شريك وتوافق الهيئة العامة على مناقشتها على أن لا يكون أي من تلك الأمور مما يجوز عرضه على الهيئة العامة في اجتماع غير عادي مقرر بمقتضى قانون الشركات.

المطلب الثاني: الاجتماع غير العادي

أولا: موعد الاجتماع

بين قانون الشركات بالمادة ٦٤/ب أن الهيئة العامة للشركة ذات المسؤولية المحدودة قد تدعى لاجتماع غير عادي في أي وقت من السنة وذلك لبحث الأمور التي تدخل في اختصاص الهيئة العامة في اجتماعات غير عادية والتي حددها قانون الشركات بإحدى الحالات التالية:

١- بدعوة من المدير أو هيئة المديرين في تلك الشركة.

٢- أو بناء على طلب شركاء يملكون ربع رأسمال الشركة على الأقل.

٣- بناء على طلب مراقب الشركات إذا طلب منه ذلك شركاء يملكون ما لا يقل عن ١٥% من رأسمال هذه الشركة واقتنع المراقب بالأسباب الواردة في الطلب، وفي حالة عدم استجابة الشركة يقوم المراقب بالدعوة للاجتماع على نفقة الشركاء.

ثانيا: نصاب الاجتماع غير العادي

ويكون الاجتماع قانونيا بحضور ٧٥% من رأسمال الشركة أصالة أو وكالة إلا إذا نص نظام الشركة على نسبة أعلى من ذلك، فإن لم يتوافر ذلك النصاب رغم مرور ساعة على موعد الاجتماع المحدد كان لا بد من تأجيل الاجتماع لموعد آخر على أن يكون خلال عشرة أيام من تاريخ الاجتماع الأول، وفي هذه الحالة يجب تبليغ من لم يحضر من الشركاء بالموعد الجديد، ويكون الاجتماع الثاني قانونيا بحضور ٥٠% على الأقل من الحصص المكونة لرأسمال الشركة ما لم ينص نظام الشركة على نسبة أعلى، فإذا لم يتوافر ذلك النصاب يلغى الاجتماع مهما كانت الأسباب الداعية إليه[1].

أما بالنسبة لنصاب اتخاذ القرار في الاجتماع غير العادي للهيئة العامة فقد بين بين قانون الشركات الأردني بالمادة ٦٧/د منه أن للهيئة العامة اتخاذ أي قرار في الاجتماع غير العادي بأكثرية لا تقل عن ٧٥% من الحصص المكونة لرأسمال الممثلة في الاجتماع ما لم ينص نظام الشركة على أغلبية أعلى.

ثالثا: صلاحيات الهيئة العامة في الاجتماع غير العادي

أما الأمور التي يمكن وضعها على جدول أعمال الاجتماع غير العادي للهيئة العامة كما جاء في المادة ٦٧/أ من قانون الشركات الأردني هي كالآتي:

١- تعديل عقد تأسيس الشركة أو نظامها الأساسي شريطة أن تكون التعديلات المقترحة مرفقة في الدعوى للاجتماع.

٢- تخفيض رأسمال الشركة أو زيادته وتحديد مقدار علاوة الإصدار.

٣- دمج الشركة بشركة أخرى.

٤- فسخ الشركة وتصفيتها.

٥- إقالة مدير الشركة أو هيئة المديرين فيها.

٦- بيع الشركة لشركة أخرى.

٧- استمرار الشركة أو تصفيتها إذا زادت خسائرها على نصف قيمة رأسمالها[١].

٨- مناقشة أي أمر من الأمور التي يجوز مناقشتها في الاجتماع العادي شريطة أن تكون مدرجة في الدعوى للاجتماع وفي هذه الحالة فقد تؤخذ القرارات بأغلبية اللازمة لاتخاذ القرار في الهيئة العامة العادية.

المبحث الرابع: زيادة أو تخفيض رأسمال

للشركاء في الشركة ذات المسؤولية المحدودة زيادة رأسمال هذه الشركة بقرار صادر عن الهيئة العامة في اجتماعها غير العادي إذا كانت هذه الشركة بحاجة لتلك الزيادة لمساعدتها بتوسيع مشاريعها أو فتح مشاريع جديدة أو أي سبب آخر يكون القصد منه مصلحة هذه الشركة[١].

كما يكون لهذه الشركة تخفيض رأسمالها بقرار من هيئتها العامة غير العادية في أحوال متعددة منها: إذا زاد رأسمال عن حاجتها أو لحقت بها خسائر تزيد عن نصف رأسمالها وبشرط ألا يقل رأسمالها في أي حاله من الأحوال عن ثلاثين ألف دينار

---

[١] المادة ٧٥ من قانون الشركات الأردني.
[١] د. أحمد زيادات، د. إبراهيم العموش، مرجع سابق، ص٢٢٨.

أردني كون ذلك هو الحد الأدنى لرأسمال هذه الشركة كما سبق وأسلفنا عند الحديث عن خصائص هذه الشركة[2]، وعلى المراقب في هذه الحالة أن ينشر إعلانا على نفقة الشركة في صحيفة يومية واحدة على الأقل ثلاث مرات متتالية يتضمن قرار الهيئة العامة بذلك التخفيض مبينا فيه أنه يحق لكل دائن لهذه الشركة الاعتراض على قرار التخفيض كما يكون له حق الطعن بذلك القرار لدى المحكمة إذا لم يتمكن المراقب من تسوية اعتراضه خلال ثلاثين يوما من تاريخ تقديمه إليه.

أما إذا بلغت خسائر الشركة ثلاثة أرباع رأسمالها فيجب تصفيتها ما لم تقرر الهيئة العامة فيها في اجتماع غير عادي زيادة رأسمالها إلى ما لا يقل عن نصف الخسائر[3].

المبحث الخامس: توزيع الأرباح والخسائر والاقتطاعات الواجبة على الشركة ذات المسؤولية المحدودة

للشركاء حق في الأرباح التي تحققها هذه الشركة كما يتحملون نصيبا من خسائرها كل بمقدار مساهمته برأسمالها ما لم يتفق على خلاف ذلك، ومع مراعاة أن الشريك لا يكون له حق بالأرباح إلا بعد خصم النفقات التي تكبدتها الشركة وأية مبالغ مقتطعة منها سواء لحساب الاحتياطي الإجباري أو الاحتياطي الاختياري[4].

فقد بين قانون الشركات الأردني بأن للشركة ذات المسؤولية المحدودة وقبل توزيع الأرباح أن تقتطع من أرباحها السنوية الصافية نوعين من الاقتطاعات: أولها للاحتياطي الإجباري أما الثاني فهو للاحتياطي الاختياري.

أولا: اقتطاع الاحتياطي الإجباري

---

[2] المادة 68/أ من قانون الشركات الأردني.
[3] المادة 75 من قانون الشركات الأردني.
[4] د. عزيز العكيلي، مرجع سابق، ص384.

يوجب قانون الشركات الأردني بالمادة ٧٠/أ أنه على الشركة ذات المسؤولية المحدودة أن تقتطع سنويا ١٠% من أرباحها السنوية الصافية وذلك لحساب الاحتياطي الإجباري المتراكم وهو ما يمثل ضمانا وسياجا إضافيا للشركة ودائنيها بحيث يجب وقف ذلك الاقتطاع إذا بلغ مجموع ما تم اقتطاعه لهذه الغاية ما يعادل رأسمال تلك الشركة[1].

ثانيا: اقتطاع الاحتياطي الاختياري

كذلك فقد أجاز قانون الشركات الأردني بالمادة ٧٠/ب للهيئة العامة في الشركة ذات المسؤولية المحدودة أن تقرر اقتطاع نسبة من الأرباح السنوية الصافية بحيث يجب أن لا تزيد عن ٢٠% من تلك الأرباح وذلك لحساب الاحتياطي الاختياري، هذا ومن الجائز للهيئة العامة استخدام ذلك الاحتياطي بغرض التوسع بنشاطات الشركة خدمة لغاياتها كما يجوز توزيعها على الشركاء بصورة أرباح. وقانون الشركات لم يضع حدا أعلى لهذا الاقتطاع كما فعل في الاقتطاع الإجباري، بحيث يجوز للهيئة العامة الاستمرار بالاقتطاع من الأرباح بالرغم من زيادة المتراكم منها على مقدار رأسمال هذه الشركة.

المبحث السادس: انقضاء الشركة ذات المسؤولية المحدودة وتصفيتها

تنقضي الشركة ذات المسؤولية المحدودة بالأسباب العامة لانقضاء الشركات، بحيث تنقضي بانتهاء مدتها أو بانتهاء العمل الذي تأسست من أجل إنجازه ما لم تقرر الهيئة العامة في اجتماع غير عادي تمديد مدة بقائها وذلك بتعديل عقد تأسيس الشركة أو نظامها الأساسي كما تنقضي بصدور حكم قضائي بحل الشركة بناء على مسوغ

---

[1] د. أحمد زيادات، د. إبراهيم العموش، مرجع سابق، ص٢٢٩.

مشروع وبطلب من أحد الشركاء، كما تنتهي بفسخ عقدها أو بدمجها بشركة أخرى، وفي أي حالة أخرى ينص عليها نظام الشركة[1].

قانون الشركات الأردني لم يحدد طرق خاصة لانقضاء هذه الشركة وإنما يحيل بالمادة ٧٦ من قانون الشركات الأردني لأحكام الشركة المساهمة العامة في كل ما لم يرد بشأنه نص صريح ومنها طبعا الانقضاء والتصفية وهي ما سنقوم بشرحه بالتفصيل عند الحديث عن الشركة المساهمة العامة.

_____
[1] د. فوزي محمد سامي، شرح القانون التجاري الأردني، ص٢٣٩.

الفصل السادس
شركة التوصية بالأسهم

تمهيد:

كان المشرع الأردني قد استحدث شركة التوصية بالأسهم بقانون الشركات الصادر في عام ١٩٨٩ حيث جاءت هذه الشركة لتجمع بعضا من صفات شركات الأشخاص ببعض الصفات التي تتسم بها شركات الأموال، وقد حافظ المشرع الأردني على وجود هـذه الشركة بقـانون الشركات الصادر في عام ١٩٩٧ إلاّ أنه وبالرغم من ذلك فقد بقي وجود مثل هـذه الشركة أمرا نادرا، حيث أنه يصعب على أي من المستثمرين أن يغامر بقبول المشاركة في مثل هذه الشركة وأن يكون مسؤولا عن ديونها بصفة تضامنية، في الوقت الذي تمتاز به عن غيرها من الشركات بكبر رأس المال ولو نسبيا، مما يحتم على مثل هذه الشركة الدخول في عقـود كثيرة وهو ما قد يرتب التزامات كثيرة عليها، والتي يكون عـلى الشريك المتضامن الوفاء بها إن عجزت تلك الشركة عـن الوفاء[1]، كـما أن هـذه الشركة تعتبر عـاجزة عـن تلبية حاجـات الاستثمار التجاري فضلا عن القوانين التجارية وليس في الأردن فحسب تعمل للتخفيف مـن القيود في إجراءات تسجيل الشركات المساهمة العامة، وكل ذلك ساهم في نـدرة الوجود الواقعي لهذه الشركة ليس في الأردن فحسب بل في العالم أجمع، وعلى أيـة حـال فقـد نظم المشرع الأردني هذه الشركة بالمواد ٧٧-٨٩ من قانون الشركات الأردني الصادر في عام ١٩٩٧.

---

[1] د. أحمد زيادات، د. إبراهيم العموش، مرجع سابق، ص٢٣١.

المبحث الأول: تكوين شركة التوصية بالأسهم وخصائصها

لم يعرف قانون الشركات الأردني شركة التوصية بالأسهم وإنما أشار بالمواد 77، 78، 79 إلى أهم الخصائص التي تميزها عن غيرها من الشركات وكيفية تكوين هذه الشركة، حيث بينت المادة 77 بأن هذه الشركة تتألف من فئتين من الشركاء هما:

1- شركاء متضامنون لا يقل عددهم عن اثنين ويُسألون في أموالهم الخاصة عن ديون الشركة والالتزامات المترتبة عليها.

2- شركاء مساهمون لا يقل عددهم عن ثلاثة وتكون مسؤوليتهم عن ديون الشركة والتزاماتها محدودة بمقدار مساهمتهم في رأسمال الشركة.

كما أوضحت المادة 78 من ذات القانون بأنه لا يجوز أن يقل رأسمال الشركة عن مائة ألف دينار أردني مقسم إلى أسهم متساوية القيمة وقابلة للتداول وقيمة السهم الواحد دينار أردني واحد غير قابل للتجزئة ويشترط دائما أن لا يزيد رأس المال الذي يطرح للاكتتاب على مثلي مجموع ما ساهم به الشركاء المتضامنون.

كذلك فقد بين قانون الشركات الأردني بالمادة 79 منه بأنه يجب تسمية الشركة باسم واحد أو أكثر من الشركاء المتضامنين على أن يضاف إلى اسمها عبارة ((شركة توصية بالأسهم))، وما يدل على غاياتها مبينا كذلك بأنه لا يجوز أن يُذكر اسم الشريك المساهم في اسم الشركة، فإذا ذُكر مع علمه بذلك اعتبر شريكا متضامنا.

وعليه يمكن القول بأن شركة التوصية بالأسهم في القانون الأردني تتسم بالخصائص التالية:

1- أنها تضم نوعين من الشركاء، منهم من يُسأل مسؤولية شخصية عن ديون الشركة والتزاماتها وهم الشركاء المتضامنون، ومنهم من يُسأل عن تلك الديون بمسؤولية محدودة بمقدار مساهمته برأسمال الشركة وهم الشركاء الموصون، وأن الحد الأدنى

لعدد الشركاء في شركة التوصية بالأسهم في قانون الشركات الأردني هـو خمسـة اثنـان منهم شركاء متضامنون وثلاثة شركاء موصون[1].

٢- أن الحـد الأدنى لرأسـمال هـذه الشركة هـو مائـة ألـف دينـار أردني ويقسـم إلى حصـص متساوية القيمة، قيمة كل منها دينارا أردنيا واحدا[2].

٣- يتولى إدارة الشركة شريك متضامن أو أكثر يحدد عددهم وصلاحيتهم نظام الشركة ولا يجوز للشريك الموصي أن يتدخل في الشؤون الإدارية للشركة[1].

٤- يتكون اسم شركة التوصية بالأسهم من اسم أو أسماء الشركاء المتضامنون ويضاف إليه ما يفيد أنها شركة توصية بالأسهم وما يدل على غاياتها ولا يجوز أن يُـذكر في اسـمها اسـم الشريك المساهم فإن ذُكر اسمه مع علمه بذلك اعتبر شريكا متضامنا في مواجهـة الغـير حسن النية[2].

٥- يخضع التنازل عن حصص الشركاء المتضامنين إلى شركاء متضامنين أو إلى الغـير لأحكـام شركة التضامن أما التنازل عن أسهم الشركاء الموصـين فـلا يخضع لأي قيـد إلّا إذا كـان عقد أو نظام الشركة ينص على خلاف ذلك.

٦- تُطرح أسهم شركة التوصية بالأسهم للاكتتاب العام شريطـة أن لا يزيـد رأسمال الشركة الذي يُطرح للاكتتاب على مثلي مجموع ما ساهم به الشركاء المتضامنون.

٧- أسهم هذه الشركة غير قابلة للتجزئة إلّا أنها قابلة للتداول[3].

---

[1] المادة ٧٧ من قانون الشركات الأردني.
[2] المادة ٧٨ من قانون الشركات الأردني.
[1] المادة ٨١/أ من قانون الشركات الأردني.
[2] المادة ٧٩ من قانون الشركات الأردني.
[3] المادة ٧٨ من قانون الشركات الأردني.

المبحث الثاني: تسجيل شركة التوصية بالأسهم

لقد أوضحت المادة ٨٠ من قانون الشركات الأردني بأن تسجيل شركة التوصية بالأسهم يخضع لموافقة مراقب الشركات حيث تتبع في إجراءات تسجيلها نفس الإجراءات المتبعة في تسجيل الشركة المساهمة العامة، وعليه كان لا بد من وجود عقد تأسيس للشركة ونظام أساسي لها، كما لا بد من إعداد قائمة بأسماء المؤسسين ولجان التأسيس وبالتالي اتباع جميع الإجراءات الخاصة بتأسيس الشركة العامة، والتي سنتولى شرحها بالتفصيل في الفصل السابع من هذا المؤلف.

المبحث الثالث: شركة التوصية بالأسهم ومراقبة أعمالها والهيئة العامة

المطلب الأول: إدارة شركة التوصية بالأسهم

يتولى إدارة شركة التوصية بالأسهم شريك متضامن أو أكثر يحدد عددهم وصلاحياتهم وواجباتهم في نظام الشركة وتسري على سلطاتهم ومسؤوليتهم وعزلهم الأحكام التي تنطبق على الشركاء المفوضين في شركة التضامن وذلك إعمالا لما جاء في المادة ٨١/أ من قانون الشركات الأردني.

إلا أن الحكم الخاص المميز لهذه الشركة هو عندما يشغر منصب المدير بالشركة يتولى الشركاء المتضامنون تعيين مدير لها من بينهم فإن عجزوا عن ذلك كان على مجلس الرقابة تعيين مديرا مؤقتا للشركة يتولى إدارة أعمالها على أن تدعى الهيئة العامة خلال ثلاثين يوما من تاريخ تعيين المدير المؤقت لانتخاب مدير للشركة من الشركاء المتضامنين[1].

---

[1] المادة ٨١/ب من قانون الشركات الأردني.

المطلب الثاني: مجلس الرقابة

بينت المادة ٨٤ من قانون الشركات الأردني أن لشركة التوصية بالأسهم مجلس للرقابة مؤلف من ثلاثة أعضاء على الأقل من الشركاء المساهمين يتولى الشركاء المساهمون انتخابهم سنويا لمدة سنة واحدة وفقا للإجراءات المنصوص عليها في نظام الشركة.

وتتلخص مهمة مجلس الرقابة في حماية مصالح الشركاء المساهمين وذلك من خلال مراقبة كيفية إدارة الشركة من قبل الشركاء المتضامنين والاطلاع على دفاتر الشركة ومستنداتها دون التدخل في الإدارة، وقد حددت المادتين ٨٥، ٨٦ من قانون الشركات الأردني مهام مجلس الرقابة بما يلي:

١- مراقبة سير أعمال الشركة والتحقق من صحة إجراءات تأسيسها والطلب من مدير الشركة أو مديريها تزويد مجلس الرقابة بتقرير شامل عن تلك الأعمال والإجراءات.

٢- الإطلاع على قيود الشركة وسجلاتها وعقودها وجرد أموالها وموجوداتها.

٣- إبداء الرأي في المسائل التي يرى أنها تهم الشركة أو في الأمور التي يعرضها مديرها أو مديروها عليه.

٤- الموافقة على إجراء التصرفات والأعمال التي ينص نظام الشركة على أن القيام بها يتطلب موافقة مجلس الرقابة.

٥- دعوة الهيئة العامة لاجتماع غير عادي إذا تبين له أن مدير الشركة أو مديريها قد ارتكبوا مخالفات في إدارة الشركة وأن من الضروري عرض هذه القضايا على الهيئة العامة.

٦- كذلك يكون عليهم تقديم تقرير سنوي للمساهمين في نهاية كل سنة مالية للشركة عن أعمال الرقابة التي قاموا بها ونتائجها.

المطلب الثالث: الهيئة العامة

تتـألف الهيئـة العامـة لشركة التوصيـة بالأسهم جميـع الشركـاء المتضامنين
والشركاء المساهمين حيث يكون لكل منهم حق حضور اجتماعات الهيئة العامة
للشركة سـواء كانت عاديـة وغير عاديـة ومناقشـة الأمور المعروضة فيها، والاشتراك في
التصويت على القرارات التي تتخذها حيث يكون لكل سهم صوت واحد.

والجـدير بالـذكر بـأن جميـع الأحكـام الخاصـة باجتماعـات الهيئـة العامـة العاديـة
وغير العاديـة للشركة المسـاهمة العامـة تنطبـق علـى اجتماعـات الهيئـة العامـة لشركة
التوصيـة بالأسهم وذلـك إعمـالا بنص المـادة ٨٣/ب مـن قـانون الشركات الأردني،
وسنتولى شرح تلك الأحكام بالتفصيل في الفصل السابع من هذا الباب.

كمـا يكون لشركة التوصيـة بالأسهم مدقق حسـابات قـانوني تختاره الهيئـة العامـة
في اجتماعها العـادي حيث ينطبـق عليـه سـائر الأحكـام التـي تنطبـق علـى مـدقق
حسـابات الشركة المسـاهمة العامـة وذلـك عمـلا بنص المـادة ٨٧ مـن قـانون الشركات
الأردني.

المبحث الرابع: انقضاء شركة التوصية بالأسهم وتصفيتها

علاوة على الطرق العامة التي تنقضي بها الشركات عمومـا ومنها طبعـا هذه الشركة
والتي سبق الإشارة إليها في الشركة ذات المسؤولية المحدودة فإن المادة ٨٨ مـن قـانون
الشركات الأردني سمحت للشركاء الاتفاق على طرق خاصة لانقضاء هـذه الشركة وتصفيتها
على أن يتم تثبيت ما اتفقوا عليه بالنظام الأساسي للشركة، فإن لم يتفقوا علـى طرق معينـة
لانقضائها فإنه ينطبق على انقضاء هذه الشركة كافة الأحكام

الخاصة بتصفية الشركة المساهمة العامة وذلك تطبيقا لما جاء بالمادة ٨٨ من قانون الشركات الأردني وهذه المواضيع سنأتي على توضيحها في الفصل السابع من هذا الباب.

الفصل السابع
الشركة المساهمة العامة

تمهيد:

يعتبر الفقه القانوني^(١) أن الصورة المثلى على شركات الأموال هـي هـذه الشركة حيث تقوم أساسا على الاعتبار المالي لا عـلى الاعتبار الشخصي ـ بمعنى أن اهتمام الشركة ينصب ويوجه لجمع رأس المال اللازم لها دون البحث في شخصية الشريك فيها.

ونظرا لما تقوم به هذه الشركة من استغلال للمشروعات الاقتصادية الكبرى فقد سارع المشرع الأردني لتنظيمها بمجموعة النصوص القانونية وأفرد لها مساحة كبيرة مـن قانون الشركات فقد عالجها بالمواد من ٩٠-٢١٤ والمواد ٢٥٢-٢٧٢ حيث أوجب عـلى هـذه الشركة مراعاة نصوص القانون عند تأسيسها وخلال مزاولتها لنشاطاتها كما يخضعها لرقابة مستمرة من قبل جهات معينة فيها وجهات أخرى حكومية وخاصة.

المبحث الأول: تعريف الشركة وخصائصها

لم يضع المشرـع تعريفـا محددا لهذه الشركة، ومـع ذلـك فقد أشار المشرـع الأردني للخصائص التي تمتاز بها هذه الشركة في مواد مختلفة مـن قانون الشركات الأردني، حيث يمكن لنا من خلال تلك المواد تعريفها بأنها: ((الشركة التي تتألف من عدد من المؤسسين لا يقل عـددهم عـن أثنـين ويكـون الشركاء فيهـا مسؤولين عـن ديونها والتزاماتها بمقدار مساهمتهم في رأسمالها الـذي يجب أن لا يقل عـن خمسمائة ألـف دينـار أردني والمقسم لأسهم متساوية في القيمة وتكون القيمة الاسمية للسهم الواحد دينار

---
^(١) د. عزيز العكيلي، مرجع سابق، ص٢٦٠.

أردني واحد وقابلة للتداول ولا تقبل التجزئة وتستمد هذه الشركة اسمها من غاياتها مع إضافة عبارة شركة مساهمة عامة لذلك الاسم))[2].

يتضح لنا من التعريف السابق ومن استقراء نصوص قانون الشركات الأردني بأنه يمكن إجمال أهم الخصائص التي تمتاز بها هذه الشركة بالآتي:

١- أن الحد الأدنى لعدد المؤسسين لهذه الشركة لا يقل عن اثنين يكتتبون فيها بأسهم قابلة للتداول والتعديل والبيع وفقا لأحكام القانون ومع ذلك أجاز القانون للوزير بناءا على تنسيب مبرر من المراقب الموافقة على أن يكون المؤسس لهذه الشركة شخصا واحدا[1].

٢- إن الحد الأدنى لعدد الشركاء فيها يجب أن لا يقل عن اثنين وبدون أن يكون لها حد أعلى بالنسبة لعدد المساهمين.

٣- أن الذمة المالية للشركة المساهمة العامة مستقلة عن الذمة المالية لكل مساهم فيها وأن مسؤولية كل شريك فيها محدودة بمقدار مساهمته في رأسمال هذه الشركة[2].

٤- أن رأس المال المصرح به لهذه الشركة يجب أن لا يقل عن خمسمائة ألف دينار أردني مقسم لأسهم متساوية القيمة وتكون القيمة الاسمية للسهم الواحد دينار واحد شريطة أن لا يقل رأسمال المكتتب به عن مائة ألف دينار أردني أو ٢٠% من رأسمال المصرح به أيهما أكثر[3].

[2] د. أحمد زيادات، د. إبراهيم العموش، مرجع سابق، ص٢٣٧.
[1] المادة ٩٠/ب من قانون الشركات الأردني.
[2] المادة ٩١ من قانون الشركات الأردني.
[3] المادة ٩٥/أ من قانون الشركات الأردني.

5- أن أسهم هذه الشركة تقبل الطرح للاكتتاب كما أنها تقبل التداول بالطرق التجارية غير أنها لا تقبل التجزئة، ومع ذلك أجاز القانون للورثة الاشتراك في ملكية السهم الواحد بحكم الخلفية فيه لمورثهم[٤].

6- إن اسم هذه الشركة مستمد من غاياتها مع إضافة عبارة (شركة مساهمة عامة) لذلك الاسم، وبالتالي لا يجوز أن تكون باسم شخص طبيعي إلا إذا كانت غاية الشركة براءة اختراع مسجلة بصورة قانونية باسم ذلك الشخص[١].

المبحث الثاني: تأسيس الشركة المساهمة العامة

ينبغي أن نعلم بأن تأسيس هذه الشركة يتطلب تأسيس هذه الشركة رؤوس أموال ضخمة وذلك نظرا لما تقوم به من مشاريع تجارية وصناعية، لذلك كان من الطبيعي أن يأخذ تأسيسها وقتا ليس بالقليل، كما يتطلب نفقات كبيرة، الأمر الذي يحتم مرورها بإجراءات قانونية كثيرة ومعقدة حيث يكون على بعض الأشخاص -وهم من يدعون بالمؤسسين- انتخاب لجنة من بينهم تسمى بلجنة المؤسسين والتي تقوم بجميع إجراءات التأسيس نيابة عن المؤسسين.

وتختلف هذه الإجراءات تبعا فيما إذا كانت الشركة تطرح أسهمها للجمهور للاكتتاب العام أو لا تطرح أسهمها للاكتتاب العام، وإنما يقتصر الاكتتاب فيها على المؤسسين دون غيرهم وهي المسماة بالقانون الأردني شركات المساهمة العامة عن طريق الطرح الخاص، فمثل هذه الشركات لا تحتاج لتأسيسها سوى لمرحلة واحدة حيث يكون فيها المؤسسون هم الهيئة التأسيسية وهم من يعينون الهيئة الإدارية ومدققي الحسابات وهم من يكتتبون بجميع الأسهم، فالشركة تكون قائمة عليهم وحدهم دون غيرهم، وما يهمنا في هذا المجال هو النوع الأول من الشركات المساهمة العامة وهي

---

[٤] المادة ٩٦ من قانون الشركات الأردني.
[١] المادة ٩٠/جـ من قانون الشركات الأردني.

التي تطرح أسهمها للاكتتاب العام، حيث لا بد أن تمر إجراءات التأسيس فيها بمراحل ثلاث والتي تبدأ المرحلة الأولى منها بتحرير عقد تأسيس الشركة ونظامها الأساسي وانتخاب لجنة المؤسسين وتقديم طلب لمراقب الشركات من أجل الترخيص لها بتأسيس هذه الشركة وتسجيلها، ثم تأتي المرحلة الثانية بطرح أسهم الشركة للاكتتاب وبعد الانتهاء من الاكتتاب تأتي المرحلة الثالثة والأخيرة حيث تبدأ بدعوة الهيئة العامة التأسيسة للانعقاد وتنتهي بانتخاب أعضاء مجلس الإدارة والإعلان عن تأسيس الشركة نهائيا وسنقوم بهذا المبحث باستعراض تلك المراحل بشكل موجز[1].

المرحلة الأولى: المرحلة التمهيدية

يتضح لنا من خلال نص المادة 92/أ من قانون الشركات الأردني بأن إبرام عقد تأسيس هذه الشركة والنظام الأساسي لها هي إجراءات سابقة على تقديم طلب التأسيس ومن الطبيعي أن لا يبرم المؤسسين أي اتفاق بينهم إلا بعد أن يتضح لهم الجدوى الاقتصادية من الشركة المنوي تأسيسها وبعد ذلك تبدأ إجراءات تأسيسها وإبرام عقد التأسيس والنظام الأساسي لهذه الشركة حيث تتوحد بذلك جهود كافة المؤسسين على إنشاء هذه الشركة.

وقد أوجبت المادة 92/ب أن يتضمن عقد التأسيس البيانات التالية:

١- اسم الشركة.

٢- مركزها المالي.

٣- غايات الشركة.

٤- أسماء مؤسسي الشركة وجنسياتهم وعناوينهم اللازمة للتبليغ وعدد الأسهم المكتتب بها.

[1] د. عزيز العكيلي، مرجع سابق، ص264-278.

٥- رأس مال الشركة المصرح به والجزء المكتتب به فعلا.

٦- بيان بالمقدمات العينية في الشركة إن وجدت وقيمتها.

٧- بيـان فيمـا إذا كـان للمساهمين وحاملي إسـناد القرض القابلة للتحويـل حـق أولويـة للاكتتاب في أي إصدارات جديدة.

٨- كيفية إدارة الشركة والمفوضين بالتوقيع في الفترة ما بين تأسيسها واجتماع الهيئـة العامـة الأول الذي يجب أن يعقد خلال ستين يوما من تاريخ تأسيس الشركة.

إلى جانب عقد التأسيس يوصي المشرع أن يقوم المؤسسون بوضع نظام للشركة يتضمن الأحكام التفصيلية التي يتفق عليها المؤسسون لإدارة الشركة كما يتضمن تفصيل للبيانـات الواردة في عقد التأسيس وينظم كل ما يتعلق بنشاط الشركة منذ تأسيسها لحين انقضائها.

وقد أوضحت المادة ٩٢/جـ من قانون الشركات الأردني بأنه وبعد استكمال الإجراءات السابقة يجري توقيع عقد تأسيس الشركة ونظامها الأساسي مـن كـل مؤسس أمام مراقب الشركات أو أمام من يفوضه خطيا ويجوز توقيع عقد تأسيس الشركة ونظامها أمام الكاتب العدل أو أحد المحامين المجازين.

ويكون على المؤسسين بعد الانتهاء من وضع عقد التأسيس ونظـام الشركة أن ينتخبوا من بينهم لجنة تسمى لجنة المؤسسين تتولى القيام بالمهام والأعمال التي نص عليها القانون والمتعلقة بإجراءات التأسيس وتزويـد مراقب الشركات بأسـمائهم، ثم نصـل لنهايـة هـذه المرحلة بتقديم طلب التسجيل حيث يقدم ذلك الطلب من قبل مؤسسي الشركة إلى مراقب الشركات على النموذج المعين والمقرر لهذه الغاية مرفقا معه عقد تأسيس الشركة ونظامهـا الأساسي وأسماء المؤسسـين وأسـماء لجنة المؤسسـين التي تقوم بـالإشراف علـى إجـراءات التأسيس.

وبعد ذلك يكون على الوزير أن يصدر بناء على تنسيب المراقب قراره بقبول تسجيل الشركة أو رفض هذا التسجيل خلال مدة أقصاها ثلاثين يوما من تاريخ تنسيب المراقب وعلى المراقب أن يجري التنسيب خلال ثلاثين يوما من تاريخ تقديم الطلب إليه موقعا من المؤسسين مستكملا للشروط القانونية، فإن لم يصدر الوزير قراره خلال تلك المدة اعتبر الطلب مقبولا. أما في حالة رفض الوزير لتسجيل الشركة يكون للمؤسسين الطعن بذلك القرار لدى محكمة العدل العليا خلال ثلاثين يوما من تاريخ تبليغهم لذلك القرار[١].

المرحلة الثانية: مرحلة الاكتتاب بالأسهم والشروع بالعمل
١- التعريف بالاكتتاب وخصائصه وأنواعه:

بعد تسجيل الشركة يكون على المؤسسين طرح ما تبقى من رأسمال هذه الشركة للاكتتاب الذي يمكن تعريفه بأنه: ((تصرف قانوني يلتزم بمقتضاه شخص يسمى المكتتب بشراء سهم أو أكثر من أسهم الشركة وبدفع قيمة الاسمية في المواعيد والنسب المحددة بعقدها ونظامها الأساسي ليصبح مساهما في الشركة))[١]، وقد بين القانون بأنه يجب أن يكتمل تسديد الجزء غير المكتتب به خلال ثلاث سنوات من تأسيس الشركة أو رفع رأس المال حسب الأحوال[٣].

وعليه فإن أهم ما يمتاز به الاكتتاب بأنه غير معلق على شرط كما يكون ملزما لجانبين حيث يلتزم المكتتب بدفع ثمن الأسهم التي اكتتب بها كما يلتزم مؤسسو الشركة بتسليمه الأسهم التي اكتتب بها.

—————————————

[١] المادة ٩٤/أ، ب من قانون الشركات الأردني.
[١] د. عزيز العكيلي، مرجع سابق، ص٢٦٨.
[٣] المادة ٩٥/ب من قانون الشركات الأردني.

والاكتتاب على نوعين[3]:

أ- الاكتتاب العام: وهو الذي تطرح فيه الأسهم على الجمهور للاكتتاب بها.

ب- الاكتتاب الخاص الذي يقوم فيه المؤسسون بتغطية رأسمال الشركة بأنفسهم أو بالاشتراك مع غيرهم دون اللجوء للاكتتاب العام.

٢- شروط صحة الاكتتاب:

يشترط القانون لصحة الاكتتاب جملة من الشروط هي:

أ- لا بد أن تتوافر في المكتتب الأهلية اللازمة لإبرام العقود كون أن الاكتتاب كما سبق وأسلفنا بأنه يعتبر عقد من العقود[4].

ب- أن يكون الاكتتاب باتا ومنجزا فلا يجوز تعليقه على شرط أو أن يكون مضافا لأجل[5].

جـ- أن لا يكون الاكتتاب وهميا أو بأسماء وهمية وإلا أعتبر باطلا[1].

د- يتوجب على مؤسسي الشركة -قبل طرح الأسهم للاكتتاب- تغطية كامل قيمة الأسهم التي اكتتبوا بها وتزويد المراقب بما يثبت ذلك وعلى أن لا تزيد قيمة ما اكتتبوا به عن ٥٠% من رأسمال الشركة المصرح به إن كانت تلك الشركة المنوي تأسيسها بنكا أو شركة مالية أو شركة تأمين، وأن لا تزيد عن ٧٥% من رأس المال المكتتب به إن كانت من الشركات الأخرى[2].

[3] د. أحمد زيادات، د. إبراهيم العموش، مرجع سابق، ص٢٤٣.
[4] د. أحمد زيادات، د. إبراهيم العموش، مرجع سابق، ص٢٤٤.
[5] د. عزيز العكيلي، مرجع سابق، ص٢٧٣.
[1] المادة ١٠٢/أ من قانون الشركات الأردني.
[2] المادة ٩٩/أ، ب من قانون الشركات الأردني.

هـ- كما يحظر على مؤسسي الشركة الاكتتاب بالأسهم المطروحة للاكتتاب في مرحلة التأسيس إلا أنه يجوز لهم تغطية ما تبقى من الأسهم بعد انقضاء ثلاثة أيام على إغلاق الاكتتاب[3].

و- كما لا يجوز لأكثر من شخص الاشتراك في طلب الاكتتاب الواحد.

ز- على الشركة كذلك تزويد المراقب بكشف بأسماء المكتتبين ومقدار الأسهم التي اكتتب كل منهم فيها خلال مدة لا تتجاوز ثلاثين يوما من تاريخ إغلاق الاكتتاب، ومتى نجح الاكتتاب في هذه الشركة فإن هذه المرحلة تكون منتهية لتبدأ من بعد مرحلة جديدة[4].

المرحلة الثالثة: الهيئة العامة التأسيسية

تبدأ هذه المرحلة الثالثة بدعوة الهيئة العامة التأسيسية للانعقاد حيث يدعى المكتتبين إلى اجتماع الهيئة العامة التأسيسية وترسل صورة من الدعوة لمراقب الشركات، هذا ويشترط القانون حتى يكون ذلك الاجتماع قانونيا حضور عدد من المكتتبين يملكون أكثر من نصف عدد الأسهم المكتتب بها أصالة أو وكالة، فإن لم يتوافر النصاب تؤجل الجلسة لاجتماع آخر يعقد خلال عشرة أيام من تاريخ الاجتماع الأول بإعلان ينشر في صحيفتين يوميتين محليتين وقبل موعد الاجتماع بثلاثة أيام على الأقل ويعتبر الاجتماع قانونيا مهما كان عدد الأسهم الممثلة فيه[1].

فإن توافر النصاب القانوني لذلك الاجتماع فيجب على الهيئة العامة البت بصحة إجراءات التأسيس والمعلومات الواردة في تقرير لجنة المؤسسين وعدم مخالفتها لأحكام القانون وعقد التأسيس ونظام الشركة وتصادق عليهم، أما إذا وجدت أن هناك

[3] المادة 99/جـ من قانون الشركات الأردني.
[4] المادة 103 من قانون الشركات الأردني.
[1] المادة 106/ب من قانون الشركات الأردني.

مخالفات في إجراءات التأسيس جاز لها عدم الموافقة على تأسيس الشركة فيفشل المشروع وبذلك يلتزم المؤسسون برد المبالغ المدفوعة من المكتتبين إلى أصحابها كاملة باستثناء نفقات التأسيس طبعا، كما يكون على الهيئة العامة في حالة المصادقة على إجراءات التأسيس انتخاب مجلس الإدارة ومدققي الحسابات والإعلان عن تأسيس الشركة نهائيا[2].

ويكون النصاب القانوني لاتخاذ القرارات في ذلك الاجتماع هو الأغلبية المطلقة للأسهم الممثلة فيه، على أنه يكون ممنوعا على المكتتب بالأسهم العينية التصويت على القرار المتعلق بتقييم هذه الأسهم[3].

إن صلاحيات لجنة المؤسسين وحسب أحكام المادة 106/ج من قانون الشركات الأردني تنتهي بمجرد انتخاب مجلس الإدارة الأول الذي يقوم بتزويد المراقب بنسخة من محضر اجتماع الهيئة التأسيسية بما في ذلك القرار بإعلان تأسيس الشركة نهائيا، فإذا تبين للمراقب أن إجراءات التأسيس سليمة من الناحية القانونية كان عليه أن يعلمها بحقها في الشروع بأعمالها وإبلاغ السوق المالي بنسخة من كتابه ذلك وذلك إعمالا لنص المادة 108/ج من قانون الشركات الأردني.

المبحث الثالث: الأوراق المالية التي تصدرها الشركة المساهمة العامة
حتى تحقق الشركة المساهمة العامة الأغراض التي أنشئت من أجلها فهي تقوم بإصدار نوعين من الأوراق المالية هي: الأسهم وأسناد القرض.

---

[2] المادة 106/1أ من قانون الشركات الأردني.
[3] المادة 109/ب من قانون الشركات الأردني.

المطلب الأول: الأسهم

الفرع الأول: تعريف الأسهم وخصائصها وأنواعها

<u>أولا: تعريف السهم ومدلولات قيمته</u>

للأسهم عند الفقه أكثر من تعريف إلّا أن أكثرها دلالة على الخصائص التي يمتاز بها:
هو: ((أنه المصلحة التي تكون للمساهم في الشركة وتقاس هذه الحصة بمبلغ من النقود
لغايات المسؤولية بالدرجة الأولى والنفع المادي والمعنوي بالدرجة الثانية))[1].

وتجدر الإشارة إلى إن عبارة قيمة السهم لا تشير دائمًا لمعنى واحد في جميع الحالات،
فقد يكون المقصود بها القيمة الاسمية للسهم ((وهي القيمة التي تكتب على شهادة السهم
وهي دينار أردني واحد)). وقد يكون المقصود بها القيمة الحقيقية أو الفعلية للسهم وهذه
قد تكون أكثر أو أقل من القيمة الاسمية، وقد تكون مساوية لها ولها علاقة بديون الشركة
وموجوداتها. كما قد يكون المقصود بها قيمة السهم بعد علاوة الإصدار ((قيمة الإصدار))
وهذه تعني القيمة التي يباع بها السهم الجديد الذي يُطرح لزيادة رأس مال الشركة وهذه
القيمة عادة ما تكون أعلى من القيمة الإسمية، والفارق بين القيمتين يسمى علاوة الإصدار.

<u>ثانيا: خصائص الأسهم</u>

للسهم خصائص يمتاز بها عن حصة الشريك في شركات الأشخاص وهذه الخصائص هي:

١- تساوي القيمة الاسمية للسهم حيث يقسم رأس مال الشركة المساهمة إلى أسهم
متساوية القيمة تكون القيمة الاسمية للسهم الواحد دينارا واحدا[2]. ولعل السبب

---

[1] د. أحمد زيادات، د. إبراهيم العموش، مرجع سابق، ص٢٤٨.
[2] المادة ٩٥/أ من قانون الشركات الأردني.

في ذلك راجع إلى أن تساوي قيمة الأسهم يسهل عمل الشركة كما يسهم في تنظيم تداول الأسهم في السوق.

٢- أن السهم لا يقبل التجزئة[1].

٣- إن مسؤولية مالك السهم محدودة بقيمته فقط[2]، وبذلك يتشابه مركز المساهم من هذه الناحية مع مركز الشريك الموصي بشركة التوصية البسيطة.

٤- أن السهم يقبل التداول في السوق المالي بالطرق التجارية دون الحاجة لاتباع إجراءات حوالة الحق المدنية.

٥- إن ملكية السهم لا تشكل ملكية لجزء من أموال الشركة وذلك لاستقلال شخصية الشركة عن شخصية الشركاء.

<u>ثالثا: أنواع الأسهم</u>

الأسهم على أنواع متعددة تتحدد تبعا للزاوية التي ينظر من خلالها للأسهم، فمن حيث طبيعة الحصة التي يقدمها الشريك فهي تقسم: لأسهم نقدية، وأسهم عينية، أما من حيث الحقوق التي تقررها لمالك تلك الأسهم فهي تقسم: لأسهم عادية وأسهم ممتازة، كما أنها تقسم من حيث الشكل: لأسهم اسمية وأسهم للحامل وأسهم للأمر، إلّا أن المشرع الأردني بقانون الشركات لم يأخذ بجميع هذه الأنواع فهو يعترف فقط بالأسهم النقدية والعينية والأسهم العادية والأسهم الاسمية فقط[3].

---

[1] المادة ٩٦ من قانون الشركات الأردني.
[2] المادة ٩١ من قانون الشركات الأردني.
[3] المادة ٩٧ من قانون الشركات الأردني.

الفرع الثاني: ملكية الأسهم وتداولها ورهنها

أولا: ملكية الأسهم

تصدر الشركة المساهمة العامة شهادة تثبت ملكية السهم حيث يذكر فيها اسم الشركة ومركزها الرئيسي واسم المساهم وعدد الأسهم التي يملكها ونوعها وأرقامها.

ومن الجدير بالذكر ونحن هنا بهذا المجال أن نؤكد على أن قانون الشركات الأردني قد أوجب أن يُدفع مقابل الأسهم النقدية فورا عند الاكتتاب بحيث يجوز بعد ذلك لمالك تلك الأسهم تداولها ما لم تكن من أسهم المساهمين التي لا يجوز تداولها إلّا بعد سنتين أو في أحوال خاصة نصت عليها المادة ١٠٠/أ من قانون الشركات الأردني.

ثانيا: تداول الأسهم

وجدنا سابقا بأن السهم يمثل حصة الشريك في الشركة وهذه الحصة يمكن التصرف فيها بالبيع أو الرهن عن طريق تداول تلك الأسهم بالطرق التجارية.

وتداول السهم في الأردن لا يتم إلّا عن طريق القيد في السجل الخاص بسوق الأوراق المالية وسجل المساهمين في مقر الشركة بحيث لا تنتقل ملكية هذه الأسهم فيما بين المتعاقدين وفي مواجهة الغير والشركة إلّا باتباع الإجراءات المنظمة لتداول الأسهم والتي حددها قانون الشركات وقانون الأوراق المالية والأنظمة الصادرة بموجبه.

هذا ويحظر القانون التصرف بالأسهم التأسيسية للشركة المساهمة العامة في الأسواق المالية قبل مرور سنتين على الأقل من تأسيس الشركة، ويعتبر باطلا أي تداول لهذه الأسهم خلال هذه الفترة، إلّا أنه يستثنى من الحظر السابق مسألة انتقال أسهم التأسيس إلى الورثة وفيما بين الزوجين والأصول والفروع، وكذلك انتقاله من مؤسس إلى آخر في الشركة، كما وتنتقل هذه الأسهم إلى الغير بقرار قضائي أو نتيجة بيعه بالمزاد العلني وفق أحكام القانون[1].

_____

[1] المادة ١٠٠ من قانون الشركات الأردني.

كما لا يجوز تداول الأسهم إذا كانت مرهونة أو محجوزة أو مؤشر عليها بأي قيد يمنع التصرف بها، كذلك الحال في أية حالة أخرى تحظر فيها القوانين والأنظمة المعمول بها في المملكة تداول أسهم أي شركة مساهمة عامة في الأسواق المالية[٣].

<u>ثالثا: رهن السهم وحجزه</u>

لا يوجد في القانون ما يمنع رهن السهم باعتباره ملكا خاصا لصاحبه ولكن ذلك لا يعني السماح برهن جزء من أموال الشركة أو موجوداتها، فإذا تم الرهن على أسهم أحد المساهمين وجب على الشركة تثبيت الرهن في سجلاتها وفي شهادة الأسهم، بحيث لا يجوز رفع إشارة الرهن إلاّ بإقرار خطي من المرتهن يتضمن انقضاء حقه بذلك الرهن، أو بناء على حكم قضائي مكتسب الدرجة القطعية وذلك تطبيقا للقواعد العامة بالقانون.

كذلك فقد أجاز القانون الحجز على جميع أموال المدين، فإن كان شريكا في شركة مساهمة عامة جاز الحجز على الأسهم التي يملكها في تلك الشركة، إلاّ أنه لا يجوز الحجز عليها إلاّ بقرار قضائي بحيث توضع إشارة الحجز في سجل المساهمين بالشركة ولا ترفع إشارة الحجز إلاّ بناء على قرار من الجهة التي قررت الحجز عليه.

المطلب الثاني: أسناد القرض

الفرع الأول: تعريف أسناد القرض وخصائصها

تلجأ الشركات المساهمة العامة أثناء مزاولتها لنشاطاتها لطرح أسناد قرض وذلك في حال احتياجها لأموال من أجل مواصلة مشروعاتها والتوسع فيها وذلك بدلا من زيادة رأسمالها عن طريق طرح أسهم جديدة، ولعل السبب في ذلك يعود لرغبة المسيطرين على أغلبية الأسهم في عدم دخول مساهمون جدد إلى الشركة مما يخل بميزان القوى فيها خاصة فيما يتعلق بإدارتها والتصويت باجتماعاتها.

---

[٣] د. أحمد زيادات، د. إبراهيم العموش، مرجع سابق، ص٢٥٢.

هذا وقد عرفت المادة ١١٦ من قانون الشركات الأردني أسناد القرض بأنها: ((أوراق مالية ذات قيمة اسمية واحدة وقابلة للتداول تصدرها الشركات المساهمة العامة وتطرحها وفقا لأحكام القانون للحصول على قرض وتتعهد الشركة بموجب هذه الأسناد بالقرض وفوائده وفقا لشروط الإصدار)).

والسندات التي تصدرها الشركة على أنواع مختلفة، فهي تقسم من حيث ملكيتها لأسناد قرض اسمية ((تسجل فيها اسم مالكها وتنتقل وفق أحكام سوق الأوراق المالية)) وأسناد قرض لحامله ((لا يظهر فيها اسم المالك وتنتقل بالتسليم))، كما تقسم من حيث الحقوق التي يقررها لحامل السند سندات عادية وسندات بعلاوة إصدار أو وفاء وسندات ذات النصيب وسندات ذات الضمان الشخصي أو العيني وسندات قابلة للتحويل إلى أسهم وجميع هذه الأنواع يعترف بها مشرعنا الأردني بقانون الشركات[1].

ومن خلال التعريف السابق يمكن لنا إجمال خصائص أسناد القرض بالآتي:

١- تكون أسناد القرض اسمية وهي قابلة للتداول في أسواق الأوراق المالية[2].

٢- تصدر بقيمة اسمية واحدة في الإصدار الواحد وتصدر شهادات الأسناد بفئات مختلفة لأغراض التداول وبالدينار الأردني أو أية عملة أجنبية[3].

٣- يجوز أن يباع القرض بقيمته الاسمية أو بخصم إصدار أو بعلاوة إصدار ويسدد بقيمته الاسمية فقط[4].

٤- يجوز تحويلها إلى أسهم.

---

[1] أشارت لذلك المواد ١١٦، ١١٧، ١١٨، ١٢٢، ١٢٥ من قانون الشركات الأردني.
[2] المادة ١١٨ من قانون الشركات الأردني.
[3] المادة ١١٩/أ من قانون الشركات الأردني.
[4] المادة ١١٩/ب من قانون الشركات الأردني.

الفرع الثاني: شروط أسناد القرض

أوضح المشرع الأردني في قانون الشركات الشروط الواجب توافرها لطرح أسناد القرض وهي:

١- موافقة مجلس إدارة الشركة على إصدارها بأغلبية ثلثي أعضاء المجلس على الأقل إلا إذا كانت هذه الأسناد قابلة للتحويل إلى أسهم فيشترط موافقة الهيئة العامة غير العادية للشركة[٥].

٢- أن يكون رأسمال الشركة قد سدد بالكامل فليس من المنطق أن يسمح للشركة بالاقتراض وتحميلها فوائد في حين لا يزال جزء من رأسمالها لم يستوف بعد من المساهمين.

٣- إذا كانت أسناد القرض مضمونة بأموال منقولة أو غير منقولة أو بغير ذلك من الضمانات أو الكفالات فيجب أن يتم وضع تلك الأموال والموجودات تأمينا للقرض وفقا للتشريعات المعمول بها قبل تسلم أموال الاكتتاب في أسناد القرض إلى الشركة[١].

٤- أن توافق لجنة الإصدارات على شروط الاقتراض الواردة في نشرات الإصدار[٢].

٥- أن لا تتجاوز قيمة السندات التي تصدرها الشركة رأسمالها المكتتب بها إلا إذا أجازت لجنة الإصدارات ذلك[٣]، والحكمة من ذلك إن رأس المال هو الضمان الوحيد لدائني الشركة فلا يجوز أن تزيد ديون الشركة على هذا الضمان.

---

[٥] المادة ١١٧ من قانون الشركات الأردني.

[١] المادة ١٢٢ من قانون الشركات الأردني.

[٢] المادة ١١٦ من قانون الشركات الأردني، وانظر د. أحمد زيادات ود. إبراهيم العموش، مرجع سابق، ص٢٥٥.

[٣] د. أحمد زيادات، د. إبراهيم العموش، مرجع سابق، ص٢٥٥.

الفرع الثالث: إجراءات إصدار سندات القرض

عادة ما تصدر أسناد القرض بموجب نشرة إصدار تعدها الشركة بالتعاون مع مدير الإصدار، هذا ويجب أن تشتمل نشرة الإصدار على ما يلي: اسم الشركة ومقدار رأسمالها، وقيمة الإصدار ومدته، والقيمة الاسمية للسند، وسعر الفائدة وتاريخ استحقاقها وكذلك مدة الاكتتاب بالأسناد ومواعيد الوفاء بالقيمة الاسمية للسند، وضمانات الوفاء لقيمة الأسناد بما في ذلك الكفالات إن وجدت كما حددت المادة ١٢١ من قانون الشركات الأردني البيانات الواجب توافرها بسند القرض بالآتي:

أ- على وجه السند: اسم الشركة المقترضة وشعارها إن وجد وعنوانها ورقم تسجيلها وتاريخه ومدة الشركة مع اسم مالك السند ورقم السند ونوعه وقيمته الاسمية ومدته وسعر الفائدة.

ب- على ظهر السند: مجموع قيمة أسناد القرض المصدرة بمواعيد وشروط إطفاء الأسناد ومواعيد استحقاق الفائدة والضمانات الخاصة للدين الذي يمثله السند إن وجدت وأية شروط وأحكام أخرى ترغب الشركة المقترضة إضافتها إلى السند شريطة أن تتوافق هذه الإضافات مع شروط الإصدار.

الفرع الرابع: حقوق حملة سندات القرض

يعتبر حامل السند دائنا للشركة بقيمته لذا تتحدد حقوقه بطلب إبطال الاكتتاب بتقاضي الفائدة المتفقة أو استرداد قيمته في تاريخ الاستحقاق المتفق علية كما يكون من حقه التنازل عن دينه الثابت بالسند بالطرق التجارية. كما أن من حقوقه تكوين هيئة مالكي السندات:

١- للمكتب الحق بالطلب من المحكمة المختصة بإبطال اكتتابه وإلزام الشركة المقترضة برد قيمة اكتتابه إليه إذا خالفت الشركة شروط نشرة الإصدار.

٢- للمكتتب الحق باستيفاء قيمة السند وفوائده في المواعيد المحددة لذلك، فقد نص القانون على بطلان أي تصرف يؤدي لإطالة ميعاد الوفاء أو تخفيض الفائدة إلا إذا أقرته هيئة مالكي أسناد القرض بأغلبية ثلاثة أرباع أصواتهم الممثلة في الاجتماع شريطة ألا تقل الأسناد الممثلة في الاجتماع عن ثلثي مجموع قيمة الأسناد المكتتب بها[1].

٣- يتكون حكما من مالكي الأسناد في كل إصدار هيئة تسمى هيئة مالكي أسناد القرض تعيين هذه الهيئة شركة أردنية متخصصة بوظيفة أمين إصدار تدفع أجوره الشركة مصدرة الأسناد[2].

٤- للمكتتب بالسند حق تداول السند وفقا للشروط المحددة فيه وتبعا لنوعه[3].

٥- تسقط آجال القروض الثابتة بالأسناد عند تصفية الشركة، وللمكتتب بالسندات عندئذ أن يستوفي قيمة سنده بالأولوية على المساهمين[4].

الفرع الخامس: أسناد القرض القابلة للتحويل إلى أسهم

لقد أوضحت المادة ١٢٥ من قانون الشركات الأردني أن من حق الشركة المساهمة العامة إصدار أسناد قرض قابلة للتحويل إلى أسهم وذلك ضمن الشروط التالية:

١- يجب أن تتضمن نشرة الإصدار وقرار الهيئة العامة شروط التحويل وأن يتم التحويل بموافقة مالكي الأسناد الخطية وبالشروط والأسس المحددة لذلك.

---

[1] المادة ١٣٠/جـ من قانون الشركات الأردني.
[2] يفهم أعلاه من نص المادة ١١٦ من قانون الشركات الأردني.
[3] المادة ١٢٦ من قانون الشركات الأردني.
[4] المادة ٢٥٧/جـ من قانون الشركات الأردني.

٢- وجوب تضمن نشرة الإصدار المواعيد التي يمكن فيها التحويل وأن يبدي المكتتب رغبته تلك خلال المواعيد المحددة وإلّا فقد حقه بالتحويل.

٣- أن يكون للأسهم التي يحصل عليها مالكو الأسناد نتيجة التحويل حقوق في الأرباح تتناسب مع المدة الزمنية بين موعد التحويل وانتهاء السنة المالية للشركة.

٤- أن يتم في نهاية كل سنة مالية للشركة بيان عدد الأسهم مقابل الأسناد والتي يرغب أصحابها بتحويلها خلال تلك السنة.

المبحث الرابع: زيادة رأسمال الشركة المساهمة وتخفيضه

المطلب الأول: زيادة رأسمال الشركة المساهمة العامة
أولا: الأسباب والشروط

أجازت المادة ١١٢ من قانون الشركات الأردني للشركة المساهمة زيادة رأسمالها المصرح به بشرط موافقة هيئتها العامة في اجتماع غير عادي إذا كان قد اكتتب برأسمالها بالكامل على أن تتضمن الموافقة طريقة تغطية الزيادة ولعل السبب في ذلك أن المشرع يعني أن مثل هذه الشركات تحتاج للأموال الكثيرة في أحوال التوسع بالمشاريع والنشاطات، كما أنه يعرف بأنها قد تتعرض أثناء مسيرتها لخسائر تفقدها كثيرا من رأس المال المصرح به.

ثانيا: أساليب زيادة رأس المال

لقد حدد المشرع الأردني في المادة ١١٣ من قانون الشركات الأردني أساليب وطرق زيادة رأسمال هذه الشركة بالآتي:

١- زيادة رأس المال عن طريق طرح أسهم جديدة للاكتتاب العام والخاص.

٢- زيادة رأس المال عن طريق الاكتتاب ضم الاحتياطي الاختياري ((رسملة الاحتياطي الاختياري))، أو الأرباح المدورة المتراكمة أو كليهما لرأسمال الشركة.

٣- زيادة رأسمال الشركة عن طريق رسملة ديونها أو أي جزء منها شريطة موافقة أصحاب هذا الديون خطيا على ذلك.

٤- زيادة رأسمال الشركة عن طريق تحويل أسناد القرض القابلة للتحويل إلى أسهم وذلك وفق الأحكام التي سبق الإشارة إليها.

المطلب الثاني: تخفيض رأسمال الشركة المساهمة العامة

أولا: الأسباب والشروط

أجازت المادة ١١٤ من قانون الشركات الأردني للشركة المساهمة بتخفيض رأسمالها المصرح شريطة موافقة هيئتها العامة باجتماع غير عادي، وبالتالي فإن المشرع يدرك بأنه قد يحدث أن يكون رأس المال المصرح به مبالغ فيه كثيرا، وبالتالي يكون بمثابة أموال زائدة عن حاجة الشركة والشركاء لهم الحق باستردادها لاستثمارها في مشاريع أخرى، كما يعي المشرع بأنه قد تلحق بهذه الشركة خسائر يصبح من المتعذر استهلاك تلك الخسائر بما تقتطعه من أرباح.

وقد حدد قانون الشركات لشروط التخفيض شروطا ثلاث هي:

١- لا يجوز أن يتم تخفيض رأسمال الشركة المساهمة العامة في أية حالة من الحالات إلى أقل من الحد الأدنى لرأسمال الشركة المساهمة العامة وهو خمسمائة ألف دينار[١].

٢- أن توافق الهيئة العامة على قرار التخفيض بأغلبية ٧٥% على الأقل من الأسهم الممثلة في اجتماعها غير العادي[١].

٣- أن يوافق وزير الصناعة والتجارة على قرار الهيئة العامة بتخفيض رأسمال الشركة بناء على تنسيب المراقب[٢].

---

[١] المادة ١١٤/جـ من قانون الشركات الأردني.
[١] المادة ١١٥/أ من قانون الشركات الأردني.
[٢] المادة ١١٥/د من قانون الشركات الأردني.

هذا وكما يشترط القانون بأن يقوم المراقب بتبليغ الدائنين للشركة بالتخفيض وينشره في صحيفتين محليتين حيث يجوز بعد ذلك لكل دائن الاعتراض على قرار التخفيض فإن لم ينجح المراقب بتسوية تلك الاعتراضات يحق لأصحاب تلك الديون مراجعة المحكمة بخصوص اعتراضاتهم فإن تبلغ المراقب إشعارا خطيا بإقامة دعوى لديها للطعن بقرار التخفيض كان عليه وقف إجراءات التخفيض إلى أن تصدر المحكمة قرارها النهائي بذلك(٣) .

ثانيا: أساليب تخفيض رأسمال

حددت المادة ١١٤/ب من قانون الشركات طرق تخفيض رأسمال بما يلي:

١- تنزيل قيمة الأسهم بإلغاء جزء من ثمنها المدفوع يوازي مبلغ الخسارة في حالة وجود خسارة في الشركة.

٢- إعادة جزء منه إذا رأت أن رأسمالها يزيد عن حاجتها.

المبحث الخامس: الاقتطاعات وتوزيع الأرباح والخسائر

عرفت المادة ١٨٩ من قانون الشركات الأردني الأرباح الصافية بأنها: ((الفرق بين مجموع الإيرادات المتحققة في أي سنة مالية من جانب ومجموع المصروفات والاستهلاك في تلك السنة من جانب آخر قبل تنزيل المخصص لضريبتي الدخل والخدمات الاجتماعية)).

وقد أوجب قانون الشركات على مجلس الإدارة في الشركة المساهمة العامة إجراء اقتطاعات معينة قبل القيام بعملية توزيع الأرباح أو الخسائر على المساهمين فيها، لذلك كان علينا الحديث عن هذه الاقتطاعات قبل البحث بتوزيع الأرباح والخسائر.

---

(٣) المادة ١١٥/جـ من قانون الشركات الأردني.

المطلب الأول: الاقتطاعات الواجبة على الشركة المساهمة العامة

أولا: اقتطاع الاحتياطي الإجباري

يوجب قانون الشركات الأردني في المادة ١٨٦/أ على الشركة المساهمة العامة اقتطاع ما نسبته ١٠% من أرباحها السنوية الصافية وذلك لحساب الاحتياطي الإجباري، مبينا كذلك بأنه لا يجوز وقف ذلك الاقتطاع قبل أن يبلغ حساب الاحتياطي الإجباري المتجمع ما يعادل ربع رأسمال الشركة المصرح به، مع إعطاء الهيئة العامة صلاحية الموافقة على الاستمرار في اقتطاع هذه النسبة السنوية إلى أن يبلغ رصيده ما يعادل مقدار رأسمال المصرح به.

كذلك فقد منع قانون الشركات الأردني في المادة ١٨٦/ب توزيع الاحتياطي الإجباري على المساهمين في صورة أرباح إلا أنه أجاز استعماله لتأمين الحد الأدنى للربح في اتفاقيات الشركات ذات الامتياز في أي سنة لا تسمح فيها أرباح الشركة بتأمين ذلك الحد وعلى مجلس إدارة الشركة أن يعيد إلى هذا الاحتياطي ما أخذ منه عندما تسمح بذلك أرباح الشركة في السنة التالية.

ثانيا: اقتطاع الاحتياطي الاختياري

أجاز المشرع الأردني بالمادة ١٨٧/أ من قانون الشركات الأردني للهيئة العامة للشركة بناء على اقتراح مجلس الإدارة أن تقرر اقتطاع ٢٠% من أرباحها السنوية الصافية عن تلك السنة وذلك لحساب الاحتياطي الاختياري.

كذلك فقد بينت المادة ١٨٧ من قانون الشركات الأردني أن هذا الاحتياطي يستعمل في الأغراض التي يقررها مجلس الإدارة ويحق للهيئة العامة توزيعه كله أو جزء منه كأرباح على المساهمين إذا لم يستعمل في تلك الأغراض.

ثالثا: اقتطاع الاحتياطي الخاص

كذلك فقد أجاز قانون الشركات الأردني بالمادة ١٨٧/جـ للهيئة العامة بناء على اقتراح مجلس الإدارة أن تقرر اقتطاع ما لا يزيد عن ٢٠% من أرباحها السنوية الصافية احتياطا خاصا لاستعماله لأغراض الطوارئ أو التوسع أو لتقوية مركز الشركة المالي ولمواجهة المخاطر التي قد تتعرض لها الشركة.

رابعا: اقتطاع دعم البحث العلمي

كذلك فقد أوجبت المادة ١٨٨ من قانون الشركات الأردني على الشركة المساهمة العامة تخصيص ما لا يقل عن ١% من أرباحها السنوية الصافية لإنفاقه على دعم البحوث العلمية والتدريب المهني لديها مبينا كذلك بأنه إذا لم ينفق هذا المخصص أو جزء منه خلال ثلاث سنوات من اقتطاعه فإنه يتوجب تحويل الباقي لصندوق خاص يتم إنشائه بموجب نظام يصدر لهذه الغاية حيث يحدد ذلك النظام طريقة الصرف وأصوله.

خامسا: اقتطاع مكافأة رئيس وأعضاء مجلس الإدارة

كذلك فقد أوجب قانون الشركات الأردني بالمادة ١٦٢ منه على الشركة المساهمة العامة قبل توزيع الأرباح العمل على اقتطاع ١٠% من الأرباح الصافية لتلك الشركة بعد تنزيل كافة الضرائب والاقتطاعات السابقة شريطة أن لا يزيد نصيب أيا من أعضاء مجلس الإدارة أو رئيسه في هذه الشركة عن ٥٠٠٠ دينار سنويا وعلى أن توزع المكافأة عليهم بنسبة عدد الجلسات التي حضرها كل منهم.

سادسا: اقتطاع ضريبة الدخل والخدمات الاجتماعية

كذلك فإن قانون ضريبة الدخل والشركات يوجبان على الشركة المساهمة العامة قبل توزيع أية أرباح على المساهمين العمل على إجراء الاقتطاعات اللازمة لضريبة الدخل والخدمات الاجتماعية وتزويد الجهات الرسمية بتلك الضرائب.

المطلب الثاني: توزيع الأرباح والخسائر

عادة ما يحدد نظام الشركة طريقة توزيع تلك الأرباح، فإن لم ينص النظام على ذلك فإنها توزع على المساهمين كل بنسبة مساهمته في رأسمال هذه الشركة وعلى أي حال فإن هذا الحق ينشأ للمساهمين بناء على قرار الهيئة العامة حيث يجب على مجلس الإدارة الإعلان عن ذلك في صحيفتين محليتين على الأقل وبوسائل الإعلام الأخرى خلال أسبوع من تاريخ قرار الهيئة وتقوم الشركة بعد ذلك بتبليغ المراقب والسوق المالي بهذا القرار[1].

وقد بين قانون الشركات الأردني بأنه يجب أن تدفع الأرباح للمساهمين خلال ستين يوما من تاريخ اجتماع الهيئة العامة، فإن لم يتم ذلك التزمت الشركة بدفع فوائد عنها شريطة أن لا تزيد مدة التأخير عن دفع الأرباح عن ستة أشهر من تاريخ استحقاقها.

أما فيما يتعلق بتوزيع الخسائر فإنه وبسبب كون اكتساب هذه الشركة الشخصية الاعتبارية المستقلة عن شخصية المساهمين فيها، فإنها حتما ستكون وحدها هي المسؤولة عن الخسائر التي لحقت بها في تلك السنة، ومن الجدير بالذكر بأنه ومن ناحية عملية فلو واجهت مثل هذه الشركات خسائر في سنة معينة فغالبا يتم تحويلها وتدويرها لسنة أخرى أو أكثر لاستهلاكها من أرباح تلك السنين.

---

[1] المادة ١٩١/ب من قانون الشركات الأردني.

أما في حالة انقضاء هذه الشركة أو عند تصفيتها فإن الخسائر لا بد أن توزع على المساهمين كلا بنسبة مساهمته في رأسمال هذه الشركة، هذا إذا لم ينص نظام الشركة على خلاف ذلك.

المبحث السادس: إدارة الشركة المساهمة العامة

يتولى إدارة الشركة المساهمة عدة هيئات بعضها يتولى الإدارة الفعلية وبعضها الآخر يتولى الرقابة والإشراف، وهذه الهيئات هي: مجلس الإدارة، الهيئة العامة مدققو الحسابات.

المطلب الأول: مجلس الإدارة

أولا: تكوين مجلس الإدارة

الشركة المساهمة العامة كشخص اعتباري لا بد أن يستعين بأشخاص طبيعيين يتولون إدارة أعماله وتمثيله تجاه الغير وهو ما يسمى بمجلس الإدارة، وحتى يتوضح لنا ماهية هذا المجلس فإنه يكون من الواجب علينا البحث بكيفية تكوين ذلك المجلس وشروط عضويته وطرق انتهاء تلك العضوية.

لقد أوضح قانون الشركات الأردني بأن إدارة الشركة المساهمة العامة يتولاها مجلس إدارة لا يقل عدد أعضائه عن ثلاثة أشخاص ولا يزيد عن ثلاثة عشر شخصا وفقا لما يحدده نظام الشركة حيث يقوم ذلك المجلس بمهام ومسؤوليات إدارتها لمدة أربع سنوات تبدأ من تاريخ انتخابه، هذا ويتم انتخاب أعضاء مجلس الإدارة بالاقتراع السري وبعد ذلك ينتخب المجلس بالاقتراع السري رئيسا له ونائبا للرئيس، كما يختار من بين أعضائه مفوض أو مفوضين بالتوقيع عن الشركة منفردين أو مجتمعين وفقا لما يقرره المجلس بهذا الشأن وفي حدود الصلاحيات التي يفوضها إليهم [1]. ويبدو من

---

[1] المادة ١٣٢/أ من قانون الشركات الأردني.

المفيد أن نعلم كذلك بأن الحكومة إن ساهمت بمثل هذه الشركات فإنه لا بد أن تمثل حتما بمجلس إدارة تلك الشركة بعضو أو أكثر وذلك حسب نسبة مساهمتها في رأسمال الشركة.

ثانيا: شروط عضوية مجلس الإدارة

يشترط القانون فيمن يرشح نفسه لعضوية مجلس الإدارة جملة من الشروط وهي:

1- أن لا يقل عمره عن واحد وعشرين سنة[٣] والحكمة من ذلك الشرط أن المرشح الـذي يقل عمره عن ذلك ليس لديه الخبرة الكافية بالمحافظة على مصالح المساهمين.

2- أن لا يكون موظفا في الحكومة[١] أو أي مؤسسة رسمية عامة ويستثنى مـن ذلك مـن يعين بصفته ممثلا للحكومة أو الأشخاص الاعتباريين العامين في مجالس إدارة الشركات المساهمة العامة.

3- أن يكون مساهما في الشركة، ومالكا للحد الأدنى من الأسهم التي تؤهله للعضوية وفقا لما يقرره نظام الشركة[٢]، والحكمـة مـن ذلك أن المساهم صاحب مصلحـة في الشركة وبالتالي فهو أكثر حرصا من غيره على رعاية مصالحها وعدم التفريط بحقوقها.

4- أن لا يجمع بترشيح نفسه بين عضوية أكثر من ثلاث مجالس إدارة شركات مساهمة عامة بصفته الشخصية أو بصفته ممثلا لشخص اعتباري عام وفي جميع الأحوال لا

[٣] المادة ١/١٤٧ من قانون الشركات الأردني.
[١] المادة ٢/١٤٧ من قانون الشركات الأردني.
[٢] المادة ١٣٣ من قانون الشركات الأردني.

يجوز لشخص أن يرشح نفسه لأكثر من مجالس إدارة خمس شركات مساهمة عامة بصفته الشخصية في بعضها وبصفته ممثلا لشخص اعتباري في بعضها الآخر[٣].

٥- أن لا يكون محكوما عليه بعقوبة جنائية أو جنحية مخلة بالشرف كالرشوة أو الاختلاس أو السرقة أو سوء استعمال الأمانة والشهادة الكاذبة وبأي جريمة مخلة بالآداب والأخلاق العامة وأن لا يكون قد صدر بحقه حكم بشهر الإفلاس[٤]. والحكمة من هذا الشرط أن عضو مجلس الإدارة يجب أن يكون مؤتمنا على مصالح الشركة ومن يحكم عليه بمثل تلك العقوبات لا يكون مؤتمنا.

٦- أن لا يكون محكوما عليه بعقوبة أحد الجرائم المعينة بنص المادة ٢٧٨ من قانون الشركات الأردني كإصدار سندات قرض وعرضها للتداول قبل أوانها بصورة مخالفة للقانون أو إجراء اكتتاب صوري للأسهم أو توزيع أرباح صورية غير مطابقة لحالة الشركة الحقيقية ...الخ.

٧- كذلك لا يجوز لعضو مجلس الإدارة أن يتولى إدارة شركة مشابهة أو منافسة للشركة التي هو عضو في مجلس إدارتها والحكمة من ذلك خوفا من تغليبه لمصلحة إحدى الشركتين على الأخرى[١].

٨- كذلك لا يجوز أن يكون لرئيس مجلس الإدارة أو أحد أعضاءه مصلحة مباشرة أو غير مباشرة في العقود والمشاريع والارتباطات التي تعقد مع الشركة أو لحسابها إلا أنه يستثنى من ذلك أعمال المقاولات التي يتم تعهدها من خلال المناقصات العامة التي يسمح لجميع المتنافسين الاشتراك بها[٢].

[٣] المادة ١٤٦ من قانون الشركات الأردني.
[٤] المادة ١٣٤ من قانون الشركات الأردني.
[١] المادة ١٤٨/ب من قانون الشركات الأردني.
[٢] المادة ١٤٧/جـ د من قانون الشركات الأردني.

ثالثا: انتهاء عضوية مجلس الإدارة

تنتهي عضوية مجلس الإدارة في أي حالة من الحالات التالية:

١- بانتهاء دورة مجلس الإدارة وهي أربع سنوات[٣].

٢- بنقصان عدد الأسهم التي تؤهله لعضوية مجلس الإدارة أو برهنها أو الحجز عليها بحكم قضائي مكتسب الدرجة القطعية[٤].

٣- بالاستقالة (ويكون ذلك بناء على رغبة العضو نفسه بإنهاء عضويته)[٥].

٤- بالإقالة (ويتم ذلك بقرار يصدر بأغلبية ٧٥% من مجموع الأسهم الممثلة في اجتماع غير عادي للهيئة العامة)[٦].

٥- بتغيبه عن حضور أربع اجتماعات متتالية للمجلس دون عذر يقبله المجلس أو بتغيبه عن حضور اجتماعات المجلس لمدة ستة أشهر متتالية ولو بعذر ولا يطبق هذا الحكم على الأشخاص الاعتباريين بحيث يجوز للشخص الاعتباري أن يعين شخص آخر يحل محل ممثله المتغيب[١].

٦- بالوفاة[٢].

---

[٣] يفهم ذلك من خلال نص المادة ١٣٢/أ من قانون الشركات الأردني.
[٤] يفهم ذلك من خلال نص المادة ١٣٣/جـ من قانون الشركات الأردني.
[٥] المادة ١٦٣ من قانون الشركات الأردني.
[٦] المادة ١٦٥/أ من قانون الشركات الأردني.
[١] المادة ١٦٤ من قانون الشركات الأردني.
[٢] د. أحمد زيادات، د. إبراهيم العموش، مرجع سابق، ص٢٧٠.

رابعا: مهام وواجبات مجلس الإدارة

حدد قانون الشركات الأردني بالمواد ١٤٠، ١٤٣، ١٤٤ مهام مجلس الإدارة على النحو الآتي:

١- إعداد الميزانية السنوية العامة للشركة وبيان الأرباح والخسائر وبيان التدفقات النقدية والإيضاحات حولها مقارنة مع السنة المالية السابقة مصدقة من مدققي حسابات الشركة.

٢- إعداد التقرير السنوي لمجلس الإدارة عن أعمال الشركة خلال السنة الماضية والتوقعات المستقبلية للسنة القادمة.

٣- تزويد المراقب بنسخ عن الحسابات والتقارير المذكورة ونشرها.

٤- إعداد كشف للإطلاع المساهمين عليه يتضمن البيانات التالية ويتم تزويد المراقب بنسخة منها:

أ- بجميع المبالغ التي حصل عليها كل من رئيس وأعضاء مجلس الإدارة من الشركة خلال السنة المالية من أجور وأتعاب ورواتب وعلاوات ومكافآت وغيرها.

ب- بالمزايا التي يتمتع بها كل من رئيس وأعضاء مجلس الإدارة من الشركة كالمسكن المجاني والسيارات وغيرها.

جـ- بالمبالغ التي دفعت لكل من رئيس وأعضاء مجلس الإدارة خلال السنة المالية كنفقات سفر.

د- بالتبرعات التي دفعتها الشركة خلال السنة المالية مفصلة والجهات التي دفعت لها.

٥- توجيه الدعوة لكل مساهم لحضور اجتماع الهيئة العامة مرفقة بجدول أعمال الهيئة العامة وتقرير مجلس الإدارة والميزانية العمومية وحساباتها الختامية وتقرير مدققي الحسابات والبيانات الإيضاحية.

خامسا: واجبات رئيس وأعضاء مجلس الإدارة في الشركة المساهمة العامة

حظر قانون الشركات الأردني على رئيس وأعضاء مجلس الإدارة في الشركة المساهمة العامة القيام بالعديد من الأعمال، وهي:

١- لا يجوز لأي من هؤلاء أن يكون عضوا في مجلس أو شركة مشابهة في أعمالها أو منافسة للشركة الأولى كما لا يجوز له القيام بأي عمل منافس لها[1].

٢- لا يجوز لأي منهم أن يكون له مصلحة مباشرة أو غير مباشرة في العقود التي ترتبط بها الشركة ويستثنى من ذلك أعمال المقاولات والتعهدات عن طريق المناقصات[2].

٣- يحظر على أي من هؤلاء التعامل بأسهم الشركة بصورة مباشرة أو غير مباشرة بناء على معلومات أطلع عليها بحكم منصبه أو عمله في الشركة كما لا يجوز له أن ينقل هذه المعلومات لأي شخص بقصد إحداث تأثير في أسعار سهم هذه الشركة أو أي شركة تابعة أو قابضة أو حليفه لشركته[3].

٤- يحظر على أي منهم إفشاء أي معلومات أو بيانات تتعلق بالشركة لأي شخص وتعتبر ذات طبيعة سرية بالنسبة للشركة إذا كان قد حصل على هذه المعلومات بحكم منصبه بالشركة أو قيامه بأي عمل لها وذلك تحت طائلة العزل من الوظيفة أو المنصب أو المطالبة بتعويض الأضرار التي لحقت بالشركة ويستثنى من ذلك المعلومات التي تجيز القوانين والأنظمة نشرها[4].

---

[1] المادة ١٤٨/ب من قانون الشركات الأردني.
[2] المادة ١٤٨/جـ من قانون الشركات الأردني.
[3] المادة ١٦٦ من قانون الشركات الأردني.
[4] المادة ١٥٨ من قانون الشركات الأردني.

٥- كذلك يكون على هؤلاء أن يقدموا لمجلس الإدارة في أول اجتماع يعقده بعد انتخابه إقرارا خطيا بما يملكه هو وزوجته وأولاده القاصرين من أسهم في الشركة كما أن عليهم إعلان الأسهم التي يملكونها هم وأزواجهم وأولادهم في الشركات الأخرى وتزويد المراقب بنسخ من هذه البيانات[1].

سادسا: مسؤولية مجلس الإدارة

يكون رئيس وأعضاء مجلس الإدارة في الشركة المساهمة العامة مسؤولون تجاه الشركة والمساهمين والغير عن كل مخالفة يرتكبها أي منهم أو جميعهم للقوانين والأنظمة المعمول بها ولنظام الشركة، كما يكونوا مسؤولين عن أي خطأ في إدارة الشركة ولا تحول موافقة الهيئة العامة على إبراء ذمة مجلس الإدارة دون الملاحقة القانونية لرئيس وأعضاء المجلس[2].

(كما ويكون رئيس وأعضاء مجلس الإدارة مسؤولين بالتضامن الكامل تجاه المساهمين عن تقصيرهم أو إهمالهم في إدارة الشركة)[3]، كذلك الحال فإن مجلس الإدارة يكون مسؤولا في مواجهة المساهمين بالشركة إذا قام هذا المجلس بإعطائهم تقارير كاذبة عن أعمال وأرباح الشركة، ففي مثل هذه الحالة يجوز لكل مساهم تضرر من جراء هذه الأفعال إقامة دعوى على المجلس إذا قصّرت الشركة في ذلك.

أما بالنسبة لمسؤولية مجلس الإدارة قبل الغير دائني الشركة العاديين وحملة أسناد القرض أو أي شخص يتعامل مع الشركة- فإذا لحق بأي من هؤلاء الدائنين ضررا مباشرا من أفعال مجلس الإدارة كان له إقامة دعوى مباشرة للمطالبة بحقوقه، وعلينا في مثل هذه الحالة الأخيرة التفرقة بين أمرين[4]:

---

[1] المادة ١٣٨ من قانون الشركات الأردني.
[2] المادة ١٥٧/أ من قانون الشركات الأردني.
[3] المادة ١٥٩ من قانون الشركات الأردني.
[4] د. أحمد زيادات، د. إبراهيم العموش، مرجع سابق، ص٢٧٦.

أ- إذا كان الفعل الضار المسبب للدعوى والذي قام به مجلس الإدارة يقع ضمن حدود سلطات أعضاء المجلس كانت الشركة مسؤولة عن نتائج ذلك الفعل في مواجهة الغير المتضرر.

ب- أما إذا كان الفعل خارج حدود السلطات الممنوحة لمجلس الإدارة في نظام الشركة كانت المسؤولية على من قام بالفعل الضار بصفته الشخصية بحيث لا يمكن مساءلة الشركة عن ذلك الفعل أو عن نتائجه.

أما إذا كان الضرر اللاحق بالغير غير مباشر كأن يلحق بهم نتيجة تضرر الشركة من أفعال مجلس إدارتها التي هم دائنيها ففي مثل هذه الحالة وحفاظا على أموال الشركة المدينة لهم فإنه وفقا للقواعد العامة يجوز للغير إقامة الدعوى غير المباشرة باسم الشركة وضد من ألحق الضرر بها إذا ما قصّرت الشركة بذلك.

وفي كافة الأحوال السابقة تكون مسؤولية أعضاء مجلس الإدارة في الشركة المساهمة العامة إما شخصية على عضو أو أكثر لأعضاء مجلس الإدارة أو مشتركة بين رئيس وأعضاء المجلس وعندها يكونون جميعا مسؤولين بالتضامن والتكافل عن التعويض عن الضرر الذي نتج عن المخالفة أو الخطأ على أن لا تشمل هذه المسؤولية أي عضو أثبت اعتراضه خطيا في محضر اجتماع على القرار الذي تضمن المخالفة أو الخطأ، في جميع الأحوال لا تسمع الدعوى بهذه المسؤولية بعد مرور خمس سنوات على تاريخ اجتماع الهيئة العامة الذي صادقت فيه على الميزانية السنوية والحسابات الختامية للشركة[1].

---

[1] المادة ١٥٧/ب من قانون الشركات الأردني.

المطلب الثاني: الهيئة العامة

تتألف الهيئة العامة من جميع المساهمين في الشركة وتعقد نوعين من الاجتماعات أحدهما عادي والآخر غير عادي.

الفرع الأول: الاجتماع العادي

أولا: موعد الاجتماع: بينت المادة ١٦٩ من قانون الشركات الأردني بأن للهيئة العامة في الشركة المساهمة العامة أن تعقد اجتماعا عاديا داخل المملكة مرة واحدة على الأقل كل سنة بدعوة من مجلس إدارة الشركة في التاريخ الذي يحدده المجلس بالاتفاق مع المراقب على عقد هذا الاجتماع خلال الأشهر الأربعة التالية لانتهاء السنة المالية للشركة.

ثانيا: نصاب الاجتماع العادي: كذلك فقد بينت المادة ١٧٠ من قانون الشركات الأردني على أن الاجتماع العادي للهيئة العامة في الشركة المساهمة العامة يكون قانونيا إذا حضره مساهمون يمثلون أكثر من نصف أسهم الشركة المكتتب بها، فإن لم يتوفر هذا النصاب تدعو الهيئة العامة لاجتماع ثاني يعقد بعد عشرة أيام من تاريخ الاجتماع الأول ويكون نصاب الاجتماع الثاني قانونيا بأي عدد من المساهمين الذين يحضرونه، كما بينت المادة ١٧٦ من قانون الشركات الأردني بأن للهيئة العامة في هذه الشركة أن تتخذ قراراتها بالأغلبية.

ثالثا: صلاحيات الهيئة العامة في الاجتماع العادي: تعد الهيئة العامة في الشركة المساهمة العامة السلطة العليا في الشركة حيث يدخل في اختصاصها كل عمل يتعلق بالشركة والإشراف على مجلس الإدارة والمصادقة على أعماله حيث حددت المادة ١٧١ من قانون الشركات الأردني صلاحيات الهيئة العامة بالنظر بصورة خاصة بالمسائل الآتية:
أ- وقائع الاجتماع العادي السابق للهيئة العامة.

ب- تقرير مجلس الإدارة عن أعمال الشركة خلال السنة والخطة المستقبلية لها.

جـ- تقرير مدققي حسابات الشركة عـن ميزانيتها وحسـاباتها الختاميـة الأخـرى وأحوالها وأوضاعها المالية.

د- الميزانية السنوية وحساب الأرباح والخسائر وتحديد الأرباح التـي يقـترح مجلـس الإدارة توزيعها بما في ذلك الاحتياطات والمخصصات التي ينص عليها القانون ونظام الشركة علـى اقتطاعها.

هـ- انتخاب مجلس إدارة جديد وانتخاب مدققي حسابات الشركة للسنة المالية المقبلة.

و- اقتراحات الاستدانة أو الرهن أو إعطاء الكفالات إذا اقتضى ذلك نظام الشركة.

ز- أي موضوع آخر أدرجه مجلس الإدارة في جدول أعمال الشركة.

ح- أي أمور أخرى تقترح الهيئة العامة إدراجها في جدول الأعمال مـا لا يقـل عن ١٠% من الأسهم الممثلة في الاجتماع.

إلا أن هذه السلطات المناطة بالهيئة العامة غير واردة على سبيل الحصر وإنما يجـوز أن ينص نظام الشركة على إضافة سلطات أخرى بشرط أن لا تخـالف الأحكـام الآمـرة في قـانون الشركات وبأن لا تكون من الأمور التي يقلها المشرع للهيئة العامة في اجتماعها غير العادي.

الفرع الثاني: الاجتماع غير العادي للهيئة العامة

أولا: موعد الاجتماع

بينت المادة ١٧٢ من قانون الشركات الأردني على أن للهيئة العامة في الشركة المساهمة العامة في وقت من السنة أن تعقد اجتماعا أو أكثر يكون غير عادي بدعوة من:

١- مجلس الإدارة.

٢- أو بناء على طلب خطي يقدم للمجلس من مساهمين يملكون ما لا يقل عـن ربـع اسهم الشركة المكتتب بها.

٣- أو بطلب خطي مـن مـدققي حسـابات الشركة أو المراقب إذا طلب ذلك مساهمون يملكون أصالة ما لا يقل عن ١٥% من أسهم الشركة المكتتب بها.

<u>ثانيا: نصاب الاجتماع غير العادي</u>

لقد أوضحت المادة ١٧٣ من قـانون الشركات الأردني بأنـه حتى يعتبر الاجتماع غير عادي لا بد من حضور مساهمين يمثلون أكثر من ٥٠% من أسهم الشركة المكتتب بها، وإذا لم يتوفر هذا النصاب يؤجل الاجتماع ويدعى المساهمين لاجتماع آخر يعقد خلال عشرة أيام من تاريخ الاجتماع الأول، ويعتبر هذا الاجتماع قانونيا بحضور مـا لا يقـل عـن ٤٠% مـن أسهم الشركة المكتتب بها، فإذا لم يتوفر هذا النصاب يلغى الاجتماع مهـما كانت أسباب الدعوة إليه، كما بينت المادة ١٧٥/ب مـن ذات القانون بأنه لا بـد مـن أغلبيـة ٧٥% مـن الأسهم الحاضرة لإصدار أي قرار في ذلك الاجتماع باستثناء أي أمر مـن الأمـور التي بحثتها الهيئة العامة في اجتماعها غير العادي وكانت من الأمور الداخلة ضمن صلاحيتها بالاجتماع العادي فتصدر قراراتها في هذه الحالة بالأغلبية المطلقة بالأسهم الممثلة في الاجتماع.

<u>ثالثا: صلاحيات الهيئة العامة في الاجتماع غير العادي</u>

للهيئة العامة غير العادية سلطات واسعة، فيعود لها الاختصاص في اتخاذ القرارات الخطيرة في حياة الشركة فمثل هذه القرارات لا يجوز للهيئة العامة أن تتخذها إلاّ وهي منعقدة بصفة غير عادية، وذلك نظرا لخطورة مثل تلك القرارات على مصير الشركة

وعليه فقد أختصها المشرع بضمانات خاصة وتطلب إجراءات أكثر تعقيدا من الاجتماعات العادية فاشترط نصابا خاصا لصحة عقد اجتماعاتها وأغلبية خاصة لصحة إصدارها قراراتها. وقد حددت المادة ١٧٥ من قانون الشركات الأردني صلاحيات الهيئة العامة في مناقشة الأمور التالية واتخاذ القرارات المناسبة بشأنها:

أ- تعديل عقد الشركة ونظامها الأساسي.

ب- اندماج الشركة في شركة أخرى.

جـ- تصفية الشركة وفسخها.

د- إقالة رئيس مجلس إدارتها أو أحد أعضائه.

هـ- بيع الشركة أو تملك شركة أخرى عليها.

و- زيادة رأس المال المصرح به أو تخفيضه.

ز- إصدار أسناد قرض القابل للتحويل إلى أسهم.

ح- بحث أي أمر من الأمور الداخلة ضمن صلاحيتها في الاجتماع العادي على أن تصدر القرارات في هذه الحالة بأغلبية الأسهم المحددة في الاجتماع العادي.

الفرع الثالث: القواعد العامة لاجتماعات الهيئة العامة

يمكن تحديد أهم القواعد المتعلقة باجتماعات الهيئة العامة بالآتي:

١- يرأس اجتماع الهيئة العامة رئيس مجلس الإدارة أو نائبه في حالة غيابه أو من ينيبه المجلس في حالة غيابهما[1].

---

[1] المادة ١٧٧/أ من قانون الشركات الأردني.

٢- على مجلس الإدارة حضور اجتماع الهيئة العامة بعدد لا يقل عن العـدد الواجـب تـوفره لصحة انعقاد مجلس الإدارة ولا يجوز التخلف عن الحضور بغير عذر مقبول[٢].

٣- لكل مساهم في الشركة العامة كان مسجلا في سجلات الشركة قبل ثلاثة أيـام مـن الموعد المحدد لأي اجتماع ستعقده الهيئة العامة الاشتراك في مناقشـة الأمـور المعروضة عليهـا والتصويت على قراراتها بشأنها بعدد الأصوات يساوي عدد الأسهم التي يملكها أصالة أو وكالة في الاجتماع[٣].

٤- للمساهم توكيل مساهم آخر للتصويت عنه في اجتماع الهيئة العامة أما الـولي أو الـوصي أو ممثلي الشخص الاعتباري فلهـم التصويت وحضورهم قـانوني حتى وأن كانوا غـير مساهمين في الشركة[٤].

٥- على المراقب أو من ينيبه خطيا مـن مـوظفي مراقبـة الشركـات الإشراف عـلى تنفيـذ الإجراءات الخاصة باجتماع الهيئة العامة وفقا لتعليمات الوزير[١].

٦- تحدد أتعاب المراقب وموظفي الوزارة بنظام خاص كما يحدد النظام كيفية الصرف مـن هذا الصندوق بما فيها مقدار المكافأة التي تـدفع للمراقب ومـوظفي الـوزارة الـذين يشتركون في اجتماع الهيئة العامة[٢].

٧- يعيين رئيس الاجتماع كاتبا مـن بـين المسـاهمين أو مـوظفي الشركة لتـدوين محضرـ الاجتماع كما يعيين عدد من المراقبين لا يقل عن اثنين لجمع الأصوات وفرزها ويتولى المراقب أو من ينتدبه إعلان النتائج[٣].

_____

[٢] المادة ١٧٧ من قانون الشركات الأردني.
[٣] المادة ١٧٨ من قانون الشركات الأردني.
[٤] المادة ١٧٩ من قانون الشركات الأردني.
[١] المادة ١٨٠ من قانون الشركات الأردني.
[٢] المادة ١٨١ من قانون الشركات الأردني.
[٣] المادة ١٨١/أ من قانون الشركات الأردني.

٨- يدرج في محضر الاجتماع الأمور التالية: النصاب القانوني للاجتماع، الأمور المعروضة عليه، القرارات المتخذة، عدد الأصوات المؤيدة والمعارضة والممتنعة عن التصويت، ومداولات الهيئة العامة التي يطالب المساهمون إثباتها في المحضر، وتوقيع رئيس الاجتماع على المحضر[٤].

٩- يوثق محضر الاجتماع في سجل خاص وترسل نسخة منه للمراقب خلال عشرة أيام من تاريخ عقد اجتماع الهيئة العامة وللمراقب إعطاء صورة منه مقابل رسوم قانونية[٥].

١٠- يدعى المراقب ومدققي الحسابات لحضور اجتماعات الهيئة العامة ويكون الاجتماع باطلا بتغيبهم[٦].

١١- يلتزم مجلس الإدارة والمساهمون بقرارات الهيئة العامة شريطة أن تكون تلك القرارات قد اتخذت وفق لأحكام هذا القانون والأنظمة الصادرة بمقتضاه[١].

١٢- يجوز الطعن في قانونية أي اجتماع عقدته الهيئة العامة والطعن في القرارات التي اتخذتها فيه أمام المحكمة المختصة[٢].

المطلب الثالث: مدققو حسابات الشركة المساهمة العامة

نظرا لأنه يتعذر على الهيئة العامة بالشركة المساهمة العامة الإشراف والرقابة على مجلس إدارتها بصورة فعالة ومستمرة وذلك لكثرة عدد المساهمين وعدم مبالاة أكثريتهم بالحضور في اجتماعاتها أصالة وعدم تمتع غالبية المساهمين بثقافة وخبرة فنية وخاصة المحاسبية منها مما يؤهلها للقيام بمهمة الرقابة والإشراف على أعمال الشركة

---

[٤] المادة ١٨١/ب من قانون الشركات الأردني.

[٥] المادة ١٨١/ب، جـ من قانون الشركات الأردني.

[٦] المادة ١٨٢ من قانون الشركات الأردني.

[١] المادة ١٨٣/أ من قانون الشركات الأردني.

[٢] المادة ١٨٣/ب من قانون الشركات الأردني.

بصورة فعالة، لذلك أناط المشرع بهذه المهمة لمدقق حسابات تتوفر فيه شروط الكفاءة المهنية مما يساعد الهيئة العامة في عملها.

وقد نصت المادة ١٩٢ من قانون الشركات الأردني بأن على كل شركة مساهمة عامة انتخاب مدقق أو أكثر من مدققي الحسابات المرخص لهم بمزاولة المهنة لمدة سنة قابلة للتجديد وتقرر بدل أتعابهم أو تفوض مجلس الإدارة بتحديد تلك الأتعاب. كما حددت المادة ١٩٣ من قانون الشركات الأردني واجبات مدققي الحسابات بالآتي:

١- مراقبة أعمال الشركة.

٢- إجراء التدقيق الدوري لحسابات الشركة وسجلاتها ودفاترها والتأكد من أنها منظمة حسب الأصول المحاسبية المعتمدة.

٣- فحص الأنظمة المالية والإدارية للشركة وأنظمة المراقبة الداخلية والتأكد من ملاءمتها لحسن سير عمل الشركة والمحافظة على أموالها.

٤- التحقق من موجودات الشركة وملكيتها لها والتأكد من قانونية الالتزامات المترتبة على الشركة وصحتها.

٥- الإطلاع على قرارات مجلس الإدارة والتعليمات الصادرة عن الشركة.

٦- أي واجبات أخرى يفرضها قانون مهنة تدقيق الحسابات.

٧- يقدم مدققو الحسابات تقريرا خطيا موجها للهيئة العامة يتضمن ما يلي:

أ- حصوله على المعلومات والبيانات والإيضاحات الضرورية.

ب- أن الشركة تمسك حسابات ومستندات منظمة.

جـ- أن إجراءات التدقيق كافية لتشكل أساسا لإبداء رأيه حول المركز المالي للشركة.

د- المخالفات لأحكام القانون أو لنظام خلال السنة.

٨- إبداء رأيه النهائي في الميزانية وحسابات الأرباح والخسائر وذلك إما بالمصادقة عليها أو عدم المصادقة عليها أو المصادقة مع إبداء التحفظات.

وقد منع قانون الشركات مدقق الحسابات من القيام بما يلي [1]:

١- الاشتراك في تأسيس الشركة التي يدقق حساباتها أو أن يكون عضوا في مجالس إدارتها أو العمل بها.

٢- أو أن يكون شريكا لأي عضو من أعضاء مجلس إدارتها أو أن يكون موظفا لديه.

٣- أن يذيع للمساهمين أو غيرهم أسرار الشركة تحت طائلة عزله.

٤- التعامل بأسهم الشركة التي يدقق حساباتها.

المبحث السابع: تصفية الشركة المساهمة وانقضاؤها

حدد المشرع الأردني أسباب انقضاء الشركة المساهمة العامة والإجراءات التنفيذية لتصفية موجوداتها في المواد ٢٥٢-٢٧٢ وقسم هذا الموضوع لثلاثة أقسام حيث نظم في الأول منها الأحكام العامة للتصفية، وفي الثاني التصفية الاختيارية، وفي الثالث التصفية الإجبارية، وفي هذا الكتاب سننهج ما اتبعه المشرع الأردني في تقسيمه، لكن قبل ذلك علينا التنويه بأن الأحكام التي سنتولى شرحها بهذا المبحث تنطبق على مواضيع تصفية الشركة ذات المسؤولية المحدودة، وشركة التوصية بالأسهم -في حال عدم وجود نص في نظامها الأساسي يبين طرق أخرى لتصفيتها- وذلك إعمالا لنص المادتين ٧٦، ٨٨ من قانون الشركات الأردني.

---

[1] أشارت لذلك المواد ١٩٧، ٢٠٢، ٢٠٣ من قانون الشركات الأردني.

المطلب الأول: الأحكام العامة للتصفية

نصت المادة ٢٥٢ من قانون الشركات الأردني على أنه: ((تصفى الشركة المساهمة العامة إما تصفية اختيارية بقرار من هيئتها العامة غير العادية أو تصفية إجبارية بقرار قطعي من المحكمة ولا تفسخ الشركة إلاّ بعد استكمال إجراءات تصفيتها بمقتضى أحكام هذا القانون)).

وعليه تكون التصفية إما اختيارية أو إجبارية، وفي الحالتين لا تفسخ الشركة إلاّ بعد استكمال إجراءات التصفية حيث تبقى محتفظة بالقدر الكافي اللازم من شخصيتها الاعتبارية للتصفية، ويتولى المصفي الإشراف على أعمال الشركة والمحافظة على موجوداتها تمهيدا للتصفية حيث يعين ذلك المصفي وتحدد أتعابه من قبل الهيئة العامة إذا كانت التصفية اختيارية ومن قبل المحكمة إن كانت التصفية إجبارية، هذا ويترتب على البدء بالتصفية آثار عديدة كما يكون على المصفي الالتزام بتسديد ديون الشركة وفقا لأحكام القانون بهذا الخصوص.

أولا: آثار صدور قرار التصفية

يترتب على البدء بالتصفية الآثار التالية:

١- تتوقف الشركة عن ممارسة أعمالها من تاريخ البدء بإجراءات التصفية وإلى المدى الذي تتطلبه تلك الإجراءات[1].

٢- يتولى المصفي على أعمال الشركة المحافظة على أموالها وموجوداتها[2].

---

[1] المادة ٢٥٤أ/١ من قانون الشركات الأردني.
[2] المادة ٢٥٣ من قانون الشركات الأردني.

٣- على الجهة التي قررت تصفية الشركة تزويد المراقب والسوق المالي بنسخة مـن قرارهـا وعلى المصـفي إضافة عبارة ((تحـت التصفية)) إلى اسم الشـركة في جميـع أوراقهـا ومراسلاتها(٣).

٤- كما اعتبرت المادة ٢٥٥ من قانون الشركات الأردني بعض الأعمال والتصرفات باطلة إذا تمت بعد صدور قرار التصفية وهي:

أ- كل تصرف بأموال الشركة أو حقوقها وأي تداول بأسهمها ونقل ملكيتها.

ب- أي تغييـر أو تعـديل في التزامـات رئيس وأعضـاء مجلـس الإدارة أو في التزامـات الغيـر تجاهها.

جـ- أي حجز على أموال الشركة وموجوداتها وأي تصرف آخر.

د- جميع عقود الرهن أو التأمين على أموال الشركة وموجوداتها.

هـ- كل تحويل لموجودات الشركة وأي تنازل عنها قصد به تفضيل بعض دائني الشركة عـلى غيرهم.

٥- لا يجوز الحجز على موجودات الشركة بعد صدور قرار التصفية.

٦- إذا تبلغ مأمور الإجراء إشعارا بقرار التصفية عليه أن يسلم موجودات الشركة المحجوزة لديه للمصفي طالما أنها لم يتم بيعها بعد.

٧- للمحكمة أن تأذن للمصفي ببيع موجودات الشركة إذا تبين أن مصلحة الشركة تحت التصفية تستدعي ذلك.

---

(٣) المادة ٢٥٤/ب، جـ من قانون الشركات الأردني.

ثانيا: أولويات تسديد ديون الشركة تحت التصفية

حددت المادة ٢٥٦ من قانون الشركات الأردني أولويات تسديد ديون الشركة بعد حسم نفقات التصفية وأتعاب المصفي كما يلي:

١- المبالغ المستحقة للعاملين في الشركة.

٢- المبالغ المستحقة للخزينة العامة والبلديات.

٣- بدلات الإيجار المستحقة لمالك أي عقار مؤجر للشركة.

٤- المبالغ الأخرى المستحقة حسب ترتيب امتيازها.

المطلب الثاني: أنواع التصفية

لقد بينت المادة ٢٥٦ من قانون الشركات الأردني بأن التصفية نوعان: فهي الاختيارية بقرار من الهيئة العامة، والإجبارية بقرار قطعي من المحكمة.

الفرع الأول: التصفية الاختيارية

تتم التصفية الاختيارية بقرار من الهيئة العامة في اجتماع غير عادي كما يتم في ذلك الاجتماع تعيين المصفي وتحدد أتعابه، فإن لم يتم ذلك يتولى المراقب تعيينه وتحديد أتعابه.

أولا: حالات التصفية الاختيارية

حددت المادة ٢٥٩ من قانون الشركات الأردني الحالات التي يجوز في أي منها تصفية هذه الشركة بالآتي:

١- بانتهاء المدة المعينة للشركة ما لم تقرر الهيئة العامة تمديدها.

٢- بإتمام واستنفاذ الغاية التي تأسست الشركة من أجلها أو استحالة إتمام هذه الغاية أو استنفاذها.

٣- بصدور قرار الهيئة العامة للشركة بفسخها وتصفيتها.

٤- في أي حالة أخرى ينص عليها نظام الشركة.

<u>ثانيا: إجراءات التصفية الاختيارية وواجبات المصفي</u>

١- تبدأ الإجراءات من تاريخ صدور قرار التصفية من قبل الهيئة العامة أو من تاريخ تعيين المصفي إذا تم تعيينه بعد صدور قرار التصفية[١].

٢- ويمارس المصفي جميع الصلاحيات التي خولها القانون للمصفي في حالة التصفية الاختيارية[٢].

٣- كما عليه أن تنظيم قائمة بأسماء مدينيه ويعد تقريرا بالأعمال والإجراءات التي قام بها لملاحقتهم ومطالبتهم بدفع الديون المستحقة للشركة عليهم[٣].

٤- كما يتولى المصفي دفع ديون الشركة وتسوية ما لها من حقوق وما عليها من التزامات هذا ويجوز للمصفي أن يعقد الاتفاقات مع دائني الشركة وتكون الشركة ملتزمة بتنفيذ الاتفاقيات إذا وافقت عليها الهيئة العامة[٤].

٥- وعلى المصفي أن يدعو الدائنين لاجتماع عام يعقد خلال شهر من صدور قرار التصفية وذلك لإطلاعهم على حالة الشركة وقائمة أسماء الدائنين ومقدار دين كل واحد منهم[٥].

٦- للمحكمة أن تقرر تحويل التصفية الاختيارية أو التصفية الإجبارية وذلك بناء على طلب المصفي أو المراقب أو النيابة العامة أو أي شخص له مصلحة في ذلك[٦].

---

[١] المادة ٢٦٠/ب من قانون الشركات الأردني.
[٢] المادة ٢٦١ من قانون الشركات الأردني.
[٣] المادة ٢٦١/ب من قانون الشركات الأردني.
[٤] المادة ٢٦١/جـ من قانون الشركات الأردني.
[٥] المادة ٢٧٤/ب من قانون الشركات الأردني.
[٦] المادة ٢٦٥ من قانون الشركات الأردني.

الفرع الثاني: التصفية الإجبارية

أولا: حالاتها

تتم التصفية الإجبارية بقرار المحكمة وتقوم المحكمة بتعيين المصفي وتحديد أتعابه وذلك إذا توفرت إحدى الحالات التي نصت عليها المادة ٢٦٦ من قانون الشركات هي:

١- إذا ارتكبت الشركة مخالفة جسيمة للقانون أو لنظامها الأساسي.

٢- إذا عجزت الشركة عن الوفاء بالتزاماتها.

٣- إذا توقفت الشركة عن أعمالها مدة سنة دون سبب مشروع.

٤- إذا زاد مجموع خسائر الشركة عن ٧٥% من رأسمالها إلا إذا قررت هيئتها العامة زيادة رأس المال.

ثانيا: إجراءات التصفية الإجبارية وواجبات المصفي

أوضحت المادة ٢٦٧ من قانون الشركات الأردني تلك الإجراءات بالآتي:

١- تبدأ إجراءات التصفية الإجبارية من تاريخ تقديم دعوى التصفية حيث يكون للمحكمة بعد ذلك رد تلك الدعوى أو تأجيلها كما يكون لها بناء على طلب المدعي وقف السير في أي دعوى أقيمت أو إجراءات اتخذت ضد الشركة[1].

٢- وللمحكمة أن تسلم المصفي جميع أموال الشركة أو أن تأمر أي مدين للشركة بأن يدفع للمصفي أو يسلمه جميع الأموال والأوراق والسجلات الموجودة لديه والعائدة للشركة المطلوب تصفيتها[2].

٣- ومن أجل إتمام عملية التصفية يكون بعد ذلك على المصفي القيام بالأعمال والإجراءات التالية[3]:

---

[1] المادة ٢٦٧ من قانون الشركات الأردني.
[2] المادة ٢٦٨/أ من قانون الشركات الأردني.
[3] المادة ٢٦٩ من قانون الشركات الأردني.

أ- إدارة أعمال الشركة للمدى الضروري للتصفية.

ب- اتخاذ أي إجراءات قانونية باسم الشركة أو نيابة عنها لتحصيل ديونها والمحافظة على حقوقها.

جـ- التدخل في الدعاوى والإجراءات القضائية المتعلقة بأموال الشركة ومصالحها.

د- تعيين أي محامي أو خبير أو أي شخص آخر لمساعدته في القيام بواجباته في تصفية الشركة.

٤- كما يكون على المصفي التقيد في إيداع أموال الشركة باسمها في البنك الذي تعينه المحكمة وتزويد المحكمة بحساب مصدق من مدقق حسابات الشركة بما تسلمه من مبالغ مالية تعود للشركة وما دفعه عنها، ويكون عليه كذلك أن يحتفظ بدفاتر حسابية منظمة حسب الأصول[1].

٥- كذلك يكون على المصفي دعوة الدائنين أو المدينين إلى اجتماعات عامة للتحقق من مطالبهم وسماع اقتراحاتهم كما يكون عليه التقيد بتعليمات المحكمة وقراراتها في ذلك[2].

٦- وبعد أن يتم المصفي عمله تصدر المحكمة قرارا بفسخ الشركة حيث تعتبر الشركة منقضية منذ تاريخ صدور ذلك القرار، وعلى المراقب بعد ذلك نشر ـ قرار الفسخ في الجريدة الرسمية وفي صحيفتين يوميتين محليتين على الأقل[3].

---

[1] المادة ٢٧٠/أ، ١، ٣-١ من قانون الشركات الأردني.
[2] المادة ٢٧٠/أ، ٤-٥ من قانون الشركات الأردني.
[3] المادة ٢٧٢ من قانون الشركات الأردني.

الباب الثالث

٣

الأوراق التجارية والعمليات المصرفية

الفصل الأول
الأوراق التجارية

مقدمة:

لقد أوجبت متطلبات التجارة على القائمين بالأعمال التجارية الدخول مع الآخرين بعلاقات قانونية مختلفة، تتطلب السرعة في المعاملات، ولما كان التجار يحتاجون أثمان مبيعاتهم بشكل نقدي، لتحقيق السيولة اللازمة لاستمرار أعمالهم، مع اضطرارهم في كثير من الأحيان إلى البيع الآجل، كان من الضروري ظهور نظام معين يحقق هدف كل من البائع (الذي يريد السيولة النقدية) وهدف المشتري (الذي يرغب في الشراء الآجل)، فكانت الأوراق التجارية –القابلة للتداول والخصم- الوسيلة والنظام المناسب لذلك.

وقد أصبحت الأوراق التجارية تلعب دورا هاما في معظم العمليات التجارية والمصرفية، فهي أداة ائتمان قصير الأجل، ويمكن الحصول على قيمتها في الحال، ودون انتظار حلول استحقاقها، من خلال عملية الخصم، كما تمتاز بالسرعة في التداول من خلال عمليات التظهير (التجيير).

المبحث الأول: تعريف الأوراق التجارية وخصائصها وأهمية وظائفها

المطلب الأول: تعريف الأوراق التجارية

عرّف قانون التجارة الأردني في المادة ١٢٣ منه الأوراق التجارية بأنها ((أسناد قابلة للتداول))، ولم يضع المشرّع الأردني تعدادا لحصر هذه الأسناد بل ذكر منها أربعة أنواع هي: سند السحب، السند الإذني (الكمبيالة)، الشيك، والسند لحامله أو القابل للانتقال بالتظهير.

وبناء على ذلك فإن اصطلاح الأوراق التجارية يشمل كل صك تتوافر فيه خصائص الورقة التجارية [1].

واستنادا إلى موقف المشرّع الأردني يمكننا تعريف الأوراق التجارية بأنها:((أسناد قابلة للتداول، تمثل حقا ماليا، وتستحق الدفع لدى الإطلاع أو في ميعاد معين أو قابل للتعيين)) [2].

المطلب الثاني: خصائص الأوراق التجارية:

يجب أن يتوفر في السند خصائص محددة، حتى يعتبر من الأوراق التجارية، وهذه الخصائص هي:

١- أنها أسناد قابلة للتداول: أي أن يتم تداولها بالطرق التجارية، حيث يتم ذلك بطريق التظهير إذا كانت الورقة التجارية محررة لأمر وبطريقة التسليم إذا كانت محررة لحاملها.

٢- الأوراق التجارية تمثل حقا ماليا: أي أن يكون موضوع السند مبلغا معينا من النقود إذا كان السند شيكا أو سندا إذنيا أو سند سحب، أو كمية من المثليات إذا كانت الورقة التجارية سندا قابلا للانتقال بطريق التظهير.

٣- الورقة التجارية ذات قيمة معيّنة ومحددة من النقود، ويكون الالتزام بدفع تلك القيمة غير معلّق على شرط.

٤- تتضمن الورقة التجارية التزاما بدفع مبلغ معين من النقود في أجل معين، أو قابلا للتعيين.

---

[1] د.محمود الكيلاني، القانون التجاري الأردني (الأوراق التجارية، دراسة مقارنة)، جمعية عمال المطابع التعاونية،عمان، ١٩٩٠، الطبعة الأولى، ص١٢.
[2] د. أحمد زيادات ود. إبراهيم العموش، مرجع سابق، ص٢٩٣.

٥- الورقة التجارية ورقة مكتوبة: يجب أن يكون السند محررا مكتوبا تتوفر فيه بيانات يشترطها القانون بشكلية معينة ليسهل تداوله وتتوفر الطمأنينة بالتعامل به.

المطلب الثالث: أهمية الأوراق التجارية ووظائفها:

تنبع أهمية الأوراق التجارية من الوظائف المختلفة التي تؤديها في مجال التجارة، بين الدائن والمدين سواء من حيث كونها وسيلة مهمة للإبراء أم لقيامها مقام النقود في الوفاء بالالتزامات وسهولة تداولها، لأنها تمثل قيمة محددة ودفعها لا يكون معلّقا على شرط، ويعاقب من يتوقف عن دفع بعض منها بعقوبات نص عليها القانون.

وفيما يلي أهم الوظائف التي تؤديها الأوراق التجارية:

١- تعتبر الورقة التجارية أداة وفاء:

إنّ الورقة التجارية تمثل دينا نقديا ثابت القيمة ومستحق الأداء في موعد معين أو قابل للتعيين، حيث يمكن لحاملها خصمها لدى المصارف للحصول على قيمتها نقدا مخصوما منها مصاريف الخصم دون انتظار موعد استحقاقها. ويشترك في هذه الوظيفة كافة أنواع الأوراق التجارية(١).

٢- تعتبر الورقة التجارية أداة ائتمان:

تقتصر وظيفة الائتمان على كل من السند لأمر، السند لحامله، وسند السحب، بإستثناء الشيك الذي يعتبر أداة وفاء قابل للصرف بمجرد الاطلاع، ولا يجوز أن يكون أداة ائتمان.

---

(١) د. محمود الكيلاني، مرجع سابق، ص١٨.

إن هذه الوظيفة للورقة التجارية تخدم كلا من التاجر الدائن والآخر المدين، حيث يقوم التاجر المدين بتحرير ((سند سحب)) لصالح البائع (الدائن) يستحق الوفاء بعد فترة زمنية محددة، حيث يمكن بعد ذلك أن ينتقل السند من شخص لآخر استنادا إلى ثقة المظهر الأول بمحرر السند، ثم المظهر الثاني بالمظهر الأول وهكذا إلى أن يتم الوفاء بالنقود في نهاية المطاف.

٣- تعتبر الأوراق التجارية أداة لإبرام عقد الصرف:

فالورقة التجارية تساعد في نقل النقود من مكان لآخر دون أن تتحرك من محلها، حيث يستطيع الشخص الذي ينوي السفر إلى بلد ما تسليم المبلغ الذي خصصه لرحلته لأحد البنوك المحلية، وهذا البنك يقوم بدوره بأمر بنك أو شخص في البلد الذي يقصد ذلك الشخص السفر إليه بتسليمه مبلغا من المال مساوٍ للمبلغ الذي أودعه في البنك المحلي، وبذلك لا يضطر لأن يحمل مبالغ من المال؛ إذ قد تكون عرضة للسرقة أو الضياع، وهذه العملية هي أساس سند السحب.

أنواع الأوراق التجارية:

ورد في المادة ١٢٣ من قانون التجارة الأردني أربعة أنواع للأوراق التجارية، هي:

١- سند السحب ((السفتجة أو البوليصة)).

٢- سند الأمر (السند الإذني أو الكمبيالة).

٣- الشيك.

٤- السند لحامله أو القابل للانتقال بالتظهير.

المبحث الثاني: سند السحب (السفتجة أو البوليصة)

لقد عرّفت المـادة ١٢٣/أ مــن قـانون التجـارة الأردني ســند السـحب بأنـه ((محـرر مكتـوب وفـق شرائـط مــذكورة في القـانون، يتضـمن أمـرا صـادرا مـن شخص هـو الساحب، إلى شخص آخر هـو المسحوب عليه؛ بـأن يـدفع لأمـر شخص ثالـث هـو المستفيد أو حامـل السـند، مبلغا معينـا بمجـرد الاطـلاع أو في ميعـاد معـين أو قابـل للتعيين)).

هذا ويأخذ سند السحب غالبا الشكل التالي:

(سند سحب)
اسم الساحب (المدين): ....
عنوانه:................
اسم المسحوب عليه (الدائن): ....
عنوانه:................
<u>فلس   دينار</u>
والدفع بها في / /   . ...
بموجب هذا السند ادفعوا لأمرنا / لأمر ....
مبلغا وقدره .... دينار أردني لا غير.

المطلب الأول: بيانات سند السحب

أوضحت المادة ١٢٤ من قانون التجارة الأردني البيانات التي يشتمل عليها سند السحب وهي:

١- البيانات الإلزامية:

أ- كلمــة ((بوليصــة أو ســفتجة أو ســند ســحب))، مكتوبــة في متــن الســند وباللغــة التــي كتب بها. وإذا خلا السند من هذه الكلمة لا يفقد صفته كسند سحب إذا كان المتن يدل عليه.

ب- أمر غير معلق على شرط، بأداء قدر معين من النقود:

حيث لا يجوز أن تكون صيغة السند على شكل أمر معلق على شرط كأن تكون الصيغة: ادفعوا بموجب هذا السند لأمر .... مبلغ .... إذا أحضرـ معه .... فتعليق أمر الدفع على هذا الشرط أفقد هذا السند صفته كسند سحب. هذا ويمكن أن يكون المبلغ بغير الدينار الأردني؛ أما إذا خلا السند من ذكر المبلغ فيعتبر باطلا وفاقدا لأي أثر قانوني له.

جـ- اسم من يلزمه الأداء (المسحوب عليه):

ولا يُجبر المسحوب عليه على دفع قيمة السند، إلا إذا وقَّع عليه بما يفيد التزامه بالوفاء. وإذا لم يذكر اسم المسحوب عليه؛ فقد السند قيمته نهائيا، ويمكن أن يكون الساحب هو نفسه المسحوب عليه[1]، مثل قيام المركز الرئيسي بسحب سند على أحد فروعه لأمر شخص ما.

---

[1] المادة ٢/١٢٦ من قانون التجارة الأردني.

د- تاريخ الاستحقاق:

فيجب أن يتضمن سند السحب ميعاد الاستحقاق محددا باليوم والشهر والسنة، وقد يكون موعد الاستحقاق بعد مدة من تاريخ إنشاءه أو لدى الاطلاع أو بعد مدة من الاطلاع. ولا يفقد السند صفته إذا لم يذكر تاريخ الاستحقاق ويكون مستحقا لدى الاطلاع[2].

هـ- مكان الأداء:

وهو المكان الذي يطالب فيه المستفيد من السند بالوفاء، وفيه يتم تحرير البروتستو ((الاحتجاج)) عند الامتناع عن الدفع. وإذا لم يذكر مكان الأداء في السند فلا يفقد السند صفته، حيث يمكن اعتبار المكان المذكور بجانب اسم المسحوب عليه مكانا للوفاء، كما اعتبرت الفقرة جـ من المادة ١٢٥ من قانون التجارة الأردني، أن مكان عمل المسحوب عليه أو محل إقامته يعتبر مكانا للأداء، وإذا تضمن أكثر من مكان للدفع فيجوز لحامل السند اختيار أي مكان منها.

و- اسم من يجب الأداء له أو لأمره:

يجب أن يتم تعيين اسم المستفيد تعيينا نافيا للجهالة، ويمكن أن يكون الساحب نفسه هو المستفيد في سند السحب، وبالتالي يكون للسند طرفان هما الساحب (المستفيد أيضا) والمسحوب عليه.

ز- تاريخ إنشاء السند ومكان إنشائه:

ولا بد من كتابة تاريخ السند لأهمية ذلك في معرفة عمر الساحب وقت إنشاء السند، لمعرفة أهليته وقتئذٍ، حتى يمكن الاحتجاج بذلك.

---

[2] المادة ١٢٥/أ من قانون التجارة الأردني.

كما أن ذكر تاريخ إنشاء السند يحسم النزاع الذي قد يظهر عند وجود عدة حاملين لسندات سحب مسحوبة على المسحوب عليه ذاته، وهنا يتقدم حامل السند ذي التاريخ الأسبق.

وإذا لم يذكر في السند تاريخ ومكان إنشاء السند، فلا يعتبر باطلا، حيث يعتبر المكان المذكور بجانب اسم الساحب أو المكان الذي وقّع فيه السند هو مكان إنشاء السند، والتاريخ الذي تم فيه تسليم السند للمستفيد أو للحامل هو تاريخ إنشائه.

ح- توقيع من أنشأ سند السحب (الساحب).

إنّ الساحب هو الذي أنشأ السند ويجب أن يوقع عليه بشكل واضح، وإذا كان الساحب أميًا فيستخدم بصمة إصبعه بدلا من التوقيع، والختم جائز. ويجوز لوكيل الساحب أن يوقع السند. ويجوز سحب سند السحب لأمر الساحب نفسه، كما يجوز سحبه عليه[1].

وإذا خلا السند من توقيع الساحب فيعتبر السند باطلا؛ لأن التوقيع هو الذي يؤكد التزام الساحب بدفع قيمة السند للمستفيد. وإذا تم التوقيع بواسطة الختم أو البصمة فيجب أن يشهد شاهدان على أن التوقيع تم أمامهما من قبل الموقع[2].

٢- البيانات الاختيارية في سند السحب:

يجوز لأطراف السند أن يتفقوا على ما يشاءوا من البيانات ويتم وضعها في سند السحب بشرط أن لا تكون مخالفة للنظام العام والآداب العامة، مثل شرط عدم ضمان

---

[1] المادة ١٢٦ من قانون التجارة الأردني.

[2] المادة ٢٢١ من قانون التجارة الأردني.

القبول، والذي يستطيع اشتراطه على المستفيد كل من الساحب والمظهر، وشرط الوفاء في محل مختار[3].

وكذلك شرط عدم الاحتجاج أو الرجوع بلا مصاريف[1]. وكذلك اشتراط فائدة معينة في سند السحب المستحق الأداء لدى الاطلاع أو بعد مدة من الاطلاع[2]، ويجب بيان سعر الفائدة في السند وإلّا اعتبر الشرط كأن لم يكن[3].

المطلب الثاني: تداول سند السحب:

إن سندات السحب قابلة للتداول، أنشئت ليتم انتقالها من شخص لآخر، حيث أوضحت المادة ١٤١/١ من قانون التجارة الأردني :((سند السحب قابل للتداول بطريق التظهير ولم يذكر فيه صراحة كلمة "لأمر")).

والتظهير يعني: بيان يدوّن على ظهر سند السحب أو ورقة متصلة به، ويتم بين شخصين؛ المظهِّر، وهو حامل الورقة والذي يوقع على ظهرها، والمظهَّر إليه، وهو الذي ستنتقل ملكية الورقة له أي أنه المستفيد من عملية التظهير.

ويتم التظهير بطرق ثلاث هي:

التظهير الناقل للملكيّة، التظهير التوكيلي، والتظهير التأميني.

وفيما يلي شرح موجز لكل منها:

[3] المادة ١٢٧ من قانون التجارة الأردني.
[1] المادة ١٨٤ من قانون التجارة الأردني.
[2] المادة ١٢٨/١ من قانون التجارة الأردني.
[3] المادة ١٢٨/٣ من قانون التجارة الأردني.

أ- التظهير الناقل للملكيّة:

أولا : شروطه وأحكامه:

١- إنّ سند السحب قابل للتداول بطريق التظهير ولو لم يذكر فيه صراحة كلمة (لأمر).

٢- يصح التظهير ولو للمسحوب عليه، سواء أكان قابلا لسند السحب أم لا، كما يصح تظهيره للساحب أو لأي شخص آخر يكون ملزما له، ويكون لهؤلاء جميعا الحق في تظهيره.

٣- يجب أن يكون التظهير خالٍ من أي شرط، وكل شرط معلّق عليه التظهير يعتبر كأن لم يكن، باستثناء شرط تقصير مدة تقديم السند المستحق الأداء بعد مدة من الإطلاع للقبول، والتي جعلها المشرّع سنة من تاريخ إنشاء السند[1].

٤- التظهير الجزئي باطل، فالتظهير يجب أن يكون شاملا لقيمة السند كاملة؛ فلا يجوز تجزئة المبلغ الوارد في سند السحب[2].

٥- يكتب التظهير على سند السحب ذاته أو على ورقة أخرى متصلة به، ويوقّع عليه المظهِّر ويذكر عادة اسم المظهَّر له.

٦- يجب أن يوقع المظهِّر على سند السحب، ويجوز أن لا يذكر اسم المظهر له، ويكون التظهير لحامله، ويسمى ذلك ((تظهيرا على بياض))، ويجب أن يكون توقيع المظهِّر على ظهر السند أو على الورقة المتصلة به، ولم يجز المشرـع إيقاع التظهير على بياض على وجه السند، خشية الاعتقاد بأن الموقِّع هو القابل بالسند أو الضامن الاحتياطي[3].

وإذا كان التظهير على بياض جاز لحامله:

---

[1] المادة ١٥٤ من قانون التجارة الأردني.
[2] المادة ١٤٢/٢ من قانون التجارة الأردني.
[3] د.أحمد زيادات و د. إبراهيم العموش، مرجع سابق ص٣٠٣. والمادة ١٤٣ من قانون التجارة الأردني.

* أن يملأ البياض بكتابة اسمه أو اسم شخص آخر.

* أن يظهِّر السند من جديد على بياض أو إلى شخص آخر.

* أن يسلّمه كما هو لأي شخص آخر.

ثانيا: آثاره:

أوردت المواد ١٤٤-١٤٧ من قانون التجارة الأردني الآثار المترتبة على التظهير الناقل للملكية، وهي:

١- ينقل التظهير ملكيّة سند السحب وجميع الحقوق الناشئة عنه إلى المظهَّر له.

٢- المظهِّر ضامن قبول السند ووفاءه ما لم يشترط خلاف ذلك.

٣- للمظهِّر أن يمنع تظهير السند، وعندها لا يكون ملزما بالضمان تجاه من يؤول إليهم السند بتظهير لاحق.

٤- إن تظهير سند السحب يطهّره من الدفوع؛ ومعنى ذلك أن المدين في سند السحب لا يستطيع أن يتمسك في مواجهة حامل هذا السند حسن النيّة بالدفوع التي كان له أن يتمسك بها في مواجهة الحامل السابق لهذا السند أو تجاه ساحب السند [١].

والقانون يفرّق بين نوعين من الدفوع حيث يوجد دفوع يطهّرها التظهير، ودفوع لا يطهّرها التظهير شريطة أن تتوفر حسن النيّة في الحامل [٢].

---

[١] المادة ١٤٧ من قانون التجارة الأردني.

[٢] د.أحمد زيادات، د. إبراهيم العموش، مرجع سابق، ص٣٠٥.

وأما الدفوع التي يطهّرها التظهير فهي:

أ- الدفع بالمقاصّة: فلا يجوز للمسحوب عليه أو أي من المظهّرين دفع مطالبة الحامل بادعاء المقاصّة بدين له على غير حامل السند.

ب- وفاء قيمة السند لغير الحامل: كما لا يجوز للمسحوب عليه أو أي من المظهّرين دفع مطالبة الحامل بادعاء وفاء قيمة السند لغير الحامل.

جـ- عدم مشروعية سبب الالتزام: ليس للمسحوب عليه أو أي من المظهّرين دفع مطالبة الحامل بادعاء عدم مشروعية سبب الالتزام المبيّن في سند السحب إلّا إذا كان الحامل لهذا السند سيئ النيّة وقصد الإضرار بالمدين.

د- عدم إيصال الساحب مقابل الوفاء: كما لا يجوز للمسحوب عليه القابل بالسند دفع مطالبة الحامل بادعاء عدم قيام الساحب بإيصال مقابل الوفاء إليه.

أما الدفوع التي لا يطهّرها التظهير ولو كان الحامل حسن النيّة فهي:

أ- تزوير التوقيع على السند؛ فيجوز لمن نُسِبَ إليه توقيع مزوّر أن يدفع مطالبة الحامل بتزوير توقيعه.

ب- انعدام أو نقصان أهليّة المسحوب عليه وقت قبوله السند؛ لأن قواعد الأهليّة من النظام العام، ويجب حماية القاصر أو عديم الأهليّة حتى ولو قبل السند.

جـ- خلو السند من أحد البيانات الإلزاميّة الواجب ذكرها في سند السحب والتي تفقد قيمته فيجوز دفع مطالبة الحامل بفقدان هذه البيانات الإلزاميّة.

د- زوال صلاحية التوقيع بسبب فقدان المفوَّض صلاحية التوقيع.

ب- التظهير التوكيلي:

التظهير التوكيلي هو ((إنابة شخص في تحصيل قيمة السند((كأن يقوم المستفيد بتظهير سند السحب لأحد المصارف ليقوم بتحصيل قيمته عند استحقاقه لحساب المظهر [1].

فـإذا اشـتمل التظهيـر عـلى عبـارة ((القيمـة للتحصـيل)) أو ((القيمـة للقبـض)) أو ((للتوكيل)) أو أي بيان آخر يفيد التوكيل، فللحامل مباشرة الحقوق المترتبة على سـند السحب جميعها، ولكن لا يجوز له تظهيره إلا على سبيل التوكيل [2].

وليس للمسؤولين في هـذه الحالـة الاحتجـاج عـلى الحامـل إلا بالـدفوع التـي يجـوز الاحتجاج بها على المظهِّر (الموكّل) أي أن التظهير لا يطهِّر الدفوع في هذه الحالة لأن المظهَّر له وكيل عن المظهِّر. ولا ينتهي حكم الوكالة التي يتضمنها التظهير التوكيلي بوفاة الموكل أو بحدوث ما يخل بأهليته.

وإذا خلا التظهير من أي عبارة تفيد بأنه تظهير تـوكيلي اعتبر تظهيرا نـاقلا للملكيـة. ويستطيع المظهَّر له (الوكيل)، مباشرة جميع حقوق المظهر (الموكل) المتعلقـة بالسـند، فلـه تقديمـه للقبول وتنظيم احتجـاج عـدم القبـول، وتقديم السـند للوفاء في موعـد اسـتحقاقه وتنظيم احتجاج عدم الوفاء، ...الخ.

جـ- التظهير التأميني:

التظهير التأميني هو أي بيان يوضع على ظهر سند السحب بقصد رهـن الحـق الثابت فيه لضمان دين في ذمة المظهِّر للمظهَّر له [1].

---

[1] د.أحمد زيادات، د. إبراهيم العموش، مرجع سابق، ص٣٠٦.
[2] المادة ١٤٨/١ من قانون التجارة الأردني.
[1] د.أحمد زيادات، د. إبراهيم العموش، مرجع سابق، ص٣٠٧.

فإذا اشتمل التظهير على عبارة ((القيمة ضمان)) أو ((القيمة رهن))، أو أي بيان آخر يفيد التأمين، جاز لحامل سند السحب مباشرة الحقوق المترتبة عليه جميعها، وإن ظهّره اعتبر التظهير حاصلا على سبيل التوكيل، ولا يكون تظهيرا ناقلا للملكية.

وليس للمسؤولين عن السند أن يحتجوا على الحامل بالدفوع المبنية على علاقاتهم الشخصية بالمظهِّر الراهن ما لم يكن الحامل (الدائن) قد حصل على السند بقصد الإضرار بالمدين[2] والتظهير التأميني يمكّن التاجر من الحصول على الائتمان ممـن ظهر لـه السـند، وهو يشبه التظهير الناقل للملكية من ناحية أن التظهير يطهّر الدفوع.

المطلب الثالث: ضمانات سند السحب:

تتمثل ضمانات سند السحب في مقابل الوفاء، والقبول، والضمان الاحتياطي والتضامن.

١- مقابل الوفاء:

ويمكـن تعريـف مقابـل الوفاء بأنّـه ((ديـن بمبلـغ مـن النقـود للسّـاحب في ذمـة المسـحوب عليـه، يكـون موجـودا ومسـتحق الأداء في ميعـاد الاستحقاق ومسـاويا بالأقل لمبلغ السند))[3].

أ- شروط مقابل الوفاء:

١- أن يكون مقابل الوفاء موجودا لدى المسحوب عليه في تاريخ استحقاق السند؛ فالأصل أن يكون المسحوب عليه مدينا للساحب لدى موعد الاستحقاق.

---

[2] المادة ١٤٩ من قانون التجارة الأردني.

[3] انظر المادة ١٣٤ من قانون التجارة الأردني، وكذلك د. مصطفى كمال طه، مرجع سابق، ص٤٣٣.

٢- أن يكون مقابل الوفاء مبلغا نقديا، وإذا كانت بضاعة فهي لا تصلح أن تكون مقابلا للوفاء، وإنما قيمة هذه البضاعة هي مقابل الوفاء[1].

٣- أن يكون الدين في ذمة المسحوب عليه مستحق الأداء في موعد استحقاق السند، فإذا كان دين الساحب لدى المسحوب عليه مؤجّل الدفع إلى ما بعد تاريخ استحقاق سند السحب فلا يكون مقابل الوفاء موجودا.

٤- أن يكون مقابل الوفاء مساوٍ على الأقل لمبلغ سند السحب. فإذا كان أقل من قيمة السند فلا يكون مقابل الوفاء موجودا.

ب- إثبات مقابل الوفاء:

إن الذي يلتزم بتقديم مقابل الوفاء هو الساحب ابتداءً[2]، وعلى الساحب أن يثبت وجود مقابل الوفاء لدى المسحوب عليه، إلّا أنه إذا قبل المسحوب عليه السند تكون قرينة قانونية على وجود مقابل الوفاء لديه إلا إذا ثبت العكس[3]، ويستطيع المسحوب عليه إثبات عكس هذه القرينة في مواجهة الساحب، أما في مواجهة المظهِّرين والحامل حسن النيّة فلا يستطيع ذلك وفقا لقاعدة أن التظهير يطهر الدفوع من حيث عدم إيصال الساحب لمقابل هذا الوفاء للمسحوب عليه.

ج- ملكيّة مقابل الوفاء:

تنتقل ملكية مقابل الوفاء بحكم القانون إلى حملة سند السحب المتعاقبين[4]، وتنتقل لحامل السند بتاريخ الاستحقاق وليس بتاريخ الإنشاء لأنّ الأصل في مقابل الوفاء أن يكون موجودا لدى المسحوب عليه بتاريخ الاستحقاق. ويستطيع بذلك الساحب أن يسترد مقابل الوفاء كله أو بعضه من المسحوب عليه قبل تاريخ الاستحقاق، ولكن إذا

---

[1] د. أحمد زيادات، د. إبراهيم العموش، مرجع سابق، ص٣٠٩.
[2] المادة ١٣٣/١ من قانون التجارة الأردني.
[3] المادة ١٤٠ من قانون التجارة الأردني.
[4] المادة ١٣٥ من قانون التجارة الأردني.

قبل المسحوب عليه السند فيتم حجز مقابل الوفاء ولا يستطيع الساحب استرداده منه ويترتب على ملكيّة الحامل لمقابل الوفاء بتاريخ الاستحقاق عدة نتائج وردت في قانون التجارة الأردني ضمن نصوصه المختلفة من المواد ١٣٧-١٣٩ ويمكن إجمالها فيما يلي:

١. إذا أفلس الساحب ولو قبل ميعاد الاستحقاق فللحامل دون غيره من دائني الساحب استيفاء حقه من مقابل الوفاء الموجود لدى المسحوب عليه وجودا لا اعتراض عليه. (لأنه عند إفلاس الساحب تسقط آجال الديون، وبالتالي يصبح السند مستحق الأداء ومملوكا للحامل بتاريخ الاستحقاق ويستطيع استيفاء حقه منه دون مزاحمة من الدائنين).

٢. إذا أفلس المسحوب عليه وكان مقابل الوفاء دينا في ذمته، دخل هذا الدين في موجودات التفليسة.

٣. إذا كان ما لدى المسحوب عليه لأداء مقابل الوفاء عينا، جائز استردادها كبضائع أو نقود أو أوراق تجارية، فلحامل السند الأولوية في استيفاء حقه من قيمة هذه الأعيان عند بيعها.

٤. إذا سحبت عدة أسناد سحب، على مقابل وفاء لا تكفي قيمته لوفائها كلها فتتبع القواعد الآتية:

أ. يقدّم السند المقبول من المسحوب عليه على الأسناد غير المقبولة والمسحوبة في تاريخ واحد.

ب. إذا لم يقترن أي سند بقبول المسحوب عليه قدم السند الذي خصص لوفائه مقابل الوفاء.

جـ إذا لم يقترن أي سند بقبول المسحوب عليه، ولم يخصص مقابل الوفاء له، قدم السند الأسبق تاريخا.

د. إذا سحبت الأسناد جميعها في تاريخ واحد واستحقت جميعها بتاريخ واحد، فلا أفضلية لأي منهما.

هـ الأسناد المشتملة على شرط عدم القبول تكون في المرتبة الأخيرة.

٢- قبول سند السحب:

ويعني القبول: ((تعهد من المسحوب عليه بدفع مبلغ السند في تاريخ استحقاقه))(١).
وهذا الالتزام من المسحوب عليه لا ينشأ إلّا بعد قبوله للسند، أي قبل قبول السند، فلا يلتزم تجاه المستفيد أو الحامل الشرعي لهذا السند بدفع قيمته.

والقبول ضمان إضافي للمستفيد أو لحامل السند، فإن شاء قدّمه للقبول وإن شاء لم يقدّمه، لأنه مقرر لمصلحته، وبالتالي فلا يجبر الحامل (المستفيد) في سند السحب بتقديم السند للقبول، إلا أنه توجد استثناءات يجبر فيها المستفيد على تقديم السند للقبول، وهذه الحالات هي:

أ- <u>حالات التزام المستفيد بتقديم السند للقبول:</u>

١. إذا اشترط الساحب في سند السحب عرض (تقديم) السند للقبول في ميعاد معين أو بدون ميعاد(٢)؛ وذلك ليتعرف الساحب على نيّة المسحوب عليه، هل يريد دفع قيمة السند أم لا؟ وللمظهّر أيضا حق اشتراط تقديم السند للقبول في ميعاد معين أو بدون ميعاد ما لم يكن الساحب قد اشترط عدم تقديمه للقبول(٣).

٢. إذا كان السند مستحق الأداء بعد مضي مدة معيّنة من الإطلاع عليه، فيجب على الحامل تقديمه للقبول خلال سنة من تاريخ إنشائه(٤)؛ لأن ميعاد الاستحقاق يبدأ

---

(١) المادة ١٥٩/١ من قانون التجارة الأردني. د. مصطفى كمال طه، مرجع سابق، ص٤٣٨.
(٢) المادة ١٥٣/١ من قانون التجارة الأردني.
(٣) المادة ١٥٣/٤ من قانون التجارة الأردني.
(٤) المادة ١٥٤/١ من قانون التجارة الأردني.

من تاريخ القبول الذي يكون حين الاطلاع على السند، وللساحب أن يشترط تقصير المدة أو تمديدها، وللمظهّرين أن يشترطوا تقصيرها دون تمديدها(٥).

٣. حالة وجود شرط الدفع في محل مختار ولم يعين الساحب اسم الشخص الذي سيدفع قيمة السند عند الاستحقاق في ذلك المكان، فلا بد من تقديم السند إلى المسحوب عليه من قبل الحامل لقبوله ومن ثم تعيين الشخص الذي سيدفع عنه مبلغ السند(١).

ب- حالات التزام المستفيد (الحامل) بعدم تقديم السند للقبول:

١. إذا اشترط الساحب عدم عرض السند للقبول، ولا يحق للمظهّر اشتراط ذلك (٢).

٢. إذا كان السند يستحق الأداء لدى الاطلاع؛ لأن المطلوب هو دفع قيمته وليس تقديمه للقبول.

والمسحوب عليه غير ملزم بقبول السند حتى وإن توافر لديه مقابل الوفاء، ويحق له أن يطلب من حامله تقديمه للقبول مرة أخرى في اليوم التالي للتقديم الأول حتى يتحقق أحيانا من وجود مقابل الوفاء لديه أم لا(٣).

جـ- شروط القبول :

حتى يكون القبول صحيحا ومنتجا لآثاره لا بد من توافر شروط معينة فيه، ومن هذه الشروط الموضوعية بما أنه تصرف (تعهد) من المسحوب عليه بدفع قيمة السند في ميعاد استحقاقه، فلا بد من توافر الأهلية للمتعهد (المسحوب عليه) وأن تكون إرادته خالية من أي عيوب للرضا، بالإضافة إلى توافر شروط شكلية لصحة

---

(٥) المادة ٢/١٥٤، ٣ من قانون التجارة الأردني.
(١) د. فوزي محمد سامي، مرجع سابق، ص٣١٤.
(٢) المادة ٣/١٥٣ من قانون التجارة الأردني.
(٣) المادة ١/١٥٥ من قانون التجارة الأردني.

القبول، وقد وردت هذه الشروط الشكلية في معظمها ضمن المواد ١٥٦،١٥٧ من قانون التجارة وهي:

١. أن يكتب القبول على السند ذاته، ويعبّر عنه بكلمة مقبول أو أي عبارة أخرى مع توقيع المسحوب عليه، ويعتبر أيضا قبولا توقيع المسحوب عليه فقط في صدر السند.

٢. يجب ذكر تاريخ القبول في اليوم الذي تم فيه إذا كان واجب التقديم للقبول في ميعاد محدد بناء على شرط ورد في السند.

٣. إنْ خلا السند من التاريخ جاز للحامل إثبات خلو السند من التاريخ بواسطة احتجاج يقدم في وقت يكون تقديمه مجديا، وذلك حفظا لحقوق الحامل في الرجوع على المظهّرين والساحب.

٤. لا يجوز تعليق القبول على شرط.

٥. لا يجوز أن يقترن بتعديل أي بيان من بيانات السند وإلا اعتبر رفضا للسند.

٦. يحق للمسحوب عليه أن يجعل قبوله على جزء من مبلغ السند فقط وليس جميعه.

٧. ويجب أن يتم طلب القبول في موطن المسحوب عليه(١)، (مكان ممارسته لتجارته أو مكان سكنه).

د- آثار القبول:

إذا قبل المسحوب عليه السند أصبح مدينا أصليا بقيمته تجاه المستفيد (الحامل) ويلتزم بدفع قيمته بتاريخ الاستحقاق(٢)، ولا يستطيع المسحوب عليه أن يحتجّ تجاه المستفيد أو الحامل حسن النيّة بالدفوع التي له تجاه الساحب وفقا لقاعدة التظهير

---

(١) المادة ١٥٢ من قانون التجارة الأردني.
(٢) المادة ١/١٥٩ من قانون التجارة الأردني.

يطهر الدفوع، ويستطيع المسحوب عليه شطب توقيعه إذا لم يسلّم السند للمستفيد، وبالتالي يرجع عن قبوله للسند، أما إذا سلّمه للحامل فلا يستطيع ذلك(٣).

٣- الضمان الاحتياطي:

يُعرَّف الضمان الاحتياطي بأنه عبارة عن: ((كفالة يضمن بموجبها شخص يسمى (الضامن الاحتياطي) وفاء قيمة السند في حالة عدم وفائه من الشخص المضمون، وقد يكون الساحب أو أحد المظهّرين أو المسحوب عليه القابل للسند))(٤).

والضامن الاحتياطي قد يكون من الموقعين على السند، وقد يكون من غير الموقعين على السند.

أ. ويشترط في الضمان الاحتياطي حسب المادة ١٦٢/ من قانون التجارة الأردني:

١. أن يكتب الضمان الاحتياطي على السند ذاته أو الورقة المتصلة به.

٢. أن يكون بصيغة (مقبول كضامن احتياطي) أو أية عبارة أخرى.

٣. يجب أن يقترن الضمان الاحتياطي بتوقيع الضامن.

٤. يجب أن يذكر اسم الشخص المضمون في صيغة الضمان، وإذا لم يذكر اسمه اعتبر الضمان قد تم لمصلحة الساحب.

ب. التزامات الضامن الاحتياطي:

١. يلتزم الضامن الاحتياطي بما يلتزم به الشخص المضمون وبالتضامن معه(١).

٢. يكون التزام الضامن صحيحا ولو كان الالتزام الذي ضمنه باطلا لأي سبب كان، ما لم يكن مردّه إلى عيب في الشكل(٢).

---

(٣) المادة ١٦٠ من قانون التجارة الأردني.
(٤) د. فوزي محمد سامي، مرجع سابق، ص٣١٧.
(١) المادة ١٦٣/١ من قانون التجارة الأردني.
(٢) المادة ١٦٣/٢ من قانون التجارة الأردني.

٣. إذا أوفى الضامن الاحتياطي قيمة السند آلت إليه الحقوق الناشئة عنه تجاه مضمونه والملتزمين تجاهه بمقتضى السند.

٤. لا يحـق للضامن أن يـدفع مطالبـة الحامل بتجريـد المضمـون أولا (أي بـالرجوع عـلى المضمـون أولا قبـل الرجـوع عليـه)، أو بقسـمة مبلـغ السـند بينه وبين المضـمون، وذلـك لأن الضامن يلتـزم تجاه الحامـل مع المضمـون بالتضامن بقيمة كامل السند[٣].

٤- التضامن:

ويعني التضامن أن ساحب السـند وقابلـه، ومظهّره، والضامن الاحتياطي، مسؤولون جميعا تجاه الحامل على وجه التضامن، وللحامل مطالبتهم مجتمعين و/أو منفردين، دون التزامه بمراعاة ترتيب التزام كل منهم[١]، وإقامة الـدعوى عـلى أحـدهم لا تمنع مـن إقامة الدعوى و/أو مطالبة الباقين ولو كان التزامهم لاحقا لالتزام مـن أقيمـت عليـه الـدعوى[٢]، ولمن دفع قيمة السند من الموقعين عليه حق الرجوع عـلى البـاقين أو عـلى أي واحـد منهم بكامل قيمته[٣].

وتضامن الموقعين على سند السحب ضمانة أخرى للحامل للحصول عـلى قيمة السند عند استحقاقه، وقد اقتضت ضرورة العمل التجاري هذا التضامن حماية للورقة التجارية عند التعامل بها.

---

[٣] د. أحمد زيادات، د. إبراهيم العموش، مرجع سابق، ص٣١٣.
[١] المادة ١٨٥/١، ٢ من قانون التجارة الأردني.
[٢] المادة ١٨٥/٤ من قانون التجارة الأردني.
[٣] المادة ١٨٥/٣ من قانون التجارة الأردني.

المطلب الرابع: وفاء سند السحب

جاء في المادة ١٦٩/١ من قانون التجارة الأردني بأنه: ((يجب على حامل سند السحب مطالبة المسحوب عليه بوفاء مبلغ السند في تاريخ الاستحقاق))، وهنا لا بد من توضيح المقصود بتاريخ الاستحقاق والوفاء بالسند والامتناع أو التوقف عن الوفاء.

أولا: تاريخ الاستحقاق

وهو التاريخ الذي يتوجب على حامل السند مطالبة المسحوب عليه بسداد قيمة السند. وإذا كان السند مستحق الأداء لدى الاطلاع يكون واجب الدفع عند تقديمه، ويجب أن يقدم للوفاء خلال سنة من تاريخه ويجوز للساحب والمظهّرين أن يشترطوا تقصير هذه المدة.

وإذا كان السند مستحق الأداء في يوم معين وفي بلد يختلف فيه التقويم عن تقويم بلد إصداره اعتبر أن تاريخ الاستحقاق قد صدر وفقا لتقويم بلد الوفاء [٤].

ثانيا: الوفاء بالسند

كما ذكرنا سابقا بأن على حامل السند أن يقدم السند للوفاء في موعد الاستحقاق، ولكن هناك استثناءات من هذه القاعدة حيث يجوز الوفاء قبل موعد الاستحقاق في الحالات التالية:

١- اتفاق الحامل والمسحوب عليه على أن يكون الوفاء قبل موعد الاستحقاق.

٢- في حالة إفلاس المسحوب عليه، أو إفلاس الساحب عند وجود شرط عدم التقديم للقبول، يكون تقديم حكم شهر الإفلاس كافيا بذاته لتمكين الحامل من استعمال حقوقه على الضامنين [١].

---

[٤] المادة ١٦٨/١ من قانون التجارة الأردني.
[١] المادة ١٨٢/٨ من قانون التجارة الأردني.

٣- في حالة رفض المسحوب عليه قبول السند، يجوز لحامله المطالبة بقيمته قبل تاريخ الاستحقاق[2].

وتجدر الإشارة إلى أن الحامل لا يستطيع رفض الوفاء الجزئي لسند السحب[3]، هذا وتبرأ ذمة الساحب والضامنين والمظهّرين عن الجزء المدفوع، ويرجع الحامل عليهم بباقي المبلغ غير المدفوع[4].

وقد حرّم قانون التجارة المعارضة في الوفاء بقيمة السند إلّا في حالتين هما[5]:

١- ضياع السند؛ فيحق للحامل أن يطلب من المسحوب عليه عدم وفاء قيمة السند لمن يتقدم إليه في موعد استحقاقه.

٢- إفلاس حامل السند، يجوز لوكيل التفليسة مخاطبة المسحوب عليه ويطلب منه عدم دفع قيمته إلى الحامل المفلس.

ثالثا: شروط صحة الوفاء

وحتى يكون الوفاء صحيحا لا بد أن يتم للحامل الشرعي للسند وهو ((الذي يثبت أنّ السند قد انتقل إليه بتظهيرات متصلة، ولو كان آخرها تظهيرا على بياض))[1]، ويلتزم المسحوب عليه التحقق طبقا لذلك من تسلسل التظهيرات فقط، ولا يلتزم بالتحقق من صحتها إلّا إذا تم الوفاء قبل تاريخ الاستحقاق فإنه يتحمل تبعة ذلك من حيث صحة التواقيع والتأكد من الأهلية[2].

(2) المادة ١٨١/٢ من قانون التجارة الأردني.
(3) المادة ١٧٠/٢ من قانون التجارة الأردني.
(4) المادة ١٧٠/٢ من قانون التجارة الأردني.
(5) أشارت لذلك المواد ١٧٤، ١٧٥ من قانون التجارة الأردني.
(1) المادة ١٤٦ من قانون التجارة الأردني.
(2) المادة ١٧١/٢ من قانون التجارة الأردني.

رابعا: الامتناع أو التوقف عن الوفاء

نصت المادة ١٨١/١ من قانون التجارة الأردني: ((لحامل السند عند عدم وفائه له، في تاريخ الاستحقاق، الرجوع على مظهّريه وساحبه وغيرهم من الملتزمين به)).

وللرجوع على هؤلاء الملتزمين يجب أن يتبع الحامل إجراء معينا ضمن الشروط التي نص عليها القانون، وهو ما يسمى بـ ((الاحتجاج لعدم الوفاء "البرتستو"))، ويتم تنظيم الاحتجاج لعدم الوفاء لدى الكاتب العدل، بناء على طلب حامل سند السحب لإثبات امتناع المسحوب عليه عن أداء قيمة السند في موعد الاستحقاق.

الحالات التي لا يجوز فيها تقديم احتجاج عدم الوفاء:

١. إذا قدم الاحتجاج بعدم القبول للسند الذي امتنع المسحوب عليه عن سداد قيمته [٣].

٢. في حالة إشهار إفلاس المسحوب عليه سواء أكان قَبِلَ السند أم لم يقبله [٤].

٣. في حالة إشهار إفلاس الساحب مع وجود شرط عدم التقديم للقبول [٥].

٤. إذا تضمن سند السحب شرط الرجوع بدون مصاريف أو أية عبارة تفيد ذلك أو شرط عدم الاحتجاج [١].

٥. إذا لم يتمكن الحامل من تنظيم صك ((الاحتجاج لعدم الوفاء)) بسبب ظروف قاهرة حالت دون ذلك ولمدة تزيد عن ثلاثين يوما من تاريخ الاستحقاق [٢].

---

[٣] المادة ١٨٢/٦ من قانون التجارة الأردني.
[٤] المادة ١٨٢/٨ من قانون التجارة الأردني.
[٥] المادة ١٨٢/٨ من قانون التجارة الأردني.
[١] المادة ١٨٤/١ من قانون التجارة الأردني.
[٢] المادة ١٩١/٥ من قانون التجارة الأردني.

مهلـة تقديـم الاحتجـاج حسـب المـادة ٤/١٨٢ مـن قانـون التجـارة الأردني في أحـد يـومي العمـل التاليـن ليـوم الاسـتحقاق، وإذا قـدم في آخـر يـوم بالسـنة يمتـد إلى اليـوم التالي، خاصة للأسناد المستحقة بتاريخ الاطلاع(٣).

خامسا: تقادم الدعاوى المتعلقة بسند السحب:

نصت المادة ٢١٤ من قانون التجارة الأردني على ما يلي:

١. تسقط بالتقادم كل دعوى ناشئة عن سـند السـحب تجاه قابله بمضي ـ(٥ سـنوات) مـن تاريخ الاستحقاق.

٢. أما دعاوى الحامل تجاه الساحب والمظهرين فتسقط بمضي (سنتين) من تاريخ الاحتجاج أو من تاريخ الاستحقاق، ان اشتمل السند على شرط الرجوع بلا مصاريف.

٣. كما تسقط دعاوى المظهّرين بعضهم تجاه بعض أو تجاه الساحب بمضي (سنة) من اليوم الذي يكون فيه المظهّر قد أوفى السند أو من اليوم الذي أقيمت عليه الدعوى فيه.

المبحث الثالث: سند الأمر (الإذني أو الكمبيالة)

المطلب الأول: تعريف سند الأمر

عرّفته المادة ١٢٣/ب مـن قانـون التجـارة الأردني بأنّـه: ((محـرّر مكتـوب وفـق شرائط مذكورة في القانون، ويتضمن تعهد محررة بدفع مبلغ معين بمجرد الإطلاع أو في ميعاد معين أو قابل للتعيين، لأمر شخص آخر هو المستفيد أو حامل السند)).

---

(٣) المادة ٢/١٨٢ من قانون التجارة الأردني.

نموذج سند الأمر (الكمبيالة)

اسم المدين: ....   عنوانه: ....
تاريخ الاستحقاق
اسم الكفيل: ....   عنوانه: ....   / / .

__فلس__   __دينار__

.... والدفع بها.
بموجب هذه الكمبيالة أتعهد بالدفع لأمر ....
المبلغ المرقوم أعلاه وقدره .... بتاريخ / / .
والقيمة وصلتنا/وصلتني ....
توقيع الكفيل   __توقيع المدين__

تحريرا في / / .

المطلب الثاني: بيانات سند الأمر

إن البيانات التي يشتمل عليها سند الأمر هي البيانات التي يشتمل عليها سند السحب باستثناء اسم المسحوب عليه، حيث أن ملتزم الدفع في سند الأمر هو محرر السند وهو الساحب (المدين)، ويتعهد شخصيا لأمر دائنه بأداء مبلغ من النقود في موعد محدد، فالساحب والمسحوب عليه هو محرر السند.

ويخضع السند لأمر للأحكام الخاصة بسند السحب الخاصة بتداوله وتظهيره واستحقاقه ووفائه، والرجوع على الضامنين، والتضامن والاحتجاج، وغير ذلك إلا ما كان يتعارض مع طبيعة سند الأمر. ونحيل إلى سند السحب في هذه المواضيع والأحكام التي سبق شرحها.

المطلب الثالث: القواعد الخاصة بسند الأمر

ويتميز السند لأمر عن سند السحب في اختصاصه بالقواعد التالية[1]:

١- لا محل للقبول في سند الأمر وذلك لعدم وجود مسحوب عليه.

٢- لا محل لمقابل الوفاء في سند الأمر؛ فالمتعهد هو محرر السند. ولا يجوز كتابة ((ليس لأمر)) في سند الأمر.

٣- إنّ احتجاج عدم الوفاء في سند الأمر يبلّغ إلى محرّر السند دون غيره.

٤- لا يجوز وضع شرط (ليس لأمر) في السند؛ لأن ذلك يتنافى مع طبيعة السند فهو ((سند لأمر)). لهذا لا يجوز منع تظهيره.

المطلب الرابع: تقادم الدعاوى الناشئة عن سند الأمر بمرور الزمان

نصت المادة ٢٢٤ من قانون التجارة الأردني على أن الأحكام المتعلقة بسند السحب فيما يختص بالتقادم تطبق على سند الأمر، وعليه تكون مدد التقادم للدعاوى في سند الأمر كالتالي:

١- الدعاوى المقامة ضد المتعهد (محرر السند): تسقط بمرور مدة خمس سنوات من تاريخ الاستحقاق سواء أكانت مرفوعة على محرر السند من الحامل أم من أحد المظهّرين أم من ضامن احتياطي.

٢- دعاوى الحامل ضد المظهرين: تسقط بمرور سنتين من تاريخ سحب الاحتجاج أو من تاريخ الاستحقاق إذا تضمن السند شرط عدم سحب احتجاج.

٣- دعاوى المظهّرين بعضهم تجاه البعض الآخر: تسقط بمرور سنة واحدة من تاريخ أداء المظهّر لقيمة السند أو من تاريخ رفع الدعوى عليه.

[1] د. أحمد زيادات، د. إبراهيم العموش، مرجع سابق، ص٣٢٠.

المبحث الرابع: الشيك

المطلب الأول: تعريف الشيك وأوجه الشبه والاختلاف بينه وبين سند السحب:

أولا: تعريف الشيك

((هـو محـرر مكتـوب وفـق شرائـط مـذكورة في القـانون، ويتضمـن أمـرا صـادرا مـن شخص هـو السـاحب إلى شخص آخـر يكـون مصرفـا، وهـو المسـحوب عليـه، بـأن يـدفع لشخص ثالـث أو لأمـره أو لحامـل الشـيك، وهـو المسـتفيد، مبلغـا معينـا بمجـرد الاطلاع))[1].

نموذج شيك

بسم الله الرحمن الرحيم
البنك الإسلامي الأردني
للتمويل والاستثمار

فرع الزرقاء   .... في ..../..../ ٢٠........

ادفعوا بموجب هذا الشيك لأمر .... أو لحامله

مبلغ ....

....

فلس	دينار

التوقيع ....

السيد

---

[1] المادة ١٢٣/جـ من قانون التجارة الأردني.

٢٩٨

ثانيا: أوجه الاختلاف بين الشيك وسند السحب

يمكن أن توضح أوجه ذلك الاختلاف من خلال الجدول التالي:

	الشيك	سند السحب
١.	أداة وفاء فقط، حيث يصرف لدى الاطلاع، ولا يتضمن أجلا للوفاء.	أداة وفاء وائتمان، لها أجل معين للدفع.
٢.	لا يسحب إلا على مصرف أي أن المسحوب عليه دائما مصرف.	يسحب على أشخاص طبيعيين أو معنويين أو حتى على الساحب نفسه؛ مثل مركز رئيسي يسحبه على فرع له.
٣.	لا يتضمن إلا تاريخا واحدا هو تاريخ الإنشاء وهو ذاته تاريخ الاستحقاق.	يتضمن تاريخ الإنشاء وتاريخ الاستحقاق.
٤.	يمكن أن يحرر لحامله؛ لهذا فليس من الضروري ذكر اسم المستفيد في متنه.	لا يجوز تحريره لحامله، ويجب ذكر اسم المستفيد بشكل واضح وإلا فقد السند قيمته.
٥.	إن عدم وجود مقابل الوفاء يعتبر جريمة تستوجب عقوبة جزائية وهي جريمة إعطاء شيك بدون رصيد.	عدم وجود مقابل وفاء في سند السحب لا يشكل جرما جزائيا ولا يعاقب عليه قانون العقوبات.
٦.	لا يجوز وضع القبول في الشيك وإذا وضع يكون كأن لم يكن.	يجوز وضع القبول في سند السحب.

ثالثا: أوجه الشبه بين الشيك وسند السحب

يتشابه الشيك وسند السحب في أطرافهما الثلاثة؛ حيث أن كلا منهما له أطراف ثلاثة؛ ساحب ومسحوب وعليه ومستفيد، كما يمكن أن يكون للشيك طرفان فقط هما الساحب (المستفيد) والمسحوب عليه (المصرف).

المطلب الثاني: بيانات الشيك وأشكال إنشائه:

أ- بيانات الشيك الإلزامية:

أوضحت المادة ٢٢٨ من قانون التجارة الأردني البيانات الإلزاميّة الواجب توافرها في الشيك وهي:

١- كلمة (شيك) مكتوبة في متن السند وباللغة التي كتب بها، ولكن إذا خلا الشيك من هذه الكلمة وكان مظهره المتعارف عليه يدل على أنه شيكا فيعتبر كذلك.

٢- أمر غير معلّق على شرط بأداء قدر معين مـن النقـود، فـإذا تـم تعليقـه عـلى شرط فقد قيمته كشيك ويكون الشيك واجب الأداء لدى الاطلاع.

٣- اسم من يلزمه الأداء (المسحوب عليه)، وإذا خلا الشيك من اسم المسحوب عليه، وهو المصرف المدين للساحب، فقد الشيك قيمته[١].

٤- مكان الأداء، وإذا لم يذكر مكان الأداء فلا يفقد الشيك قيمته، ويعد المكان الـذي يذكر بجانب اسم المسحوب عليه مكانا للدفع، وإذا ذكرت عدة أمكنـة بجانب المسحوب عليه، يكون الشيك مستحق الأداء في أول محل مبين فيه، وإذا خلا الشيك مـن هذه البيانات أو من أي بيان آخر، كان واجب الأداء في المكان الذي يقع فيه المحـل الرئيسي- للمسحوب عليه[٢].

---

[١] المادة ٢٣٠/ ١ من قانون التجارة الأردني.

[٢] المادة ٢٢٩ من قانون التجارة الأردني.

٥- تاريخ إنشاء الشيك ومكان إنشائه: وإذا خلا الشيك من بيان مكان الإنشاء، فيعـد منشأ في المكان المبين بجانب اسم الساحب، وإذا لم يذكر مكان الإنشاء فيعتبر مكان تسليمه للمستفيد هو مكان الإنشاء، ولا يفقد الشيك قيمته إذا خلا من مكان الإنشاء. وأهميّة تعيين تاريخ الإنشاء هو لمعرفة أهليّة الساحب وقت إنشاء الشيك، وفي التثبت مـن وجود مقابل الوفاء (الرصيد)، وفي تحديد بدء التقادم، وتحديـد ميعـاد تقديم الشيك للوفاء. وإذا خلا الشيك من تاريخ الإنشاء (الاستحقاق) فقد الشيك قيمته نهائيا كشيك ويمكن اعتباره سند دين عادي وليس شيكا.

٦- توقيع من أنشأ الشيك (الساحب): يفقد الشيك قيمته إذا خلا مـن توقيع الساحب، ويكون التوقيع بالإمضاء، الختم، أو بصمة الإصبع، وتقوم البنوك عـادة بالاحتفاظ لنماذج توقيع عملائها.

ب- بيانات الشيك الاختيارية:

يجوز للساحب وضع شروط في الشيك شريطة أن لا تكون مخالفة للقانون أو لطبيعـة الشيك، فيمكن للساحب اشتراط محل مختار للوفاء، أو وضع شرط (عدم القابليـة للتـداول) أو (يصرف للمستفيد الأول).

ولكن لا يجوز وضع عبارة ((مقبول)) أو اشتراط فائدة على الشيك، وكل شرط للفائـدة يعتبر كأن لم يكن؛ حسب المادة ٢٣٥ من قانون التجارة الأردني، أما في سند السـحب فيجوز اشتراط الفائدة، وليس للساحب اشتراط عدم ضمان الوفاء مثل سند السحب[1].

---

[1] المادة ٢٣٨ من قانون التجارة الأردني.

جـ- أشكال إنشاء الشيك:

يتم إنشاء الشيك للمستفيد بأحد الأشكال التالية:

١- إلى شخص مسمّى على (شرط الأمر) أو بدونه، كأن يكون نص الشيك: (ادفعوا لـ فلان) أو (ادفعوا لأمر فلان).

٢- إلى حامل الشيك، فينص الشيك: (ادفعوا لحامله).

٣- إلى شخص مسمّى مع ذكر شرط (ليس لأمر) أو أي عبارة تفيد ذلك.

٤- إلى شخص مسمّى مع ذكر عبارة (أو لحامله) فيكون نص الشيك: (ادفعوا لأمر فلان........ أو لحامله).

المطلب الثالث: تداول الشيك

يتم تداول الشيك بالطرق التالية:

أ- وسائل تداول الشيك:

١- إذا حرر الشيك لشخص مسمّى فتنتقل ملكيّة الشيك بالتظهير ولو لم تذكر كلمة (لأمر).

٢- الشيك المحرر لشخص مسمّى وعليه شرط (ليس لأمر) أو ما يفيد ذلك، فلا يقبل التظهير، ويخضع تداوله لأحكام حوالة الحق المقررة في القانون المدني المواد ٩٩٣-١٠١٧ من القانون المدني الأردني.

٣- الشيك المحرر للحامل تنتقل ملكيّته بالتسليم، فحائز الشيك يعتبر مالكا له ومالكا لمقابل الوفاء المخصص له.

وقد يكون تظهير الشيك ناقلا للملكيّة وقد يكون توكيليّا، ولكن لا يجوز تظهيره تأمينيّا لأنه ليس أداة ائتمان وإنما هو أداة وفاء، وتسري على الشيك الأحكام المتعلقة بسند السحب فيما يتعلق بالتظهير وقد أكدت ذلك المادة ٢٤١ من قانون التجارة الأردني

حيث تسري عليه أحكام المواد ١٤٣-١٤٨ من ذات القانون المتعلقة بسند السحب، وهي الخاصة بكيفية التظهير وآثاره بما في ذلك تطهير الدفوع والتظهير على بياض، وضمان القبول من قبل المظهّرين، وشرط منع التظهير ثانية، وإثبات الحامل الشرعي ... الخ.

ب- شروط تظهير الشيك:

ولتظهير الشيك شروط محددة نصت عليها المواد ٢٤٠-٢٤٣ من قانون التجارة الأردني وهي:

١- أن يكون التظهير خالٍ من أي شرط، وإذا علّق على شرط اعتبر التظهير صحيحا والشرط باطل (لاغيا).

٢- التظهير الجزئي باطل، وكذلك التظهير الصادر من المسحوب عليه.

٣- ينطبق على الشيك ما ينطبق على سند السحب من حيث أحكام التظهير.

٤- إن التظهير للمسحوب عليه يفيد أن المسحوب عليه قد أوفى قيمة الشيك، إلّا إذا كان عدة مؤسسات وحصل لمصلحة مؤسسة غير التي سحب عليها، وعادة يوقّع الشخص على ظهر الشيك عند تقديمه للصرف.

٥- إذا جرى تظهير الشيك بعد تقديم الاحتجاج بعدم الوفاء أو بعد انقضاء المدة المحددة لتقديم الشيك، تسري عليه أحكام حوالة الحق المقررة في القانون المدني، ولا يجوز تقديم تواريخ التظهير وإنْ حصل ذلك يعتبر تزويرا.

المطلب الرابع: وفاء قيمة الشيك:

أ- مقابل الوفاء:

يشترط في مقابل وفاء الشيك ما يلي:

١- أن يكون مبلغا من النقود[1].

٢- أن يكون موجودا عند إصدار الشيك، ويعتبر إصدار شيك دون وجود مقابل له، جريمة يعاقب عليها القانون، شريطة توفر سوء النيّة، وهذه الحالات حسب نص المادة ٤٢١ عقوبات والقانون المعدل له هي:

أ. إصدار شيك بدون مقابل للوفاء قائم ومعد للصرف.

ب. استرداد مقابل الوفاء كلّه أو جزء منه بعد إصدار الشيك، أو استرداد جزء منه بحيث لا يفي الباقي بقيمته.

جـ. إصدار الساحب للمسحوب عليه أمرا بعدم صرف الشيك في غير الحالات التي يجيزها القانون (ضياع الشيك أو إفلاس حامله).

د. تظهير شيك مستحق الدفع لحامله مع علم المظهّر بعدم وجود مقابل للوفاء بقيمته، أو علمه أن مقابل الوفاء غير قابل للصرف.

هـ. تحرير شيك أو التوقيع عليه بشكل يمنع صرفه (كأن يغيّر توقيعه على الشيك بسوء نية).

٣- أن يكون مقابل الوفاء لدى المسحوب عليه قابلا للتصرف فيه وقت إنشاء الشيك؛ فإذا كان الرصيد لا يمكن للساحب التصرف فيه، مثل الوديعة لأجل معين، فلا يجوز السحب منها أو إصدار شيكات عليها قبل حلول الأجل.

---

[1] المادة ٢٢٨/ب من قانون التجارة الأردني.

٤- أن يكون مقابل الوفاء مساوٍ على الأقل لقيمة الشيك؛ فإذا كان أقل مـن قيمـة الشيك تنشأ جريمـة إعطـاء شيك بـدون رصيد ولكـن لا يجـوز للحامـل رفـض قبـول الوفاء الجزئي لقيمة الشيك حسب المادة ٢٥١ من قانون التجارة الأردني.

ب. ملكية مقابل الوفاء:

تنتقل ملكية مقابل الوفاء من الساحب إلى المستفيد بمجرد إصدار الشيك، ومن المظهِّر إلى المظهَّر له بمجرد التظهير، ويترتب على ذلك نتائج معينة وهذه النتائج هي[1]:

١. إذا أفلس الساحب أو توفي لا يدخل مقابل الوفاء في التفليسة أو التركة.

٢. لا يحق لدائني الساحب إيقاع الحجز على رصيده في البنك إذا كان إصدار الشيك منه قبل تاريخ إصدار الحجز، حتى ولو لم يتم تحصيلها بعد.

٣. لا يحق للساحب أن يصدر أمرا للبنك بعدم صرف الشيك بعد إصداره وإلا اعتبر مرتكبا لجريمة إعطاء شيك بدون رصيد.

٤. إذا صدرت عـدة شيكات علـى مقابـل وفـاء واحـد، وكـان لا يكفـي لهـا جميعـا يقدم أسبقها تاريخـا، فإن كانـت في تاريخ واحد وكانـت مـن دفتـر واحـد قدم أسبقها رقماً[2].

جـ. مواعيد تقديم الشيك للوفاء:

حددت المادة ٢٤٦ من قانون التجارة الأردني مواعيد عرض الشيك خلالها للوفاء، وفق القواعد التالية:

١. خلال (٣٠) يوما من تاريخ إنشائه إذا كان الشيك مسحوبا في المملكة وواجب الوفاء فيها.

---

[1] د. مصطفى كمال طه، مرجع سابق، ص٤٧٢.
[2] المادة ٢٥٢ من قانون التجارة الأردني.

٢. خلال (٦٠) يوما من تاريخ إنشائه إذا كان الشيك مسحوبا في أوروبا أو بلد يقع على شاطئ البحر الأبيض المتوسط وكان واجب الوفاء في المملكة.

٣. خلال (٩٠) يوما من تاريخ إنشائه إذا كان الشيك مسحوبا في بلد غير البلاد المذكورة وواجب الوفاء في المملكة.

وأوضحت المادة ٢٤٧ من قانون التجارة الأردني، أنه في حالة سحب شيك بين بلدين مختلفين في التقويم أرجع تاريخ إصداره إلى اليوم المقابل في بلد الوفاء، وقد أجازت المادة ٢٤٩ من قانون التجارة الأردني للمسحوب عليه وفاء قيمة الشيك ولو بعد الميعاد المحدد لتقديمه، وتجدر الإشارة إلى أن تقديم الشيك لإحدى غرف المقاصة يعد بمثابة تقديم للوفاء[1].

د. إجراءات وفاء الشيك (شروط صحة وفاء الشيك):

١. على المسحوب عليه قبل وفاء قيمة الشيك المعروض عليه التحقق من صحة توقيع الساحب حسب النموذج المحفوظ لديه ومقارنته به، فإذا كان التوقيع مختلف فلا يقوم بصرف الشيك، وإذا كان مطابقا لتوقيع الساحب (عميله) يقوم بدفع قيمته للمستفيد أو لحامله، أما إذا كان التوقيع مزورا فإن المسحوب عليه يسأل عن ذلك تجاه الساحب، إلّا إذا أثبت خطأ الساحب مثل إهماله بالمحافظة على دفتر شيكاته. وقد يشترك الساحب والمسحوب عليه في تحمل الخطأ إذا كان مشتركا بينهما.

٢. كذلك يلتزم المسحوب عليه طبقا للمادة ١٤٦ من قانون التجارة الأردني بالتحقق من شرعيّة حامل الشيك، وإذا كان الشيك لحامله يكون الحائز للشيك هو الحامل الشرعي له إلّا إذا ثبت العكس.

٣. يتوجب على المسحوب عليه التحقق من ظاهر البيانات المدوّنة على الشيك قبل وفاء قيمته.

[1] المادة ٢٤٨ من قانون التجارة الأردني.

٤. يجب أن يـتم الوفـاء بـالمبلغ المعـين في الشـيك وبالعملـة المحـددة فيـه، وإذا كانـت العملـة غـير متداولـة في المملكـة جـاز الوفـاء بقيمـة الشـيك بالعملـة الأردنيـة حسب سعرها يوم الوفاء[1].

٥. لا يجوز للحامل المستفيد الامتناع عن القبول للوفاء الجزئي لمبلغ الشيك. وللحامل أن يطلب من المسحوب عليه الوفاء بمقدار الرصيد الموجود لديه[2].

٦. يحق للمسحوب عليه أن يطلب عند وفائه بقيمة شيك تسليمه إليه موقعا عليه من الحامل بالتخالص[3].

٧. إذا قدمت شيكات في آن واحد وكان ما لدى المسحوب عليه من نقود غير كاف لوفائها جميعا، وجب مراعاة ترتيب تواريخ إصدارها[4].

٨. أن لا يكون هنالك معارضة من أحد في وفاء قيمة الشيك، حيث تقبل معارضة السـاحب على وفاء قيمة الشيك في حالة ضياعه أو إفلاس حامله[5]، فيجوز لحامل الشيك الـذي فقد منه الشيك أن يعارض في وفائه كما يجوز لوكيل التفليسة أيضا أن يعارض بالوفاء إذا أفلس الحامل الشرعي للشيك.

هـ الامتناع عن الوفاء:

في حالة تقديم الشيك للوفاء خـلال المـدة المعينـة للتقديم وامتنـع المسحوب عليـه عـن الـدفع، يستطيع الحامـل استعمال حقـه في الرجـوع على الملتـزمين بالشـيك حسب المـادة ٢٦٠ مـن قـانون التجـارة الأردني، حيـث يتم تنظيم احتجـاج عـدم الوفـاء بإحدى الطرق التالية:

---

[1] المادة ١/٢٥٤ من قانون التجارة الأردني.
[2] المادة ٢/٢٥١ من قانون التجارة الأردني.
[3] المادة ١/٢٥١ من قانون التجارة الأردني.
[4] المادة ٢٥٢ من قانون التجارة الأردني.
[5] المادة ٢/٢٤٩ من قانون التجارة الأردني.

١. بورقة احتجاج رسمية تحرر لدى الكاتب العدل خلال مدة تقديم الشيك.

٢. ببيان صادر عن المسحوب عليه مؤرخ ومكتوب على ورقة الشيك مع ذكر يوم تقديمه.

٣. ببيان مؤرخ صادر عن غرفة المقاصة يذكر فيه أن الشيك قدم في الوقت المحدد ولم تـدفع قيمته. ويجوز وجود شرط عدم سحب احتجاج في الشيك.

و. تقادم الدعاوى المتعلقة بالشيك بمرور الزمان:

نصت المادة ٢٧١ من قانون التجارة الأردني على أنه تتقادم (تسقط) الدعاوى:

١. بمضي خمس سنوات من تاريخ انقضاء ميعاد التقديم للوفاء، إذا كانت تلك الـدعوى مـن حامل الشيك تجاه المسحوب عليه.

٢. بمضي ستة شهور من تاريخ انقضاء ميعاد التقديم للوفاء، إذا كانـت تلـك الـدعاوى مـن الحامل على الساحب والمظهّرين وسائر الملتزمين بالشيك.

٣. تسقط دعاوى رجوع جميع الملتزمين بوفاء قيمة الشيك بعضهم تجاه بعض.

ولا تسقط بمرور هذه المواعيد أعلاه الدعوى على الساحب الذي لم يقدم مقابـل الوفـاء بمضي ستة شهور من تاريخ وفاء الملتزم أو من اليوم الذي خوصم فيه بدعوى الرجوع.

أنواع خاصة من الشيكات:

١- الشيك المسطر:

لقد بينت المادة ٢٥٦ من قانون التجارة الأردني جواز تسطير الشـيك مـن قبـل سـاحب الشيك أو حامله.

وتسطير الشيك يعني وضع خطين متوازيين في صدر الشيك. والهدف من التسطير مواجهة عملية السرقة أو الضياع، لأن التسطير يوجب على المسحوب عليه أداء قيمته إلى بنك فقط.

والفرق الوحيد بين الشيك المسطر والشيك العادي هو وجوب تقديم الشيك المسطر للوفاء من قبل أحد البنوك أو أحد عملائه.

كما أوضحت المادة المذكورة أن التسطير نوعين هما:

أ. التسطير العام: ويكون التسطير عاما إذا كان بين الخطين المتوازيين خالٍ من أي بيان، أو كتب بين الخطين كلمة ((مصرف)) أو أية كلمة أخرى بهذا المعنى.

ب. التسطير الخاص: ويكتب بين الخطين المتوازيين اسم مصرف معين. ويجوز تحويل التسطير العام إلى خاص ولا يجوز العكس.

آثار التسطير:

بينت المادة ٢٥٧ من قانون التجارة الأردني، آثار التسطير على النحو التالي:

أ. لا يجوز للمسحوب عليه أن يوفي شيكا مسطرا تسطيرا عاما، إلا إلى مصرف أو إلى أحد عملائه.

ب. لا يجوز للمسحوب عليه أن يوفي شيكا مسطرا خاصا إلاّ إلى المصرف المعين أو إلى عميله إن كان هذا المصرف هو المسحوب عليه.

جـ. يجوز للمصرف المعين أن يلجأ إلى مصرف آخر لقبض قيمة الشيك.

د. لا يجوز لمصرف أن يحصل على شيك مسطر إلاّ من أحد عملائه أو من مصرف آخر، ولا أن يقبض قيمته لحساب أشخاص آخرين غير من ذكروا.

هـ. إذا لم يراع المسحوب عليه الأحكام السابقة فإنه ملتزم بتعويض الضرر بقدر قيمة الشيك.

٢- الشيك المقيد في الحساب:

قد يضع الساحب أو الحامل عبارة (لقيده في الحساب) على الشيك وبالتالي فلا يجوز للمسحوب عليه أن يدفع قيمة الشيك نقدا وإنما يقيّده في الحساب؛ والهدف من ذلك مواجهة سرقة الشيك أو ضياعه.

٣- الشيك المصدّق (المعتمد):

إذا طلب الحامل من البنك التصديق على الشيك بما يفيد القبول فيقوم البنك بتجميد مبلغ مساوٍ لمقابل الوفاء ضمانا لقيمة الشيك وبالتالي لا يستطيع الساحب سحب ذلك المقابل. ولم يرد نص في قانون التجارة الأردني على هذا النوع، إلّا أن العرف المصرفي قد اعترف بهذه الشيكات.

٤- شيكات المسافرين (السياحية):

يمكن أن يُعرف الشيك السياحي بأنه: ((محرر مكتوب يتضمن أمرا صادرا عن بنك إلى فروعه في دول أخرى بأن يدفع للمستفيد مبلغا معينا بالعملة المحلية لبلد الوفاء))[1].

وقد ابتكرت هذه الورقة لتمكين المسافرين من الحصول على النقود اللازمة لهم في البلاد التي يسافرون إليها، دون أن يكونوا مضطرين لحمل نقودهم معهم مما قد يعرضهم للخطر، ويعرّضها للسرقة أو الضياع. ولم يرد نص على هذا النوع من الشيكات في قانون التجارة الأردني، إلا أن العرف المصرفي قد أوجده، وتم التعامل به لضرورات السياحة وتسهيل مبادلة النقود.

---

[1] د. محمود الكيلاني، مرجع سابق، ص٣٧٧.

٥- الشيك المؤشر:

والتأشير على الشيك عالجته المادة ٢٣٢ من قانون التجارة الأردني ((أنـه يجـوز
للمسحوب عليه أن يؤشر على الشيك وهـذه الإشـارة تعني وجـود مقابـل الوفاء في تـاريخ
التأشير)). فالتأشير يفيد وجود مقابل للوفاء (الرصيد) دون أن يلتزم البنك بتجميده (حجزه)
مثل الشيك المصدق.

الفصل الثاني
العمليات المصرفية

تمهيد:

لقد عرف قانون البنوك الأردني البنك التجاري بأنه: ((الشركة التي رخص لها بتعاطي الأعمال المصرفية وفق أحكام القانون))، وقد شهدت البنوك التجارية انتشارا واسعا في هذا القرن حيث أصبح للبنوك في المجتمع الحديث دور بالغ الأهمية والتأثير على مختلف جوانب الحياة الاقتصادية.

وقد أدى انتشار البنوك هذا إلى تنوع وتعدد عملياتها المصرفية التي تقوم بها لصالح عملائها. فبعد أن كانت في بداياتها تعمل على تلقي الودائع ومنح القروض للغير أصبحت في الوقت الحالي تقوم بعمليات واسعة مثل تمويل المشاريع الكبيرة وبفتح الاعتمادات المستندية وإصدار الكفالات المختلفة إلى غير ذلك من العمليات البنكية، وما يهمنا في هذا الفصل من عمليات البنوك المتعددة والواسعة هي تلك العمليات المصرفية التي نظمها قانون التجارة الأردني بالمواد من ١٠٦-١٢٢، وهي الحساب الجاري، والودائع المصرفية، والاعتمادات المستندية، وخطابات الضمان، والاعتمادات المالية.

المبحث الأول: الحساب الجاري

تناول المشرع الأردني الحساب الجاري بالمواد من ١٠٦-١١٤ من قانون التجارة، وسوف نقوم بالتعريف بهذه العملية المصرفية من خلال إيضاح المقصود بمفهوم الحساب الجاري والشروط الواجب توافرها في ذلك الحساب والآثار القانونية المترتبة على الحساب الجاري حتى نصل لطرق انقضاء الحساب الجاري.

المطلب الأول: مفهوم الحساب الجاري ونطاقه

عرفت المادة ١٠٦ من قانون التجارة الأردني الحساب الجاري بأنه: ((الاتفاق الحاصل بين شخص على أن ما يسلمه كل منها للآخر بدفعات مختلفة من نقود وأموال وأسناد تجارية قابلة للتملك يسجل في حساب واحد لمصلحة الدائن ودينا على القابض دون أن يكون لأي منهما حق مطالبة الآخر بما سلمه له بكل دفعة على حدة بحيث يصبح الرصيد النهائي وحده عند إقفال الحساب دينا مستحقا ومهيئا للأداء))، ولعل السبب في تسمية الحساب الجاري بهذا الاسم يعود لكونه معد سلفا لاستقبال عمليات متعددة ومتعاقبة بسرعة فلا يتصور إذا وجود حساب جاري معد لقيد عملية واحدة مثل تقديم قرض أو مجرد عملية إيداع وديعة [١].

ويظهر من خلال التعريف السابق بأن أهم ما يميز الحساب الجاري عن غيره من العقود هو الآتي:

١- أنه يعتبر من العقود التجارية غير المقصورة على المصارف وحدها حيث لم يشترط المشرع الأردني أن يكون أحد طرفيه مصرفا.

٢- كذلك يظهر بأنه عقد رضائي وملزم لجانبيه.

٣- كذلك فهو على جانب كبير من البساطة وذلك بتسوية العمليات المتبادلة بين طرفيه، وذلك بفضل المقاصة التي تقع بين الدفعات المقيدة فيه حتى ولو كان وقوعها غير ممكن وفقا للقواعد العامة.

٤- أنه عقد متتابع أو مستمر، ذلك لأنه يظل قائما فترة زمنية يتلقى ناتج العمليات المتفق على قيدها فيه ويظل منتجا لآثاره طوال هذه الفترة [٢].

[١] د. طالب حسن موسى، العقود التجارية والعمليات المصرفية في قانون التجارة الأردني، ص١١١.
[٢] د. علي جمال الدين عوض، عمليات البنوك من الوجهة القانونية، ٢٧٥.

وتبدو أهمية الحساب الجاري في السماح بالاقتصاد في استعمال الوقت والنقود، إذ لا يكون هناك محلا للوفاء إلّا عند إقفال الحساب كما أنه أداة ائتمان وضمان حيث أن المقاصة الإجمالية التي تتم في نهاية الحساب الجاري تمكن كل طرف من أطراف الحساب الجاري من استنزال ديونه قبل الطرف الآخر مما هو مطلوب منه للطرف الآخر، وهو بذلك يتفادى خطر الإفلاس أو الإعسار(٣).

وقد أوضحت المادة ١٠٧/١ من قانون التجارة الأردني أن مدى الحساب الجاري يتوقف على إرادة المتعاقدين، فلهما أن يجعلاه شاملا لجميع معاملاتهما أو لنوع معين منها فقط، إلّا أنه إذا سكت الطرفان عن تحديد ذلك اعتبر ذلك الحساب شاملا لجميع معاملاتهما.

كما أجازت المادة ١٠٧/٢ من قانون التجارة الأردني بأن يكون ذلك الحساب مكشوفا بالنسبة للطرفين أو يكون كذلك إذا كان الاتفاق يجيز لكل من الطرفين مدينا للآخر بموجب الرصيد المؤقت، كما قد يكون مكشوفا بالنسبة لطرف واحد إذا اتفق على أن يبقى الرصيد باستمرار دائنا لمصلحة أحد الطرفين دون الطرف الآخر.

المطلب الثاني: الشروط الواجب توفرها بالحساب الجاري

حتى ينتج الحساب الجاري الآثار القانونية المحددة لا بد أن تتوافر فيه شروط عامة وشروط خاصة.

أولا: الشروط العامة

لما كان الحساب الجاري يتم بمقتضى عقد فإنه يشترط أن يتوافر في هذا العقد الأركان العامة للعقود والتي سبق لنا بيانها بالتفصيل فيجب أن يتم الاتفاق بتراضي

---

(٣) المرجع نفسه، ص ٢٥٩.

الطرفين وأن يكون رضاء كل منهما خاليا من العيوب التي يمكن أن تشوبه كما يجب أن تنصرف إرادة طرفيه لتكوين عقد حساب جاري بينهما سواء كان ذلك صراحة أو ضمنا، كما يجب أن يكون محل العقد وسببه مشروعين، كما يشترط أن يكون المتعاقد أهلا لمباشرة هذا النوع من العقود، فإن كان شخصا طبيعيا مثلا وجب فيجب أن يكون كامل الأهلية.

ثانيا: الشروط الخاصة (المدفوعات بالحساب الجاري)

بالرجوع لنص المادة ١٠٦ من قانون التجارة الأردني نجدها تعرّف الدفعات بأنها الحقوق التي يتم قيدها في الحساب الجاري لحساب الدافع وعلى حساب القابض، كما تبين تلك المادة بأنه يشترط لقيد تلك الدفعات في الحساب الجاري توافر شرطين هما:

١- أن تكون الدفعات من نوع واحد ومحدد القيمة سواء كانت نقودا أو أوراق تجارية وذلك حتى يمكن إجراء المقاصة بينها وتحديد الرصيد النهائي.

٢- كما يجب أن يتم تسليم الدفعة من الدافع إلى القابض على سبيل التمليك، أما إذا سُلّمت على سبيل الوديعة أو الوكالة فلا تقيد في الحساب.

٣- يجب أن تكون الدفعات متبادلة ومتداخلة، يقصد بتبادل المدفوعات أن يكون في نية طرفي الحساب أن يدخل الحساب مدفوعات من كل منهما بحيث يقوم كل منها بدور الدائن أحيانا والمدين أحيانا أخرى، بمعنى أن يقوم كل من الطرفين بدور الدافع أحيانا ودور القابض أحيانا أخرى.

في حين يقصد بتشابك المدفوعات أو تداخلها أن تتخلل مدفوعات أحدهما مدفوعات الآخر. بحيث لا تبدو مدفوعات أحد الطرفين تالية لمدفوعات الآخر(١)، وبعبارة أخرى تكون العبرة للاتفاق بين طرفي الحساب لا لما يجري عليه واقع العمل

---

(١) د. مراد منير فهيم، القانون التجاري، ص٢٢٠.

بالحساب الجاري، فإذا اتفق الطرفان على تداخل الدفعات كان الحساب جاريا وإن لم يحصل تداخل بين المدفوعات فعلا نتيجة لظروف تنفيذ الاتفاق والعكس صحيح.

المطلب الثالث: آثار الحساب الجاري

يرتب الحساب الجاري العديد من الآثار والتي من أهمها:

1- فقدان الدفعات لكيانها الذاتي: والذي يعني أن الديون المترتبة لأحد الطرفين إذا أدخلت في الحساب الجاري فقدت بعد ذلك قابلة للوفاء بها على حده ولا للمقاصة ولا للسقوط منفردة بالتقادم، كما تزول التأمينات الشخصية أو العينية المتصلة بالديون التي أدخلت في الحساب الجاري ما لم يكن هناك إشعار مخالف بين الطرفين[2].

2- عدم تجزئة الحساب الجاري، بمعنى أن الحساب الجاري يعتبر كلا لا يتجزأ بحيث لا يجوز استخلاص دفعة من الدفعات المسجلة فيه والمطالبة بها على حده، وقد أشارت لهذا الأثر المادتين 106، 112 من قانون التجارة الأردني.

3- سريان الفوائد بقوة القانون، فقد أشارت المادة 110 من قانون التجارة الأردني على هذا الأثر والتي يتضح لما من خلالها بأن الفائدة تحسب على المعدل القانوني إذا لم تكن معينة بمقتضى العقد أو العرف.

---

(2) المادة 111 من قانون التجارة الأردني.

المطلب الرابع: انقضاء الحساب الجاري

ينقضي عقد الحساب الجاري بانتهاء الوقت المحدد حسب الاتفاق ما لم يقرر الطرفان تمديده كذلك ينتهي بإرادة أحد الطرفين إذا كان العقد غير محدد المدة أو بوفاة أحد الطرفين أو بفقدانه لأهليته أو بإفلاسه[(1)].

هذا ويترتب على انتهاء الحساب الجاري وجوب تحديد الرصيد النهائي الذي يشكل دينا لأحد الطرفين على الآخر ويعتبر الرصيد دينا مستحق الأداء بمجرد تصفية الحساب. كما أجازت المادة ١١٣ من قانون التجارة الأردني وقف الحساب الجاري مؤقتا وإجراء المقاصة بين بنوده بشكل دوري قبل انتهاء الوقت المعين في العقد أو بحسب العرف المحلي وإلا ففي نهاية كل ستة أشهر ويؤلف الرصيد الباقي دينا صافيا مستحق الأداء ينتج من يوم التصفية فائدة بالمعدل القانوني إذا لم تكن معينة بمقتضى العقد أو العرف.

المبحث الثاني: الودائع المصرفية

لم ينظم المشرع الأردني بقانون التجارة جميع أحكام الودائع المصرفية وإنما اختصها بالمادتين ١١٥ و١١٦ من قانون التجارة الأردني حيث نظم نوعين من الودائع المصرفية فقط هما وديعة النقود ووديعة الأوراق المالية.

المطلب الأول: وديعة النقود

أولا: التعريف بوديعة النقود

يمكن تعريف الوديعة النقدية بأنها: ((النقود التي يعهد بها الأفراد أو الهيئات للبنك والتي يستخدمها في نشاطه المهني على أن يتعهد الأخير بردها أو برد مبلغ مساوٍ لها إليهم أو إلى شخص معين لدى الطلب أو بالشروط المتفق عليها))[(1)].

[(1)] المادة ١١٤ من قانون التجارة الأردني.
[(1)] د. علي جمال الدين عوض، مرجع سابق، ص٣٥.

يتضح من التعريف بأن ملكية هذه الوديعة تنتقل للبنك بمجرد الإيداع بحيث يحق له التصرف بها إلا أنه يكون ملزما برد مثلها وذلك على خلاف الوديعة العادية التي لا تنتقل فيها ملكية المال المودع إلى المودع لديه كما لا يكون له الحق في استعمال تلك الوديعة إلا بأذن المودع كما يكون عليه ردها عينا.

وقد أثارت الطبيعة القانونية لهذه الودائع خلافا بين الفقه كونها تعد مزيجا من نظم قانونية متعددة فهي تجمع صفات لا تعود كلها لنظام قانوني واحد، وعلى أية حال، فهناك من الفقه من يعتبرها وديعة ناقصة، ومنهم من يعتبرها قرضا، ومنهم من يعتبرها عقدا غير مسمى ذي طبيعة خاصة، إلا أن الوضع لدينا في الأردن أسهل بكثير من ذلك حيث إن الأمر لا يختلف عليه الفقه لدينا لوضوح النصوص القانونية بهذا المجال، حيث اعتبر المشرع الأردني الودائع النقدية عقد قرض، حيث أكد ذلك بالمادة ٨٨٩ من القانون المدني بقوله: ((إذا كانت الوديعة مبلغا من النقود أو شيئا يهلك بالاستعمال وأُذِن للمودع لديه في استعماله أعتبر العقد قرضا))[٢].

ثانيا: إثبات وديعة النقود والسحب منها

أوجبت المادة ٢/١١٥ من قانون التجارة الأردني على أن يقام الدليل بوثائق خطية على جميع العمليات المختصة بالوديعة أو إرجاعها، وبالتالي يثبت وجود العقد وشروطه بالاتفاق الخطي بين الطرفين عند فتح حساب الوديعة كما تثبت عمليات الإيداع بإيصالات أو قسائم الإيداع التي يسلمها البنك للعميل عند عميلة الإيداع.

أما سحب المبالغ فيثبت بالشيكات، أو طلبات التحويل الصادرة عن العميل وفي ذلك خروجا على القواعد العامة في الإثبات بالأعمال التجارية، ومن الجدير بالذكر

---

[٢] د. أحمد زيادات، د. إبراهيم العموش، مرجع سابق، ص٣٤٠.

أنه إذا لم يسلم المودع دفتر شيكات كان لا بد من حضوره شخصيا للبنك لتوقيع شيك شخصي للسحب من وديعته.

وقد انتشر حديثا نوع جديد من الودائع تسمى ودائع التوفير حيث لا يسلم المودع فيها دفتر شيكات بل يسلم دفتر توفير تسجل فيه عمليات الإيداع والسحب بالإضافة لقيد ما في الحساب لدى البنك.

ثالثا: أنواع وديعة النقود

يعتمد تقسيم الودائع النقدية على الزاوية التي ينظر من خلالها إلى تلك الودائع، فإذا نظر إلى موعد استردادها وجدنا بأنها تختلف من حيث فيما إذا كان للمودع أن يستردها بمجرد الطلب أو يتقيد حقه في ذلك بمراعاة مواعيد معينة. أما إذا نظرنا إليها من خلال مدى أحقية البنك في استعمال الوديعة في نشاطه الخاص لوجدناها تقسم إلى نوعين: ودائع يكون للبنك فيها حق مطلق باستعمال الوديعة، وودائع يرد على حق البنك باستعمالها قيود معينة، والمشرع الأردني في تعداده لأنواع الودائع النقدية استند على موعد استرداد تلك الوديعة حيث بينت المادة ١١٥/١ أن وديعة النقود لا تخرج عن ثلاثة أنواع هي:

أ- الودائع التي تُرد بمجرد الطلب: ويعتبر هذا النوع من الودائع الأكثر شيوعا بالعمل اليومي حيث يكون للمودع فيها سحب وديعته كليا أو جزئيا حسب حاجته وفي أي وقت يشاء، وتجدر الإشارة إلى أن المودعون بهذا النوع من الودائع عادة ما يستعملون الشيكات أو أوامر التحويل لتسوية التزاماتهم المالية لهذا يطلق على هذه الوديعة عادة اسم حساب الشيكات.

ب- الودائع لأجل: وهذا النوع أقل شيوعا من سابقه إلا أنه أكثر فائدة للمصارف، وهي الودائع التي لا يلزم البنك بردها للعميل المودع إلا عند حلول الأجل المتفق

عليه في عقد الوديعة على اتفاق الأطراف وإن كان الغالب أن لا يقل الأجل عـن سـتة أشـهر ولا يتجاوز سنتين.

جـ- الودائع بإشعار: وبموجب هـذه الوديعـة لا يمكـن السـحب مـن الوديعـة قبـل إشـعار العميل البنك برغبته في ذلك، وتتحدد مدة الإشعار باتفاق الطرفين عند إبـرام العقـد، إلّا أن مدة الإخطار أو الإشعار عادة ما تعتمد على مبلغ الوديعـة فكلـما كـان المبلـغ كبـيرا طلب البنك مدة أطول للرد بعد الإخطار.

رابعا: آثار الوديعة النقدية (حقوق والتزامات البنك)
يترتب على عقد الوديعة آثار عديدة من أهمها تلك المتعلقة بحقوق البنك والتزاماته.
1- حقوق البنك في استثمار الوديعة:

رأينا أن البنك يصبح مالكا للمبلغ المودع لديه وبالتالي له التصرف في الوديعة بـما يتفـق ونشاطه المهني دون حاجة لنص صريح في العقد يجيز ذلك.

2- التزامات البنك:

أ- الالتزام برد الوديعة: إن من أهم التزامـات البنـك بهـذه الأحـوال أن يلتـزم بـرد الوديعـة بالمواعيد المتفق عليها، إلّا أن البنك لا يلتزم برد النقود التي تسلمها عينيا بل يلـزم بـرد قدر مماثل لها دون اعتبار للتغيير الذي قد يطرأ عـلى قيمتهـا في الفـترة الواقعـة مـا بـين الإيداع والرد مراعين أن التزام البنك برد مثل ما تسلمه يقتصر حتما أن يكون الرد بـذات نوع العملة المودعة[1].

ب- دفع الفائدة: نصت المادة ١١٥/٣ من قانون التجـارة الأردني صراحـة عـلى جـواز تقـاضي الفوائد على الودائع النقدية غير أنه لا بد أن يكون هناك اتفاق بين أطـراف هـذا العقـد على وجوب دفعها، والغالب عدم دفع الفوائد على الودائع الجارية، أما

---

[1] المادة ١١٥/١ من قانون التجارة الأردني.

الودائع لأجل أو بإشعار وودائع التوفير فالأصل هو دفع الفوائد عليها وتحديد سعر الفائدة يعتمد بالعادة على اتفاق الأطراف مع وجوب مراعاة تعليمات البنك المركزي بهذا الخصوص إن وجدت.

المطلب الثاني: وديعة الأوراق المالية

أولا: تعريف وديعة الأوراق المالية وصورها

يمكن تعريف وديعة الأوراق المالية بأنها: ((العقد الذي يلتزم بمقتضاه البنك بحفظ الأوراق أو الصكوك التي يتسلمها من المودع وبإدارتها لمصلحته في مقابل أجر وعلى أن يقوم بردها عينا عند الطلب وفقا للشروط المتفق عليها))[1].

وقد تعرض قانون التجارة الأردني لوديعة الأوراق المالية في المادة ١١٦، حيث يتضح لنا من خلالها أن لوديعة الأوراق المالية ثلاث صور فهي إما أن تكون: وديعة تامة أو قرضا (وديعة ناقصة) أو وكالة.

أ- فإن كانت وديعة تامة خضعت لأحكام الوديعة التامة المنصوص عليها في القانون المدني مع مراعاة المبادئ التي تختص بها المعاملات التجارية، ومنها أن الوديعة عادة ما تكون مأجورة إلاّ إذا اتفق على خلاف ذلك، ويتم تحديد ذلك الأجر بالعادة بحسب العرف ويكون على البنك الالتزام بالمحافظة على الأوراق المودعة لديه كما يكون ملزما بعدم استعمالها وبردها عينا عند الطلب، وكذلك فإن البنك يكون ملتزما بقبض فوائد الأوراق المالية المودعة لديه وأرباحها ما لم يتفق على خلاف ذلك.

---

[1] د. مراد منير فهيم، مرجع سابق، ص٢٦٤.

ب- أما في الوديعة الناقصة، حيث تنتقل ملكية الأوراق المالية للبنك فيكون له حق استعمالها وعليه فإن حقوق والتزامات الطرفين تكون خاضعة للأحكام العامة للوديعة النقدية -والتي سبق توضيحها- بالقدر الذي لا تتعارض فيه مع طبيعة المال محل الوديعة.

جـ- أما في الوكالة حيث يتعهد المصرف بإدارة الأوراق المالية التي سُلمت إليه مقابل عمولة فإن حقوق والتزامات الأطراف تكون خاضعة لأحكام عقد الوكالة.

ثانيا: الالتزامات المترتبة على عقد إيداع الأوراق المالية
أ- التزامات العميل المودع:

يرتب عقد إيداع الأوراق المالية التزامين رئيسيين على عاتق العميل هما:

1- الالتزام بتسليم الأوراق المالية للبنك: يلتزم العميل بتسليم الأوراق المالية والمتفق على إيداعها في البنك، حيث أن للبنك مصلحة في السرعة في تنفيذ هذا الالتزام حيث يتقاضى عمولة على ذلك الإيداع.

2- الالتزام بدفع الأجر: يلتزم العميل بدفع الأجر المتفق عليه مقابل حفظ البنك لأوراقه المالية المودعة ويسمى هذا المقابل بأجر الحفظ والذي يختلف من حالة إلى أخرى وذلك باختلاف طبيعة الأوراق المودعة وقيمتها كما يكون العميل ملزما بدفع عمولة عن أية أعمال يكلف البنك بالقيام بها.

ب- الالتزامات المترتبة على البنك المودع لديه الأوراق المالية[1] :
1- الالتزام بالحفظ: يكون البنك ملزما بالمحافظة على الأوراق المودعة لديه وتتم المحافظة عليها بأعمال مادية مثل حفظها في أماكن مصانة من السرقة أو الضياع أو

---

[1] سميحة القليوبي، الأسس القانونية لعمليات البنوك، مكتبة عين شمس، القاهرة، ص55-57.

التلف، وكذلك بالامتناع عن استعمالها لأغراض البنك الخاصة كرهنها لمصلحته إن كانت تلك الأوراق لحاملها.

٢- الالتزام بالرد: يلتزم البنك عن انتهاء أجل الوديعة بإعادة الأوراق المالية المودعة لديه والأصل أن يتم الرد عينا إلا إذا تعذر على البنك ذلك فيكون على البنك رد قيمتها في مثل هذه الأحوال. ويمثل الالتزام بالرد ثمار وفوائد تلك الوديعة بكل ما تنتجه من عوائد كأرباح الأسهم وفوائد السندات.

٣- الالتزام بالإدارة: يلتزم البنك بإدارة الأوراق المالية المودعة لديه مع مراعاة أن هذا الالتزام قد يكون التزاما تبعيا تفرضه العادات المصرفية وذلك بالنظر لطبيعة تلك الأوراق المالية محل الوديعة كما يمكن أن يكون ذلك الالتزام أصليا إذا وجد اتفاق خاص على ذلك مع العميل.

المبحث الثالث: الاعتماد المستندي وخطاب الضمان

المطلب الأول: الاعتماد المستندي
الفرع الأول: التعريف بالاعتماد المستندي والمبادئ التي يقوم عليها

لم يتضمن قانون التجارة الأردني أحكاما تفصيلية لهذه العملية المصرفية بحيث لم يرد ذكرها سوى بالمادة ١٢١ من ذلك القانون وعليه يكون المشرع الأردني قد ترك للأعراف المصرفية تنظيم هذه العملية، وغني عن القول أن القانون المدني الأردني لا يتضمن قواعد لعقد الاعتماد المستندي وعلى أي حال فإنه يمكن تعريف الاعتماد المستندي بأنه: ((تعهد صادر من البنك بناء على طلب العميل "يسمى الآمر" لصالح الغير "يسمى المستفيد" يلتزم البنك بمقتضاه بدفع أو قبول كمبيالات مسحوبة عليه من هذا المستفيد وذلك

بشـروط معينــة واردة في هـذا التعهـد ومضـمون بـرهن حيـازي عـلى المسـتندات الممثلـة للبضائع المصدرة))[1].

ويعتبر الاعتماد المسـتندي مـن أكـثر أدوات الوفـاء شـيوعا في البيـوع الدوليـة حيـث لا تتوافر عادة بين أطرافه الثقـة التـي تتـوافر بـين أطـراف البيـع الـداخلي، لـذلك فقـد ابتـدع المجتمع التجاري الاعتماد المستندي كأداة تحقق التوازن بـين مصالح البائع والمشـتري وتحمي كل منهما من سوء نية الآخر ومن الظروف الاستثنائية التـي قـد تحـول دون تنفيـذ أحدهما لالتزاماته.

ولا يقتصر دور الاعتماد على ضمان وفاء ثمن البضائع بل يمكن اسـتخدامه أيضـا كـأداة ائتمان تسهل تمويل الصفقات على كل من البائع والمشتري.

وأخـيرا فإنـه يمكـن القـول بـأن نجـاح الاعـتماد المسـتندي في أداء وظائفـه المختلفـة يعـود لعـدد مـن المبـادئ الأساسـية التـي يقـوم عليهـا والتـي مـن أهمهـا مبـدأ اسـتقلال الاعتماد عن العقود التي أدت إلى نشوئه، ومبدأ المطابقة الظاهرية للمستندات.

أولا: مبدأ استقلال الاعتماد

ويعني هذا المبدأ أن التزام البنك بوفاء مبلغ الاعتماد يتوقف فقط على تنفيذ المستفيد لشروط الاعتماد دون النظر إلى تنفيذ أو عدم تنفيذ عقد البيع بين العميل والمستفيد.

ثانيا: المطابقة الظاهرية للمستندات

وتطبيقا لهذا المبدأ فإن الحكم على تنفيذ المستفيد لشروط الاعتماد من عدمه معتمـدا على الإشارة الظاهرية للمستندات المقدمة فقط، فإذا كانت المسـتندات تبـدو في ظاهرهـا مطابقة لشروط الاعتماد فإن البنك ملزم بالوفاء، أما إذا كانت المسـتندات لا

---

[1] د. علي البارودي، العقود وعمليات البنوك، ص٣٧٢.

٣٢٤

تبدو في ظاهرها مطابقة لشروط الاعتماد كان البنك غير ملزم بالوفاء وهذا المبدأ هـو الذي يفعّل مبدأ الاستقلال -السابق الإشارة إليه- وجعـل تطبيقـه ممكنـا مـن الناحيـة العملية ولا تقتصر أهمية المطابقة الظاهرية على تفعّيل مبدأ الاستقلال بل له فوائد أخـرى أهمها أنه:

أ- يحمي البنك ويجعله أكثر اطمئنانا على حقه باسترداد ما دفع.

ب- كما أنه يمكن البنك من اتخاذ قراره بمطابقة المستندات بسرعة وبنفقات إدارية قليلة، فهو يقوم بمقارنة ظاهر المستندات مع شروط الاعتماد فإن كانت مطابقـة التـزم بالوفـاء وإذا لم تكن مطابقة كان له رفضها.

فتدني نسبة المخاطر التي قد يتعرض لها البنك بالإضافة لتدني النفقات الإداريـة اللازمـة لتنفيذ الاعتماد يجعل البنك على استعداد لإصدار الاعتماد مقابل عمولة بسيطة مـما يـؤدي بدوره لتشجيع رجال الأعمال على استخدام الاعتماد في تسوية أعمالهم التجارية.

الفرع الثاني: أنواع الاعتمادات المستندية

يمكن تقسيم الاعتمادات المستندية إلى أنواع شتى بحسب اختلاف الزاويـة التـي تنظر إليها منها، فإذا نظرنا إلى مدى قوة الالتـزام المصرفي وجدناها تنقسـم إلى اعتمادات قابلة للنقض واعتمادات غير قابلة للنقض، واعتمادات مؤيدة واعتمادات غير مؤيدة. أما إذا نظرنا إليها من زاوية التبادل التجاري لوجدناها تنقسم لاعتمادات استيراد واعتمادات تصدير، وفي حال نظرنا إلى المكان الذي ينفذ فيـه الاعتماد انقسمت إلى اعتمادات محلية واعتمادات خارجية. ولكن إذا ما نظرنا إلى الاعتمادات المستندية من زاوية قابلية الحقوق الثابتـة فيهـا للانتقال من ذمة إلى ذمة لوجدناها تقسم إلـاعتمادات قابلة للتحويل واعتمادات غير قابلة

للتحويل. أما من حيث كيفية تسليم البضاعة وتقديم المستندات فهي تنقسم إلى اعتمادات قابلة للتجزئة واعتمادات غير قابلة للتجزئة، أما من حيث وقت الوفاء فهي تنقسم إلى اعتمادات مقدمة واعتمادات منجزة واعتمادات مؤجلة، ولكن لو نظرنا إليها من حيث ثبات أو تجدد مبلغ الاعتماد لوجدناها تنقسم إلى اعتمادات الدفعة الواحدة والاعتمادات الدائرية. أما إذا نظرنا إليها من حيث ضمان البنك على المستندات لوجدناها تقسم إلى اعتمادات مضمونة واعتمادات غير مضمونة، أما من حيث الغطاء كضمان فهي تنقسم إلى اعتمادات مغطاة واعتمادات غير مغطاة. أما من حيث كيفية إبلاغ الاعتماد فهي تنقسم لاعتمادات برقية واعتمادات خطابية. ومن حيث طرق استخدام الاعتماد فهي تنقسم إلى اعتمادات عامة واعتمادات خاصة. أما من حيث نوع الأداء الذي يتلقاه المستفيد فهي تنقسم إلى اعتمادات عامة واعتمادات خاصة.[1]

ولا يتسع المجال في هذا المؤلف لشرح جميع أنواع الاعتمادات لذلك سيتم الاكتفاء بالتعريف بأهم أنواع الاعتمادات المستندية وأكثرها شيوعا بالأردن[2]:

1- الاعتمادات القابلة للنقض والاعتمادات غير القابلة للنقض:

الاعتماد القابل للنقض هو الاعتماد الذي يجوز للبنك المصدر إلغاءه أو تعديله في أي وقت دون إشعار مسبق للمستفيد وبذلك لا يشكل هذا الاعتماد ضمانة كافية للمستفيد.

أما الاعتماد غير القابل للنقض فهو يشكل تعهدا نهائيا من طرف البنك المصدر بحيث لا يجوز له إلغاءه أو تعديله دون موافقة المستفيد أو البنك المعزز إن وجد.

---

[1] د. محي الدين إسماعيل، موسوعة أعمال البنوك، ص١٠٦٦.
[2] د. أحمد زيادات، د. إبراهيم العموش، مرجع سابق، ص٣٥٧-٣٥٩.

٢- الاعتماد المعزز (المؤيد) والاعتماد غير المعزز:

الاعتماد المعزز يعني التزام المصرف فاتح الاعتماد يدفع مبلغ الاعتماد حال توفر شروطه وتعزيز ذلك الالتزام وتأييده من مصرف ثاني معروف لدى المستفيد ويكون غالبا في بلد المستفيد.

أما الاعتماد غير المعزز فهو ذلك الاعتماد الذي لا يتضمن تعهدا إضافيا من بنك وسيط فالالتزام يكون قاصر على البنك فاتح الاعتماد فقط.

٣- اعتماد الدفع عند الإطلاع واعتماد القبول:

اعتماد الدفع عند الإطلاع هو ذلك الاعتماد الذي يتعهد بموجبه البنك بدفع قيمته للمستفيد عند تقديم المستندات المطلوبة.

أما اعتماد القبول فهو الاعتماد الذي يشترط فيه على المستفيد أن يسحب على البنك سند سحب بقيمة الاعتماد يستحق الأداء بعد مدة من الإطلاع ويتعهد البنك بقبول سند السحب مقابل تسلم المستندات شريطة أن تكون مطابقة لشروط الاعتماد.

٤- اعتماد الوفاء المؤجل:

في هذا النوع من الاعتمادات يتعهد البنك بوفاء قيمة الاعتماد بعد مدة محددة من تاريخ تسليم المستندات التي تمثل البضاعة حيث يكون على البنك بعد ذلك تسليم المستندات للمشتري بحيث يتمكن هذا الأخير من تسلم البضائع وإعادة بيعها وتزويد البنك بالمبلغ المطلوب قبل التاريخ المعين للوفاء.

٥- اعتمادات التداول المفتوح والمقيد:

اعتماد التداول المفتوح هو تعهد البنك المصدر بالوفاء لأي بنك يقوم بتداول مستندات المستفيد شريطة أن تكون مطابقة لشروط الاعتماد، ويستخدم اعتماد التداول المفتوح إذا لم يكن للبنك المصدر فرع أو بنك مراسل في بلد المستفيد.

أما اعتماد التداول المقيد فهو ذلك الاعتماد الذي يخول فيه البنك المصدر بنك معين حق تداول سندات المستفيد ويتعهد بوفاء قيمة الاعتماد لهذا البنك شريطة أن تكون المستندات مطابقة لشروط الاعتماد.

٦- الاعتماد القابل للتحويل:

وهو اعتماد يجوز بموجبه للمستفيد أن يطلب من البنك المفوض بالدفع أن يجعل الوفاء متاحا كليا أو جزئيا لمستفيد آخر أو أكثر.

الفرع الثالث: العلاقات التعاقدية في عملية الاعتماد

كقاعدة عامة تتضمن عملية الاعتماد المستندي ثلاث علاقات تعاقدية كحد أدنى، وهذه العلاقات هي[1]:

١- العقد الأساسي بين العميل والمستفيد.

٢- عقد فتح الاعتماد بين العميل والبنك.

٣- عقد الاعتماد بين البنك والمستفيد.

هذه هي العقود الأساسية التي تتضمنها عملية الاعتماد، ولكن جرت العادة الاستعانة ببنوك وسيطة في بلد المستفيد ليقوم بتبليغ الاعتماد للمستفيد و/أو تعزيزه أو

---

[1] د. أحمد زيادات، د. إبراهيم العموش، مرجع سابق، ص٣٥٩-٣٦٤.

ليقوم بتسليم المستندات للمستفيد وتدقيقها ودفع قيمتها إن كانت مطابقة لشروط الاعتماد الأمر الذي يؤدي لنشوء علاقات إضافية في عملية الاعتماد ولا يتسع المجال هنا لبحث جميع الجوانب القانونية لتلك العلاقات والالتزامات الناشئة عنها، لذلك سيقتصر البحث على أهم تلك الالتزامات الرئيسية التي ترتبها تلك العلاقات على أطرافها.

<u>أولا: العقد بين العميل والمستفيد</u>

وهو العقد الأساسي الذي تنشأ بقية العقود من أجل تنفيذه مثل عقد بيع بضاعة أتفق على وفاء الثمن فيه عن طريق اعتماد مستندي، ولن نتعرض بهذا الكتاب لجميع الالتزامات الملقاة على عاتق أطراف ذلك العقد، كونها تخرج عن مجال دراستنا، وما يهمنا منها بهذا المجال التزام المشتري بفتح اعتماد مستندي فقط، إذ يجب على المشتري القيام بفتح الاعتماد المطلوب، فإذا لم يقم بذلك اعتبر مخلا بعقد البيع ويترتب على ذلك الإخلال رفض البائع تسليم البضاعة والمطالبة بالتعويض مراعيا أن الاعتماد المفتوح لا بد أن يكون مطابقا للشروط المتفق عليها في عقد البيع من حيث النوع وتاريخ الفتح والصلاحية والضمان وإلّا جاز للبائع رفضه.

<u>ثانيا: العقد بين العميل والبنك المصدر للاعتماد</u>

بعد إبرام عقد البيع يطلب المشتري من بنكه فتح الاعتماد المطلوب لصالح البائع، ويتم تثبيت طلب المشتري عادة على نموذج طلب فتح اعتماد معد من قبل البنك وهذا الطلب بعد تعبئته من قبل المشتري وقبوله من قبل البنك لهذه الغاية، يشكل أساس العقد بين الطرفين، وأهم الالتزامات التي يرتبها ذلك العقد على البنك ما يلي:

١- فتح الاعتماد بالشروط المتفق عليها مع العميل الآمر من حيث المدة المقترحة والتقيد بتعليمات العميل بدقة عند فتح الاعتماد.

٢- كما يلتزم المصرف بتنفيذ هذا الاعتماد وذلك بتسلم مستندات المستفيد عند تقديمها ووفاء الاعتماد إذا كانت المستندات مطابقة لشروطه مراعيا في تنفيذه لالتزامه ببذل

العناية المعقولة عند فحص المستندات بحيث يتأكد أنها تبدو في ظاهرها على الأقل صحيحة وغير مزورة.

كذلك فإن هذا العقد يلقي التزامات متعددة على العميل الآمر بفتح الاعتماد والتي من أهمها:

١- الالتزام بتعويض المصرف عن تنفيذ الاعتماد.

٢- الالتزام بدفع العمولة.

٣- الالتزام بتقديم المعلومات والمستندات المتعلقة بالاعتماد من حيث نوع الاعتماد واسم المستفيد وعنوانه واسم العميل وعنوانه، والمستندات التي يجب تقديمها وأية شروط أخرى.

ثالثا: العقد بين البنك مصدر الاعتماد والمستفيد

العلاقة بين البنك والمستفيد تنشأ نتيجة للعقد بين البنك والعميل، فتنفيذا لالتزام البنك في مواجهة عميله يكون على البنك إصدار الاعتماد لصالح المستفيد ويصبح الاعتماد ملزما للبنك في مواجهة المستفيد عندما يستلم الأخير الخطاب أو عند تبليغه له بواسطة البنك الوسيط، ويرتب هذا الاعتماد التزامات عديدة على البنك المصدر والتي من أهمها:

١- إبقاء الاعتماد مفتوحا طيلة مدة صلاحيته، إذ لا يجوز للبنك إلغاء الاعتماد أو تعديله إذا كان قطعيا.

٢- تسلم مستندات المستفيد ووفاء قيمتها إذا كانت مطابقة لشروط الاعتماد.

٣- في حالة رفض المستندات يكون على البنك إعادة المستندات للمستفيد وبيان العيوب التي رفضت المستندات لأجلها، ويجب أن يتخذ البنك قراره بقبول أو رفض المستندات خلال فترة معقولة ولا تتجاوز أسبوع من تاريخ تسلمها.

رابعا: البنوك الوسيطة

١- أنواع البنوك الوسيطة:

أن البنوك الوسيطة على أنواع عدة، ومن أهمها ما يلي:

أ- البنك المبلغ: وهو بنك يكون عادة في بلد المستفيد يقوم بتبليغ المستفيد شروط الاعتماد بناء على طلب البنك المصدر (المنشئ) دون أن يلتزم في مواجهة المستفيد بوفاء قيمة الاعتماد.

ب- البنك المعزز: وهو بنك وسيط يقوم بناء على تعليمات البنك المصدر (المنشئ) بإضافة التزامه إلى التزام البنك المصدر بوفاء الاعتماد للمستفيد ويصبح ملتزما بخطاب الاعتماد كما لو كان مصدره.

جـ- البنك المسمى: وهو بنك وسيط يسميه البنك المصدر ويخوله بوفاء أو قبول أو تداول سندات السحب المسحوبة من قبل المستفيد إذا كانت مطابقة لشروط الاعتماد.

د- البنك المخول بالتداول: وهو البنك الذي يقوم بتداول مستندات المستفيد في حالة اعتماد التداول المفتوح.

٢- الالتزامات المترتبة على البنوك الوسيطة:

كما أوضحت سابقا بأن البنوك الوسيطة تتدخل في تنفيذ الاعتماد المستندي وهي بذلك تتوسط العلاقات ما بين البنك مصدر الاعتماد والمستفيد لذلك كان من الطبيعي أن تكون التزامات البنوك الوسيطة متشعبة ومختلفة من حالة لأخرى، وعلاقة البنوك الوسيطة بأطراف هذه العملية المصرفية هي التي تحدد طبيعة التزامات البنوك الوسيطة.

أ- العلاقة بين البنوك الوسيطة والعميل:

كقاعدة عامة لا توجد علاقات تعاقدية بين البنوك الوسيطة والعميل، لـذلك فـإن مـن الطبيعي أن لا تكون مسؤولية البنوك الوسيطة في هذه الحالة مسؤولية عقدية ومـع ذلك ففي حالات استثنائية يجوز للبنوك الوسيطة أن ترجع على العميل بمـا دفعتـه عـلى أسـاس نظرية إثراء بلا سبب كما يمكن للعميل في بعض الحالات أن يطالب تلك البنوك بـالتعويض على أساس المسؤولية التقصيرية.

ب- العلاقة بين البنوك الوسيطة والمستفيد:

إن التزامات ومسؤوليات البنوك الوسيطة في مواجهة المستفيد تكون معتمـدة بالدرجـة الأولى على نوع البنك الوسيط، فبالنسبة للبنوك المعززة فإن حقوقـه والتزاماتـه في مواجهـة المستفيد هي ذات الحقوق والالتزامات للبنوك مصدرة الاعتماد وبذلك تخضع علاقة البنوك الوسيطة مع المستفيد لذات القواعد التي تـنظم علاقـة المسـتفيد بـالبنوك المصدرة، حيـث يكون على البنوك الوسيطة الالتزام بدفع قيمـة الاعتماد كما يكون علـيهم كـذلك الالتـزام بإرسال المستندات التي استلمها من المستفيد فورا إلى البنك المصدر (المنشئ).

أما بالنسبة للبنوك الوسيطة المبلغة، فمثل هـذه البنـوك لا تكون ملتزمـة في مواجهـة المستفيد بوفاء قيمة الاعتماد وإنما تكون مسؤوليتها قاصرة على التأكـد مـن صحة الاعتماد الذي يبلغه، كذلك الحال فيما يتعلق بالبنك المسمى الذي لا يكون مسؤولا عـن دفـع قيمـة الاعتماد الذي للمستفيد الذي لا تربطه به علاقة تعاقدية.

أما بالنسبة للبنوك المخولة بالتداول فلا تثير علاقتـه مـع المسـتفيد أيـة إشكاليات لأن هذه البنوك قبل التداول لا تكون بينها وبين المستفيد أية علاقة، أمـا بعـد التـداول تخضـع علاقاتها مع المستفيد لأحكام القانون المنظمة للأوراق التجارية.

جـ- العلاقة بين البنوك الوسيطة والبنك المصدر (المنشئ):

إن الرأي الراجح بالفقه في البنوك الوسيطة المبلغة والمعززة والمسماة يذهب إلى أن العلاقة تكون بين هذه البنوك مع البنك المصدر هي علاقة وكالة، لذا يكون على هذه البنوك الالتزام بتعليمات الموكل، وفي حال مخالفة ذلك لا يكون لها حق مطالبة البنوك المصدرة بالعمولة ولا بالتعويض عما دفعته من مبالغ للمستفيد في ظل الاعتماد.

أما البنك المخول بالتداول فالرأي الراجح لدى الفقه فيه أنه لا يعتبر وكيلا عن البنك المصدر وإنما يكون البنك المصدر ملزما قبله بموجب شروط الاعتماد، حيث يتعهد البنك المصدر في اعتماد التداول المفتوح بدفع قيمة الاعتماد للمستفيد ولأي بنك يتداول مستندات المستفيد شريطة أن تكون مطابقة لشروط الاعتماد.

المطلب الثاني: خطاب الضمان

الفرع الأول: مفهوم خطاب الضمان ووظائفه

يمكن لنا أن نعرف خطاب الضمان بأنه عبارة عن ((تعهد كتابي صادر عن البنك بناء على طلب عميله يلتزم به لصالح العميل في مواجهة شخص ثالث هو المستفيد بأن يدفع إليه مبلغا معينا إذا طلبه المستفيد خلال أجل محدد في الخطاب))[1].

هذا وتقوم خطابات الضمان بدور هام في الحياة الاقتصادية إذ تحل محل التأمين الذي يطلب تقديمه في مجال عقود التوريد والأشغال العامة وغير ذلك من المجالات، فمن المعلوم أن على كل من يريد الارتباط مع جهة بعقد من عقود التوريد والأشغال العامة فإن عليه أن يقدم لها مع عطائه تأمينا نقديا يوازي نسبة معينة من مجموع قيمة العطاء لضمان تنفيذه، حيث يجب أن يودع هذا التأمين لإحدى خزائن الحكومة أو

---

[1] سميحة القليوبي، مرجع سابق، ص١٣٤.

تسحب فيه حوالة بريدية أو شيك مصدق كما يجوز أن يكون هذا التأمين خطاب ضمان يصدر من أحد البنوك غير مقترن بأي شرط يقر فيه البنك بوضعه تحت تصرف الجهة الإدارية المنوي التعاقد معها مبلغا يوازي التأمين النقدي المؤقت وأنه على استعداد لدفعه عند أول طلب دون الالتفات لأي اعتراض آخر من جانب عميله، كما يمكن أن يحل خطاب الضمان محل التأمين النقدي النهائي في حالة قبول العطاء إذ يكون على صاحبه تقديم ما يوازي نسبة معينة من قيمة العطاء لضمان حسن التنفيذ.

ومن ناحية عملية يكون خطاب الضمان مفيد لكافة الأطراف حيث يستفيد البنك العمولة والفوائد كما يكون مفيدا للعميل إذ يبقى محتفظا بنقوده مستفيدا منها بمشاريع أخرى، كذلك الحال بالنسبة للمستفيد من خطاب الضمان حيث يكون مطمئنا بسبب ملاءة مصدر الخطاب الذي يلتزم في مواجهته[1].

الفرع الثاني: غطاء خطاب الضمان(٢)

تتطلب البنوك عادة أن يقدم العملاء لها ضمانات كافية لتغطية التعهدات التي تلتزم بها بناء على طلبهم كما هو الحال بالنسبة لخطابات الضمان، ويسمى الضمان في حالة خطاب الضمان بالغطاء.

والغطاء قد يكون نقدا حيث يقدم العميل المبلغ المطلوب إلى خزينة البنك أو أن يقوم هذا الأخير بتسلمه من حساب العميل الجاري لديه، كما قد يكون الغطاء عينيا وهذا قد يتخذ صور عدة كأن يقدم العميل للبنك رهنا على منقول أو على عقار ملكية أو يتنازل له عن الحقوق الناشئة عن العملية المطلوب عنها الضمان.

(١) سميحة القليوبي، مرجع سابق، ص١٤١-١٤٨.

(٢) د. محمود الكيلاني، عمليات البنوك، الجزء الأول، ١٩٩٢، ط١، جمعية عمال المطابع التعاونية، ص٢٤٣-١٤٨.

ويتوقف مقدار الغطاء على سمعة العميل وثقة البنك به، حيث يقوم البنك بتحريات عن مدى قدرة العميل وإمكانيات تنفيذ تعهداته قبل المستفيد، والغطاء عادة ما يمثل نسبة معينة من قيمة الخطاب قد تصل إلى ١٠٠% منه إذا لم يكن العميل معروفا لدى البنك، إلّا أن تلك النسبة تنخفض كلما ازدادت ثقة البنك بعميله.

الفرع الثالث: التمييز بين خطاب الضمان والاعتماد المستندي

يتشابه خطاب الضمان والاعتماد المستندي في أن التزام البنك في كل منها التزام مباشر ومستقل عن العقد بين البنك والعميل والعقد بين العميل والمستفيد، ومع ذلك فهناك فروق جوهرية بينهما والتي من أهمها:

١- من حيث طبيعة الواقعة التي تؤدي لاستحقاق الوفاء في كل منهما، ففي الاعتماد المستندي يكون البنك ملزما بدفع قيمة الاعتماد إذا قدم المستفيد المستندات المطلوبة وكانت مطابقة للشروط، أما في خطاب الضمان فإن البنك يكون ملزما بالوفاء إما بناء على طلب المستفيد أو بناء على إخلال العميل بتنفيذ التزاماته.

٢- كذلك يشترط غالبا في الاعتماد المستندي تقديم مستندات شحن تمثل البضاعة لوفاء ثمنها، في حين أنه من النادر أن يشترط تقديم تلك المستندات في خطابات الضمان.

٣- يستخدم الاعتماد المستندي عمليا كأداة وفاء في البيوع الدولية فقط، أما خطابات الضمان فمجالات استخدامه واسعة وعديدة لا تكاد تقع تحت حصر.

المبحث الرابع: الاعتماد المالي

تناول المشرع الأردني الاعتماد المالي بالمواد ١١٨-١٢١ من قانون التجارة الأردني.

المطلب الأول: الأحكام العامة للاعتماد المالي

الفرع الأول: تعريف الاعتماد المالي

عرفت المادة ١/١١٨ من قانون التجارة الأردني الاعتماد المالي بأنه: ((عقد يلتزم بموجبه فاتح الاعتماد أن يضع بعض الأموال تحت تصرف المعتمد له فيحق له أن يتناولها دفعة واحدة أو على دفعات متوالية بحسب اختياره خلال ميعاد)).

ويتضح من التعريف السابق بأن الاعتماد المالي يختلف عن القرض العادي، ففي القرض العادي يقوم البنك بتسليم العميل مبلغ القرض المتفق عليه بصورة نهائية وفورية ويكون على العميل المقترض رد مبلغ القرض مع الفائدة المستحقة في المواعيد المتفق عليها بالإضافة لدفع العمولة المقررة. في حين أنه في الاعتماد المالي يكون البنك ملزما بإقراض العميل المبلغ المتفق عليه كليا أو جزئيا وحسب رغبة العميل خلال المدة المحددة في العقد، فالخيار للعميل إن شاء اقترض المبلغ كامل مبلغ الاعتماد دفعة واحدة أو على دفعات، كذلك له أن يمتنع عن الاقتراض خلال المهلة الممنوحة له، وفي هذه الحالة الأخيرة لا يكون على العميل دفع فوائد عن مبلغ الاعتماد وإنما يكون ملزما بدفع عمولة فتح الاعتماد.

الفرع الثاني: شروط الاعتماد المالي

معظم القواعد المنظمة لعقد فتح الاعتماد في قانون التجارة الأردني هي قواعد مكملـة يستطيع المتعاقدان مخالفتها وتضمين ما اتفقا عليه بعقدهما الذي يجب أن يتضمن شروط متعددة منها ما هو متعلق بمبلغ الاعتماد ومدته وكيفية استعماله ومعدل الفوائد وكيفيـة رد المبالغ المسحوبة والضمانات الواجب تقديمها من قبل العميل.

١- مبلغ الاعتماد: وهو المبلغ المتفق عليه بين العميل والبنك ويسمى سـقف الاعتماد ولا يجوز للعميل أن يسحب مبلغا أكبر من هذا السقف ولكن يجوز لـه أن يسـحبه علـى عدة دفعات تكون في مجموعها أقل من هذا السقف المتفق عليه.

٢- مدة الاعتماد: تحدد مدة الاعتماد باتفاق الطرفين مـع الأخـذ بعـين الاعتبـار أن الاعتماد المالي هو نوع من التمويل قصير الأجل الـذي لا تزيد مدتـه عـن سـنة، فـإذا لم تحـدد مسبقا تلك المدة جاز للبنك إنهاء الاعتماد ولكن بعد إخطار العميل بـذلك، فـإذا قـام البنك بإنهاء الاعتماد قبل حلول الأجل المتفق عليه ودون مـبرر قـانوني أو دون إخطـار مسبق للعميل في حالة الاعتماد غير محدد المـدة كـان مسؤولا عـن الأضرار التـي قـد تلحق بالعميل جراء ذلك الإنهاء.

٣- كيفية استعماله: يتضمن العقد عـادة كيفيـة سحب العميل للمبالغ الموضوعة تحـت تصرفه وغالبا يتم السحب باستخدام الشيكات وسندات السحب أو عن طريق الحوالـة المصرفية، كما يكون للعميل سحب قيمة الاعتماد دفعة واحدة أو على دفعات.

٤- الفوائد والعمولات: تقرر الفائدة باتفاق الطرفين، فإذا لم يتفقا عليها فتحسب بالمعـدل القانوني وفي جميع الأحوال لا يجوز أن تتجاوز معدل الفائدة الحـد الأقصى ـ لمعـدلات الفوائد المحددة من قبل البنك المركزي، وتحسب الفوائد في نهاية كل شهر على الرصيد. أما العمولات فتحسب مرة واحدة على الاعتماد المالي مقابل

الخدمات التي قدمها البنك للعميل عند فتح الاعتماد، وبالنسبة لمعدلها فيصدق عليها ما يصدق على الفوائد.

٥- رد الفوائد والضمانات المقدمة: يبين العقد أيضا مواعيد رد المبالغ التي استعملها العميل والضمانات الواجب تقديمها من قبل العميل لضمان تنفيذ التزامه بالرد، وفي المقابل فإن على البنك أن يرد سائر الضمانات المقدمة إليه من العميل سواء كانت تلك الضمانات شخصية أو عينية وذلك عند إغلاق الاعتماد.

الفرع الثالث: خصائص عقد فتح الاعتماد

يمكن إجمال أهم خصائص عقد فتح الاعتماد بما يلي:

١- أنه عقد قائم على الاعتبار الشخصي:

يعتبر عقد فتح الاعتماد من العقود التي تقوم على الاعتبار الشخصي- حيث أن لشخصية العميل وأهليته وملاءته أثر على حسن تنفيذ العقد، لهذا فإن أي أمر من شأنه أن يؤثر على ذلك الاعتبار الشخصي كفقد العميل لأهليته أو إفلاسه يعطي البنك حق إنهاء العقد بينه وبين ذلك العميل، كذلك يعود للبنك أيضا إنهاء العقد إذا انقضت التأمينات التي قدمها العميل وهو ما أكدته المادة ١١٩ من قانون التجارة الأردني.

٢- الأصل في الاعتماد المالي أنه متجدد:

المقصود بذلك أن مبلغ الاعتماد يتجدد أثناء مدة سريانه حيث يستطيع العميل أن يسحب المبالغ التي يريدها دون تجاوز سقف الاعتماد وباستطاعته إيداع مبالغ في هذا الحساب وبذلك يرتفع رصيد الاعتماد وبإمكانه إعادة سحب هذه المبالغ، وقد أكدت المادة ١١٨ من قانون التجارة الأردني على هذه الخاصية.

٣- استعمال الاعتماد رخصة للعميل:

المقصود بذلك أن العميل يستطيع سحب كامل مبلغ الاعتماد أو بعضه دفعة واحدة أو على دفعـات متفرقـة، ولكنـه لا يـزم بالسـحب إذا لم تتطلـب حاجتـه ذلـك، فـإذا لم يقـم باستعمال الاعتماد –أي لم يقم بسحب أية مبالغ منه- فيكون العميل ملزمـا بـدفع العمولـة فقط دون الفوائد، الأمر الذي يجعل الاعتماد المالي أكثر قبولا من القـرض العـادي في تمويـل النشاطات التجارية التي تحتاج إلى ائتمان قصير الأجل.

الفرع الرابع: آثار فتح الاعتماد

يرتب عقد فتح الاعتماد المالي العديد من الالتزامات على عاتق طرفيه وقد تم التعـرض إليها بشكل غير مباشر مسبقا وبالتالي نكتفي بالتذكير بتلك الآثار بشكل موجز مبينا فيها حقوق والتزامات البنك وفاتح الاعتماد:

<u>أولا: التزامات البنك</u>

١- يلتزم البنك بإيداع المبلغ المتفق عليه تحت تصرف العميل ويمكنه من استخدامه كليا أو جزئيا بالطريقة المتفق عليها.

٢- يلتزم البنك بعدم إلغاء الاعتماد خلال المدة المتفق عليها دون مـبرر قـانوني يجيـز ذلـك، وإلّا يكون ملتزما تعويض العميل عن كافة الأضرار التي قد تلحق به من جراء ذلك.

<u>ثانيا: حقوق البنك</u>

١- للبنك الحق في استرداد المبالغ التي سحبها العميل من الاعتماد في المواعيد المتفق عليها.

٢- للبنك الحق بتقاضي الفوائد على المبالغ التي سحبها العميل وفقا للمعدل المتفق عليه أو المعدل القانوني.

٣- للبنك الحق في تقاضي عمولة فتح الاعتماد.

٤- للبنك الحق في إلزام العميل في تقديم الضمانات المتفق عليها.

٥- للبنك الحق في إلغاء الاعتماد عند ملاءة العميل أو فقده لأهليته أو إفلاسه أو وفاته.

٦- للبنك في حالة حدوث نقص هام في الضمانات الحق في طلب ضمانات إضافية من العميل أو تقليل مبلغ الاعتماد أو إلغاءه بحسب الأحوال.

المطلب الثاني: أنواع الاعتماد المالي

للاعتماد المالي الصادر عن البنك صور متعددة، فقد يكون التزام البنك بوضع نقود تحت تصرف العميل مباشرة مقترن بحساب جاري وقد يتفق على تنفيذ الاعتماد من خلال خصم البنك للأوراق التجارية المقدمة إليه من العميل، وقد يخصص الاعتماد وفاء لمصلحة الغير كأن يكون الاعتماد بإعطاء ثقة للعميل بدون دفع النقود له مباشرة، وبالتالي يكون للاعتماد المالي أنواعا ثلاثة:

١- الحساب الجاري المدين.

الحساب الجاري المدين الذي يتم بين البنوك وعملائها لا ينشأ عمليا ما لم يتم فتح اعتماد مالي يلتزم البنك بموجبه بوضع مبلغ معين تحت تصرف العميل في حساب جاري بحيث يستطيع العميل أن يسحب كامل هذا المبلغ أو بعضه دفعة واحدة أو على دفعات خلال المدة المحددة، وهذا النوع من الاعتمادات المالية هو الأكثر شيوعا في العمل المصرفي بحيث تخضع حقوق والتزامات أطرافه إلى أحكام الحساب الجاري والاعتماد المالي بالإضافة للشروط المتفق عليها من قبل المتعاقدين.

٢- الاعتماد بالخصم:

وهذا النوع من الاعتمادات المالية يكون عندما يكون هناك اتفاق بين البنك والعميل في عقد على أن يقوم البنك بخصم الأوراق التجارية التي يقدمها عميله بحيث يقوم البنك بتعجيل قيمة الورقة التجارية التي لم يحل أجل استحقاقها بعد لعميله مخصوما منها مصاريف الخصم، وعند حلول أجل الاستحقاق للورقة التجارية يقوم البنك بمطالبة المدينين فيها بقيمة تلك الورقة.

٣- الاعتماد بالقبول:

وهو اتفاق بين البنك والعميل يقضي بأن يقبل البنك سندات السحب التي يسحبها عليه عميله سواء كان المستفيد من سندات السحب تلك العميل ذاته أم من يتعامل معه كذلك يمكن الاتفاق على أن يلتزم البنك بقبول السندات التي يسحبها على البنك من يتعامل مع ذلك العميل، حيث أن قبول البنك لسند السحب يجعل منه مدينا أصليا بقيمتها مما يبعث الطمأنينة بنفس الحامل على حصوله على قيمة تلك الورقة التجارية في ميعاد استحقاقها الأمر الذي يمكن العميل بدوره من الحصول على الائتمان اللازم.

المراجع

١- الكتب:

- د. أحمد زيادات ود. إبراهيم العموش، الوجيز في التشريعات التجارية الأردنية، إعادة للطبعة الأولى، ١٩٩٦، دار وائل للنشر.

- د. زهير كريم، مبادئ القانون التجاري.

- د. سميحة القليوبي، الأسس القانونية لعمليات البنوك، مكتبة عين شمس، القاهرة، دار الجيل للطباعة، ١٩٩٢.

- د. سميحة القليوبي، الشركات التجارية، الجزء الأول (النظرية العامة للشركات وشركات الأشخاص)، الطبعة الثالثة، دار النهضة العربية، مطبعة جامعة القاهرة، ١٩٩٢.

- د. طالب حسن موسى، العقود التجارية والعمليات المصرفية في قانون التجارة الأردني، مؤسسة رام للتكنولوجيا والكمبيوتر.

- د. عباس الصرّاف، د. جورج حزبون، المدخل إلى علم القانون، الطبعة الثانية، ١٩٩١، مكتبة دار الثقافة للنشر والتوزيع.

- د. عبد المنعم فرج الصده، مبادئ القانون، ١٩٨٠، دار النهضة العربية، بيروت.

- د. عبدالباقي البكري، د. علي محمد بدير، د. زهير البشر، المدخل لدراسة القانون، وزارة التعليم العالي، الجمهورية العراقية.

- د. عزيز العكيلي، القانون التجاري، مكتبة دار الثقافة، ١٩٩٧.

- د. عزيز العكيلي، شرح القانون التجاري، الجزء الأول، مكتبة دار الثقافة، ١٩٩٨.

- د. علي جمال الدين عوض، عمليات البنوك من الوجهة القانونية، طبعة مكبرة.

- د. فوزي محمد سامي، شرح القانون التجاري الأردني، الجزء الثالث في الشركات التجارية، مكتبة دار الثقافة للنشر والتوزيع، عمان، ١٩٩٦.

- د. فوزي محمد سامي، مبادئ القانون التجاري، الطبعة الأولى، ١٩٩٩، مكتبة دار الثقافة.

- د. محمد حسين إسماعيل، القانون التجاري الأردني، الطبعة الثانية، ١٩٩٢، دار عمان.

- د. محمود الكيلاني، القانون التجاري في الأوراق التجارية، دراسة مقارنة، الطبعة الأولى، جمعية عمال المطابع، عمان، ١٩٩٠.

- د. محمود الكيلاني، عمليات البنوك، الجزء الأول، دار الحبيب للنشر والتوزيع، عمان، ١٩٩٢.

- د. محي الدين علم الدين، موسوعة أعمال البنوك من الناحيتين القانونية والعملية، الجزء الثالث، ١٩٩٣.

- د. مراد منير فهيم، العقود التجارية وعمليات البنوك، منشأة المعارف بالإسكندرية، ١٩٨٢.

- د. مصطفى كمال طه، مبادئ القانون التجاري، مؤسسة الثقافة الجامعية، ١٩٧٩.

٢- القوانين والأنظمة:

أ- القوانين:

قانون أصول المحاكمات المدنية الأردني رقم ٢٤ لسنة ١٩٨٨.

قانون البينات الأردني.

قانون التجارة الأردني لسنة ١٩٦٠.

قانون التجارة البحرية الأردني.

قانون الشركات الأردني رقم ٢٢ لسنة ١٩٩٧.

قانون العقوبات الأردني لسنة ١٩٦٦.

قانون العلامات التجارية الأردني رقم ٣٣ لسنة ١٩٥٢.

القانون المدني الأردني ١٩٧٦.

قانون الوسطاء والوكلاء التجاريين الأردني.

قانون امتيازات الاختراعات والرسوم الأردني رقم ٢٢ لسنة ١٩٥٢.

قانون ذيل الإجراء الأردني لسنة ١٩٦٥.

ب- الأنظمة والتعليمات:

نظام سجل التجارة الأردني رقم ١٣٠ لسنة ١٩٦٦ وتعديلاته.

تعليمات مسك الحسابات رقم ٧ لسنة ١٩٩٦ الصادرة بالاستناد للمادة ٢٢ فقرة (أ) مـن قانون ضريبة الدخل الأردني رقم ٥٧ لسنة ١٩٨٥ وتعديلاته.

النظام الداخلي لبورصة عمان الصادر بالاستناد للمادتين ٢٥، ٧٣ مـن قـانون الأوراق الماليـة رقم ٢٣ لسنة ١٩٩٧.

فهرس المحتويات

رقم الصفحة	الموضـــوع
٣	المقدمة
٥	الباب الأول: المدخل إلى القانون التجاري
٧	**الفصل الأول: مفهوم ومصادر القانون التجاري**
٧	تمهيد
١٢	**المبحث الأول: تعريف القانون التجاري**
١٣	المطلب الأول: مبررات انفصال القانون التجاري عن القانون المدني
١٥	المطلب الثاني: علاقة القانون التجاري بفروع القانون الأخرى
١٦	**المبحث الثاني: نطاق القانون التجاري**
١٦	المطلب الأول: النظرية الشخصية (الذاتية)
١٨	المطلب الثاني: النظرية المادية (الموضوعية)
١٩	المطلب الثالث: موقف القانون الأردني من هذه النظريات
١٩	**المبحث الثالث: مصادر القانون التجاري**
٢٠	المطلب الأول: المصادر الرسمية للقانون التجاري
٢٤	المطلب الثاني: المصادر الاسترشادية
٢٧	**الفصل الثاني: الأعمال التجارية**
٢٧	**المبحث الأول: معايير (نظريات) التفرقة بين العمل التجاري والعمل المدني**
٢٨	المطلب الأول: نظرية المضاربة
٢٨	المطلب الثاني: نظرية التداول
٢٩	المطلب الثالث: نظرية المشروع
٣٠	المطلب الرابع: تعريف العمل التجاري
٣١	المطلب الخامس: المعيار الذي أخذ به قانون التجارة الأردني
٣٢	**المبحث الثاني: النظام القانوني للأعمال التجارية**
٣٢	المطلب الأول: قواعد دعم الائتمان
٣٧	المطلب الثاني: قواعد دعم السرعة

٤١	**المبحث الثالث: أنواع الأعمال التجارية**
٤٢	المطلب الأول: الأعمال التجارية البرية بطبيعتها
٥٨	المطلب الثاني: الأعمال التجارية البحرية
٥٩	المطلب الثالث: الأعمال التجارية بالتبعية
٦٢	المطلب الرابع: الأعمال التجارية المختلطة
٦٥	**الفصل الثالث: التاجر**
٦٦	**المبحث الأول: شروط اكتساب الشخص الطبيعي لصفة التاجر**
٦٦	المطلب الأول: القيام بأعمال تجارية
٦٧	المطلب الثاني: الاحتراف
٧٠	المطلب الثالث: القيام بالأعمال التجارية لحسابه الخاص
٧١	المطلب الرابع: أن يكون الشخص متمتعا بالأهلية اللازمة للقيام بالعمل التجارية
٧٨	**المبحث الثاني: آثار اكتساب صفة التاجر**
٧٩	المطلب الأول: الالتزام بمسك الدفاتر التجارية
٩٧	المطلب الثاني: الالتزام بالقيد في السجل التجاري
١٠٧	المطلب الثالث: الإفلاس والصلح الواقي
١١٥	**الفصل الرابع: المتجر**
١١٥	**المبحث الأول: التعريف بالمتجر**
١١٦	**المبحث الثاني: عناصر المتجر**
١١٦	المطلب الأول: العناصر المادية
١١٧	المطلب الثاني: العناصر المعنوية
١٢١	**المبحث الثالث: بيع المتجر**
١٢٢	**المبحث الرابع: حماية المتجر من المنافسة غير المشروعة**
١٢٣	المطلب الأول: أساس دعوى المنافسة غير المشروعة وشروطها
١٢٣	المطلب الثاني: جزاءات المنافسة غير المشروعة
١٢٤	**الفصل الخامس: العقود التجارية**
١٢٤	تمهيد وتقسيم
١٢٤	**المبحث الأول: الرهن التجاري**
١٢٥	المطلب الأول: تعريف الرهن التجاري

المطلب الثاني: إنشاء الرهن التجاري	١٢٥
المطلب الثالث: استبدال الأشياء المرهونة	١٢٧
المطلب الرابع: إثبات الرهن التجاري	١٢٧
المطلب الخامس: التنفيذ على المال المرهون	١٢٧
المطلب السادس: انقضاء الرهن التجاري	١٢٨
المبحث الثاني: عقد النقل	**١٢٨**
المطلب الأول: تعريف عقد النقل وخصائصه	١٢٨
المطلب الثاني: عقد نقل الأشياء	١٢٩
المطلب الثالث: عقد نقل الأشخاص	١٣٥
المبحث الثالث: الوكالة بالعمولة	**١٣٦**
المطلب الأول: تعريف الوكالة بالعمولة وتمييزها عن الوكالة العادية	١٣٦
المطلب الثاني: شروط ممارسة أعمال الوكالة بالعمولة	١٣٧
المطلب الثالث: التزامات الوكيل بالعمولة	١٣٨
المطلب الرابع: التزامات الموكل	١٤١
المطلب الخامس: انقضاء الوكالة بالعمولة	١٤٣
المبحث الرابع: عقد السمسرة	**١٤٣**
المطلب الأول: تعريف عقد السمسرة	١٤٣
المطلب الثاني: التزامات السمسار	١٤٤
المطلب الثالث: أجرة السمسار	١٤٦
الباب الثاني: الشركات التجارية	١٤٧
الفصل الأول: الشركات	**١٤٩**
تمهيد	١٤٩
المبحث الأول: تعريف الشركة وأركانها	**١٤٩**
المبحث الثاني: الشخصية الاعتبارية للشركة	**١٥١**
المبحث الثالث: أنواع الشركات في الأردن والقوانين التي تحكمها	**١٥٢**
المطلب الأول: أنواع الشركات في الأردن	١٥٢
المطلب الثاني: القواعد والقوانين التي تحكم الشركات التجارية في الأردن	١٥٦

الفصل الثاني: شركة التضامن	١٥٧
تمهيد	١٥٧
المبحث الأول: التعريف بشركة التضامن وخصائصها وتكوينها	١٥٧
المطلب الأول: التعريف بالشركة وخصائصها	١٥٧
المطلب الثاني: تأسيس شركة التضامن	١٦٠
المبحث الثاني: إدارة شركة التضامن	١٦٤
المطلب الأول: ولاية الإدارة	١٦٤
المطلب الثاني: مسؤولية الشركة عن أعمال المفوض بالإدارة وتوزيع الأرباح والخسائر	١٦٨
المبحث الثالث: مركز ومسؤولية الشريك في شركة التضامن	١٦٩
المطلب الأول: المسؤولية التضامنية للشريك	١٦٩
المطلب الثاني: مسؤولية الشريك المنسحب	١٧٠
المطلب الثالث: مسؤولية الشريك المنظم	١٧١
المطلب الرابع: انتقال حصة الشريك إلى الورثة في حالة وفاة الشريك	١٧١
المطلب الخامس: اكتساب صفة التاجر	١٧٢
المطلب السادس: أثر الإفلاس لكل من الشركة والشركاء على الآخر	١٧٣
المطلب السابع: واجبات الشريك في شركة التضامن	١٧٣
المبحث الرابع: انقضاء شركة التضامن وفسخها	١٧٤
المطلب الأول: انقضاء شركة التضامن بحكم القانون	١٧٤
المطلب الثاني: فسخ شركة التضامن	١٧٧
المبحث الخامس: تصفية شركة التضامن	١٧٨
المطلب الأول: تعيين المصفي وتحديد أتعابه وعزله	١٧٩
المطلب الثاني: سلطات المصفي وواجباته	١٨٠
المطلب الثالث: إجراءات التصفية	١٨١
الفصل الثالث: شركة التوصية البسيطة	١٨٣
تمهيد	١٨٣
المبحث الأول: التعريف بشركة التوصية البسيطة وبيان خصائصها	١٨٣

١٨٣	المطلب الأول: تعريف شركة التوصية البسيطة
١٨٤	المطلب الثاني: خصائص شركة التوصية البسيطة
١٨٤	المبحث الثاني: تكوين شركة التوصية البسيطة
١٨٦	المبحث الثالث: إدارة شركة التوصية البسيطة
١٨٦	المبحث الرابع: مركز الشريك الموصي في شركة التوصية البسيطة
١٨٧	المبحث الخامس: انقضاء وفسخ شركة التوصية البسيطة وتصفيتها
١٨٩	الفصل الرابع: شركة المحاصة
١٨٩	تمهيد
١٨٩	المبحث الأول: تعريف شركة المحاصة وخصائصها
١٨٩	المطلب الأول: تعريف شركة المحاصة
١٩٠	المطلب الثاني: خصائص شركة المحاصة
١٩١	المبحث الثاني: إدارة شركة المحاصة ومسؤولية الشركاء واقتسام الربح والخسارة
١٩١	المطلب الأول: إدارة شركة المحاصة ومسؤولية الشركاء
١٩٢	المطلب الثاني: اقتسام الربح والخسارة بين الشركاء
١٩٢	المبحث الثالث: ملكية الحصص في شركة المحاصة
١٩٣	المبحث الرابع: انقضاء شركة المحاصة وتصفيتها
١٩٥	الفصل الخامس: الشركة ذات المسؤولية المحدودة
١٩٥	تمهيد
١٩٥	المبحث الأول: التعريف بالشركة ذات المسؤولية المحدودة
١٩٥	المطلب الأول: تعريف الشركة وخصائصها
١٩٨	المطلب الثاني: مركز الشريك في الشركة ذات المسؤولية المحدودة
٢٠١	المطلب الثالث: تأسيس الشركة ذات المسؤولية المحدودة
٢٠٥	المبحث الثاني: إدارة الشركة ذات المسؤولية المحدودة
٢٠٥	المطلب الأول: تعيين المدير وهيئة المديرين وسلطاتهم
٢٠٦	المطلب الثاني: واجبات المدير وهيئة المديرين
٢٠٨	المبحث الثالث: الهيئة العامة للشركة العامة ذات المسؤولية المحدودة
٢٠٩	المطلب الأول: الاجتماعات العادية للهيئة العامة

٢١٠	المطلب الثاني: الاجتماعات غير العادي
٢١٢	المبحث الرابع: زيادة أو تخفيض رأسمال
٢١٣	المبحث الخامس: توزيع الأرباح والخسائر و الإقتطاعات الواجبة على الشركة ذات المسؤولية المحدودة
٢١٤	المبحث السادس: انقضاء الشركة ذات المسؤولية المحدودة وتصفيتها
٢١٦	الفصل السادس: شركة التوصية بالأسهم
٢١٦	تمهيد
٢١٧	المبحث الأول: تكوين شركة التوصية بالأسهم وخصائصها
٢١٩	المبحث الثاني: تسجيل شركة التوصية بالأسهم
٢١٩	المبحث الثالث: شركة التوصية بالأسهم ومراقبة أعمالها والهيئة العامة
٢١٩	المطلب الأول: إدارة شركة التوصية بالأسهم
٢٢٠	المطلب الثاني: مجلس الرقابة
٢٢١	المطلب الثالث: الهيئة العامة
٢٢١	المبحث الرابع: انقضاء شركة التوصية بالأسهم وتصفيتها
٢٢٣	الفصل السابع: الشركة المساهمة العامة
٢٢٣	تمهيد
٢٢٣	المبحث الأول: تعريف الشركة وخصائصها
٢٢٥	المبحث الثاني: تأسيس الشركة المساهمة العامة
٢٣١	المبحث الثالث: الأوراق المالية التي تصدرها الشركة المساهمة العامة
٢٣٢	المطلب الأول: الأسهم
٢٣٥	المطلب الثاني: أسناد القرض
٢٤٠	المبحث الرابع: زيادة رأسمال الشركة المساهمة العامة وتخفيضه
٢٤٠	المطلب الأول: زيادة رأسمال الشركة المساهمة العامة
٢٤١	المطلب الثاني: تخفيض رأسمال الشركة المساهمة العامة
٢٤٢	المبحث الخامس: الاقتطاعات وتوزيع الأرباح و الخسائر
٢٤٣	المطلب الأول: الاقتطاعات الواجبة على الشركة المساهمة العامة
٢٤٥	المطلب الثاني: توزيع الأرباح و الخسائر
٢٤٦	المبحث السادس: إدارة الشركة المساهمة العامة

٢٤٦	المطلب الأول: مجلس الإدارة
٢٥٤	المطلب الثاني: الهيئة العامة
٢٥٩	المطلب الثالث: مدققو حسابات الشركة المساهمة العامة
٢٦١	**المبحث السابع: تصفية الشركة المساهمة وانقضاؤها**
٢٦٢	المطلب الأول: الأحكام العامة للتصفية
٢٦٤	المطلب الثاني: أنواع التصفية
٢٦٩	**الباب الثالث: الأوراق التجارية والعمليات المصرفية**
٢٧١	**الفصل الأول: الأوراق التجارية**
٢٧١	مقدمة
٢٧١	**المبحث الأول: تعريف الأوراق التجارية وخصائصها وأهمية وظائفها**
٢٧١	المطلب الأول: تعريف الأوراق التجارية
٢٧٢	المطلب الثاني: خصائص الأوراق التجارية
٢٧٣	المطلب الثالث: أهمية الأوراق التجارية ووظائفها
٢٧٥	**المبحث الثاني: سند السحب**
٢٧٦	المطلب الأول: بيانات سند السحب
٢٧٩	المطلب الثاني: تداول سند السحب
٢٨٤	المطلب الثالث: ضمانات سند السحب
٢٩٢	المطلب الرابع: وفاء سند السحب
٢٩٥	**المبحث الثالث: سند الأمر**
٢٩٥	المطلب الأول: تعريف سند الأمر
٢٩٦	المطلب الثاني: بيانات سند الأمر
٢٩٧	المطلب الثالث: القواعد الخاصة بسند الأمر
٢٩٧	المطلب الرابع: تقادم الدعاوى الناشئة عن سند الأمر بمرور الزمان
٢٩٨	**المبحث الرابع: الشيك**
٢٩٨	المطلب الأول: تعريف الشيك وأوجه والشبه والاختلاف بينه وبين سند السحب
٣٠٠	المطلب الثاني: بينات الشيك وأشكال إنشائه
٣٠٢	المطلب الثالث: تداول الشيك

٣٠٤	المطلب الرابع: وفاء قيمة الشيك
٣١٢	**الفصل الثاني: العمليات المصرفية**
٣١٢	تمهيد
٣١٢	**المبحث الأول: الحساب الجاري**
٣١٣	المطلب الأول: مفهوم الحساب الجاري ونطاقه
٣١٤	المطلب الثاني: الشروط الواجب توافرها في الحساب الجاري
٣١٦	المطلب الثالث: آثار الحساب الجاري
٣١٧	المطلب الرابع: انقضاء الحساب الجاري
٣١٧	**المبحث الثاني: الودائع المصرفية**
٣١٧	المطلب الأول: وديعة النقود
٣٢١	المطلب الثاني: وديعة الأوراق المالية
٣٢٣	**المبحث الثالث: الاعتماد المستندي وخطاب الضمان**
٣٢٣	المطلب الأول: الاعتماد المستندي
٣٣٣	المطلب الثاني: خطاب الضمان
٣٣٦	**المبحث الرابع: الاعتماد المالي**
٣٣٦	المطلب الأول: الأحكام العامة في للاعتماد المالي
٣٤٠	المطلب الثاني: أنواع الاعتماد المالي
٣٤٣	المراجع

Printed in the United States
By Bookmasters